白 貞壬 ──── 著
Jung-Yim BAEK

# 小売業の
# グローバル・イノベーション

## 競争的相互作用と創造的適応

中央経済社

## はしがき

　この本の問題意識を端的にいえば、「小売国際化に何が起きているのか」ということになる。その背景には、小売業の国際展開において大きく2つの企業主体が存在しており、それらは競争関係を形成しながら現地市場に何らかの変化をもたらしているという認識がある。

　まず1つは、市場飽和化によって国外にその成長を求め続けていた先進諸国の先端国際小売企業の存在である。さらなる成長を求めて新興国に革新的な小売業態を持ち込んで現地環境に適応しながら、完成された現地型モデルのチェーンストア化を達成し、規模の経済性に基づく競争優位に立つことが先端国際小売企業にとっての重要な経営課題となっている。他方で、環境の異なる現地市場で直面すべき消費者ニーズとのギャップを埋めるために、品揃えや販促活動を通じた差別的競争行動を効果的に展開することも重要な課題となっている。

　そしてもう1つの小売国際化の企業主体として、先端国際小売企業の進出に対抗して競争を繰り広げられる新興国の現地小売企業があげられる。現地小売企業は進出してくる先端国際小売企業に比べ、小売技術および経営資源の側面から競争上優位に立つことは難しい。しかし、現在、新興国出身の現地新生小売企業は現地の市場環境を良く把握しており、現地の新しい需要を引き起こす能力により競争を勝ち抜いたことで、国際小売企業に成長することができたのではないだろうか。

　新興国市場がグローバルマーケットになってから20数年経っている今、先端国際小売企業との熾烈な競争を勝ち抜いて国内市場での基盤を強固なものにした現地新生小売企業が今度は海外進出を推し進めるようになった。しかも、先端国際小売企業が長年かけて進めていた国際化を、現地新生小売企業は猛烈的な勢いでかつ比較的短期間で果たしていることで、従来の先端国際小売企業との異なる国際化行動を見せているのではないか、という立場から研究を進めている。

　本研究の狙いは、従来の先端国際小売企業との異なる現地新生小売企業の国

際化行動と，先端国際小売企業が持ち込んできた小売業態を競争的相互作用プロセスのなかでどのように変容・発展していくのかを明らかにすることである。新興国市場の現地小売企業を進出される立場でのみ分析されていたことから，進出する立場まで分析範囲を拡大することは，小売国際化研究において大きな意味をもつ。新興国市場の現地新生小売企業の成長と国際化を通じた小売業態の進化を見る限り，現地市場の特性や消費者ニーズに応じた国際化戦略はもはや先端国際小売企業の得意な分野ではなくなることがいえるからであろう。

　なお，本研究はこれまでに受けた以下の交付による研究の成果の一部である。「国際小売企業の組織学習プロセス」課題番号：22530469，日本学術振興会（基盤研究C），2010～2014年度。「グローバル事業を成功させる後発国の担い手に関する研究」課題番号：17K04025，日本学術振興会（基盤研究C），2017～2019年度。「新生現地小売企業の逆進出―小売国際化における競争的相互作用の視点から―」日本学術振興会（基盤研究B），2011～2013年度。「国際化におけるリバースイノベーション・サイクル探究―小売業とサービス業の比較研究―」日本学術振興会（基盤研究B），2015～2017年度。「多国籍小売企業の創造的適応に関する研究」日本学術振興会（基盤研究C），2015～2017年度，記して感謝申し上げる。

　また，本書を書き上げるまでに，非常に多くの方々にお世話になった。まず，大阪商業大学教授の加藤司先生には，筆者が大学院に在籍していたときから現在に至るまで変わらず，研究する楽しさを教えていただいた。先生の研究面のご指導にとどまらず，様々な場面におけるご支援がなければ，本書は完成に至らなかったと思われる。その多くのご指導とご支援は私の研究者としての基礎となっている。同じく院生時代からの恩師である大阪市立大学名誉教授の石原武政先生には，研究者になった現在も変わらず，様々な機会に愛情をこもった貴重なご指導を賜っている。また，小売国際化に関する様々な研究の機会を下さっている流通科学大学教授の向山雅夫先生との出会いは，私の研究者人生において大きな財産である。本書をまとめようとしていた際にも「グローバル・イノベーション」に関する貴重なアドバイスをいただいた。そして，福岡大学准教授の二宮麻里先生には，本書の原稿に目を通していただき，貴重なコメン

トをいただいた。これらの先生方には，この機会を借りて，心よりお礼を申し上げたい。また，ここでお1人ずつ名前をあげて紹介することは控えるが，上記の科学研究費プロジェクトから生まれた研究会のメンバーの皆様や大阪市立大学大学院出身の研究仲間の皆様には，本書を完成するまでのアイディアを提供いただくとともに，日々研究するにあたり多くの刺激をいただいた。

　最後に，流通科学大学には，素晴らしい研究環境を提供いただくとともに，出版助成という直接的な支援もしていただいた。深く感謝申し上げる。また，厳しい出版事情のなか，今回の出版を快諾してくださった株式会社中央経済社の皆様，とくに私の進まぬ校正作業を忍耐強く見守りながら，入念な編集・校正をしていただいた同社学術書編集部浜田匡氏には感謝の意を表したい。

2019年2月　研究室にて

白　貞壬

## 目　次
小売業のグローバル・イノベーション

はしがき／i

### 第1章　現地新生小売企業はいかにして先端国際小売企業に生まれ変わるのか ── 1

1．はじめに／1
2．小売企業が現地市場で直面する問題／2
　2.1　小売技術の国際移転問題／2
　2.2　現地適応化問題／5
　2.3　撤退問題／8
3．現地市場の異なる環境条件に向き合う方法／10
　3.1　組織学習論の視点／10
　3.2　制度論の視点／13
4．小売国際化の新たな挑戦：進化論の視点／15
　4.1　企業の経路依存的な発展／15
　4.2　インタラクティブで進化的な小売国際化プロセス／17
5．本書の狙いと構成／19

### 第2章　グローバル・イノベーションとは何か ── 23

1．国内企業がいかにしてグローバル企業に成長していくのか／23
2．小売企業のグローバリゼーションは何をもたらすのか：本書の課題と視点／24

3．現地新生小売企業の先端国際小売企業との
   競争と成長／26
  3.1　小売国際化の最近の動向／26
  3.2　先端国際小売企業がうまくいかなかった理由／26
  3.3　現地新生小売企業に注目すべき理由／28
4．リバース・イノベーション論／28
  4.1　リバース・イノベーションという考え方／28
  4.2　リバース・イノベーション論の限界と拡張／30
5．小売国際化における
   グローバル・イノベーション・サイクル／31

## 第3章　日本市場における先端国際小売企業と需要創造 ・35

1．はじめに／25
2．取引システムと物流サービス水準／36
  2.1　欧米小売企業が形成した取引システム／36
  2.2　日本の小売企業が形成した取引システム／38
  2.3　アジア市場における取引システム／40
  2.4　イオンのグローバル志向と新しい取引システムの採用／42
3．カルフールの失敗経験から競合他社は
   何を得られたのか／45
  3.1　日本市場における欧米型システムおよび分化の導入／45
  3.2　欧米小売企業の商品プロモーション効果／46
  3.3　アメリカ・ライフスタイルの普及と日本人の購買習慣の変化／48
4．グローバル・イノベーション・サイクルの観点からみた需要創造／49

## 第4章　内なるグローバリゼーションと小売業態の発展 ── ・53

1．はじめに／53
2．消費者ライフスタイルの変化と大型マート／54
3．流通近代化を先導した大型マートの試練／56
　3.1　カルフールの撤退／56
　3.2　イーランドの勢いと非正規労働者の問題／57
　3.3　ウォルマートの韓国進出と適応化の失敗／58
　3.4　ロッテの海外進出とその成果／59
4．倉庫型DSの成長と競争／60
　4.1　韓国市場における倉庫型DS業態の登場／60
　4.2　現地新生小売企業の参入による倉庫型DS業態内競争／62
5．おわりに／66

## 第5章　現地新生小売企業の成長と国際化行動 ── ・71

1．はじめに／71
2．マレーシア小売市場におけるグローバル競争／71
　2.1　デイリーファームのマレーシア展開／72
　2.2　イオンのアジアシフトを先導するマレーシア事業／73
　2.3　現地新生小売企業の出現とその国際化の課題／76
3．インドネシア小売市場をリードする現地新生小売企業／76
4．ベトナムにおけるHM業態に強いアジアの小売企業／79
　4.1　イオンの新しい挑戦／80
　4.2　韓国勢の大手小売企業の参入／81

4.3　域内企業の競争力／82

5．ミャンマーにおける近代的小売業の成長／83

　　5.1　現地企業の成長と域内市場への進出／83

　　5.2　ミャンマー小売業史上外資初進出を遂げたイオン／84

6．タイ小売業におけるCPグループの国際化行動／85

7．おわりに／87

## 第6章　日本型CVSと韓国型CVSの生成・発展プロセス ── 91

1．はじめに／91

2．日本市場におけるCVSの現地適応化プロセス／94

3．日本型CVSの逆移転プロセス／97

4．日本型CVSの韓国への国際移転／99

　　4.1　韓国における日系CVSの躍進／99

　　4.2　韓国CVSの店舗開発と社会経済的背景／102

　　4.3　商品別売上構成比率首位のタバコ／106

　　4.4.　FC契約内容／108

5．おわりに／111

## 第7章　アジアにおけるセブン-イレブンの創造的適応 ── 115

1．はじめに／115

2．台湾におけるセブン-イレブン／120

　　2.1　日本型モデルの現地化／120

　　2.2　フィリピンのセブン-イレブン／122

　　2.3　ASEANにおけるMM業態の存在／124

2.4　台湾系セブン-イレブンだけがうまくいっている理由／126

3．中国におけるセブン-イレブン／128

4．タイのセブン-イレブン／131

　4.1　セブン-イレブンの競争優位性／131

　4.2　運営会社のグローバル志向と創造的適応／133

5．おわりに／135

## 第8章　イケアの日本進出とホームファニシング業態 ・139

1．はじめに／139

2．日本の家具市場における競争／140

　2.1　日本のホームファニシング市場に登場したイケア／141

　2.2　世界初ホームファニシング業態を誕生させたイケア／143

　2.3　競争優位を獲得したニトリ／145

3．日本型ホームファニシング業態の生成と発展／148

　3.1　創業期の苦難と企業文化の確立／148

　3.2　ホームファニシング・ニトリの実現／149

　3.3　家具製品の寿命の長さと品揃えの再編成／151

　3.4　日本型ホームファニシング業態を支えるバックフォーマット／151

　3.5　ニトリの成長の根幹となった自前主義／154

4．グローバルチェーンへの厳しい道程／156

　4.1　アメリカへの逆進出／156

　4.2　中国市場進出／156

　4.3　台湾での競争力／157

　4.4　国際展開と経路依存性／158

5．おわりに／159

## 第9章 イケアの参入と韓国家具インテリア市場の拡大 ········· 163

1. はじめに／163
2. 韓国家具インテリア市場に参入した外資企業／164
3. 韓国の家具市場環境とその変化／165
   - 3.1 1990年代半ばまで／165
   - 3.2 1997年の韓国通貨危機以降／167
   - 3.3 イケア進出の2014年以降／168
4. 現地新生家具製造小売企業と市場の拡大／171
5. おわりに／175

## 第10章 小売国際化におけるイノベーションの発生と企業の進化 ········· 177

1. 小売国際化プロセスにおける現地型小売業態の変容と発展／177
2. 総合型量販店業態の国際移転と需要創造／179
   - 2.1 先端国際小売企業の強み／179
   - 2.2 現地新生小売企業の競争優位性／181
3. CVS業態の国際移転と小売業態の創造／182
4. 異なる市場環境とホームファニシング業態の国際移転／184
5. 小売業態とグローバルイノベーション・サイクル／185
6. 現地新生小売企業の国際化行動／186

参考文献／189
初出一覧／203
索　引／205

# 第1章
## 現地新生小売企業はいかにして先端国際小売企業に生まれ変わるのか

## 1．はじめに

　近年，これまで小売国際化を牽引してきた欧米出身の国際小売企業の経営不振が目立つようになる一方で，新興国出身の地元小売企業の活躍ぶりが注目されるようになった。この対照性に着目して，本研究では前者を先端国際小売企業と呼び，後者を現地新生小売企業と呼ぶことにする。

　従来の小売国際化研究では，先進国出身の国際小売企業が新興国へ進出するという国際化行動に主として焦点を当ててきた。しかし，小売国際化の事業展開の舞台が近隣諸国から東アジア諸国へ，また東南アジアの新興諸国へと拡大している。それに伴い，実態として韓国，台湾，タイ，インドネシア，マレーシアなどにおける現地新生小売企業が，進出してきた先端国際小売企業との競争に勝ち抜くとともに，その過程で新生された現地小売企業が今度は他の新興国市場や域内市場へ積極的に進出を図り，グローバル事業を成功している事例も珍しくない。現地新生小売企業という名称にこだわるのも，以上のような事情からである。

　国際経営の分野でも，近年新興国市場戦略の研究が注目されている（天野他，2015）が，もっぱら進出される立場であった新興国市場の現地小売企業がどのようにして先端国際小売企業に対抗できたのか，その競争戦略および国際化行動を理解することは重要になっていると言えよう。

　小売企業が海外進出についての意思決定を行う局面，進出先市場において事

業を展開する局面，参入経験や学習効果をフィードバックしながら海外戦略の見直しを行う局面，そして次なる市場へ参入する局面といった一連のプロセスは循環するものと考えられる。

これを小売国際化プロセスと呼ぶとすれば，小売国際化に関する先行研究は，小売企業が海外市場に参入する前の局面と参入後の現地市場における成長発展の局面に研究範囲が限定されてきた。そのため，小売企業が直面する問題も大きく小売技術の国際移転問題，進出先市場における現地適応化問題，そして撤退問題の3つに絞られることになった。小売企業はいかにすればこの問題を克服し，国際化に成功できるのか，現地市場にうまく適応するためには，本国市場と異なる環境条件にどのように向き合えばいいのかが，共通した研究課題となったのである。

以下では，先行研究で行われてきた2つの議論，国際展開において小売企業が直面する問題とは何か，本国と異なる環境条件においてそれをどのように克服し，企業の成長発展につなげていくのかを中心にこれまでの議論を整理しておくことにしたい。

## 2．小売企業が現地市場で直面する問題

### 2.1　小売技術の国際移転問題

小売国際化の分野で最も注目を浴びてきた研究テーマは，小売技術の国際移転に関する研究であった。特にそれまで援用してきた製造業の技術移転論から脱却し，製造業の産業構造上の特性と比較しながら小売業固有の特殊性を明らかにする分析枠組みが提供された。小売業における国際的知識移転形態（鈴木，1980），移転する技術の特性の違いおよび環境条件との向き合い方の違い（Cundiff, 1965）に注目しながら，移転する側の適応能力と移転される側の流通の近代化に重点を置いた研究が行われてきた。

小売業における国際移転を考える場合，次の2つの問題が重要となる。1つは，何を移転するかという「移転対象」の問題であり，もう1つは誰が移転するかの「移転主体」の問題である。まず，何を移転するかの問題については，

小売業にはどのような技術移転が行われるかに着目し，そこには小売業固有の小売ノウハウ（retailing know-how）が存在すると主張したKacker（1988）を嚆矢として，金（1998），渦原（1999），そして川端（2003）による小売技術の分類と整理が行われた。それに加えて，Kaynak（1980），Goldman（1981），そしてHo and Lau（1988）による先進国から発展途上国へのスーパーマーケット（以下，SMと略称）業態の移転と，Ho and Sin（1987）のコンビニエンスストア（以下，CVSと略称）業態の移転に関する研究が行われたが，そこでは技術優位にある先進国から低い新興国へ小売技術を移転する際にうまく移転できない理由はなぜかという問題が提起された。この一連の既存研究に対して，青木（1996；1997；2000；2002；2008）はいくつかの問題点を以下のように指摘している。第1に，移転対象がSM業態に偏ってきたこと，第2に，先進国から発展途上国への国際移転研究に限定されていたこと，第3に，移転先での移転対象の変容の問題，移転先の企業におけるノウハウ移転のマネジメントの検討の欠如などが指摘された。そして，このような既存研究の問題点を克服するために最も必要なのは，「企業レベル」の分析を進めることであると主張している。これは誰が移転するかの問題と深く関わっている。

さらに，技術の移転難易度および移転困難性（Kogut and Zander, 1993）についての議論が活発化するなかで，Birkinshaw *et al.*（2002）は，「システム埋め込み性（system embeddedness）」という概念を用いて知識移転の困難性を説明しようとした。というのは，小売経営ノウハウは業態および店舗の観察可能性や個々の作業の単純さ，記号化の点で移転しやすい特質をもっている（Prahalad and Hamel, 1990）反面，複雑でシステム埋め込み性の強い知識であるため，学習できても歴史的，社会的に形成された独自の市場に埋め込まれた経営ノウハウを知識移転する困難性が高い（Solvell and Birkinshaw, 2000）からである。

小売企業が国境を越えて事業活動を拡大していく際に，様々な形で異なる環境に働きかける。Lane and Lubatkin（1998）によると，そこには単なる知識および技術を伝播する企業だけではなく，それを受け入れる企業が存在し，むしろ両社間の組織や知識ストックの類似性の方が重要であるという。

Gielens and Dekimpe（2005）では，小売企業の海外市場参入戦略の意思決

定において，参入時期や参入規模よりも同業態の競争相手の行動に注意を払う傾向が強いことが強調された。現地市場では「反応」すべき，「対抗」すべき競合他社が存在し，彼らによって模倣困難な技術を形成することこそが移転する側が持続的競争優位性を獲得する鍵となるからである（Reed and DeFillippi, 1990；Simon, 1999）。以上の研究は，受け入れ国のもう1つの競争主体の存在に目を向け，移転する側と移転される側との新たな関係を分析することによって，小売国際化プロセスを理解するための新たな視点を提供したと言える。

しかし，これらの研究では技術を移転する立場から技術移転に伴うジレンマや技術管理問題を論じたものが多く，企業特定的知識，あるいは文脈に埋め込まれた知識が別の異質な経営資源とセットにして移転されるプロセスが問題とされたのである。多国籍企業の事業活動はより多方向・多次元に渡っているため，Gupta and Govindarajan（2000）のように，多国籍企業の知識移転の国際ネットワーク構造を分析する研究はあるものの，受け入れ側の市場環境との関連性についての議論は依然として希薄であるようにみえる。

小売業では，様々な流通技術の結晶体としての小売業態（石原，2000）が国際的に移転・変容されることによって新たな小売業態が創出されてきた（小川，1993；向山，2000）。ただし，小売業態は小売企業ごとに異なった様式で展開されており，どの業態においても小売企業の経営能力と市場環境への適応能力によりそれぞれ独自のフォーミュラを創造している（向山・ドーソン，2015）と考えるべきであろう。

小売企業の国際化プロセスのなかで小売業態の発展を牽引する役割を果たすのが移転主体としての小売企業であるものの，それがいかに小売業態の国際移転を行っているかを当然考えなければならない。というのも，持続的な成長のために新業態を創造するのは先端国際小売企業だけではなく，既存の業態を模倣し，結合することより連続的にイノベーションを展開する現地新生小売企業の対応も存在するからである。小売業態の国際移転は小売企業間（移転主体間）の競争関係を通じて生み出されるのである。このことを小売企業の国際化の前提とすべきであろう。

また，最初の国際移転に限定するのではなく，国際移転が起こる可能性が高い次のステップまで研究範囲を拡大すべきである。小売業態の国際移転は主体

間の競争関係および主体の環境との関係に大きく依存するため，異なる土俵で展開される主体間の相互作用的競争プロセスと主体の環境への適応化プロセスは，それらの関係が形成される以前とは異なる業態を生み出したり，まったく新しい小売業態を創出したりするからである。

この意味で，小売業態がグローバルな競争を通じて業態革新につながる，すなわちイノベーションを引き起こしていくプロセスは小売国際化研究にとって極めて重要であると考えられる。

## 2.2　現地適応化問題

先端国際小売企業が現地市場へ参入する場合，標準化―適応化問題が長らく議論の中心であった。その前提として，先端国際小売企業の本国市場と進出する市場とが同質的かどうかという問題があるが，Friedman（2005）は情報技術の進展と普及が世界中の人々の距離を劇的に縮め，丸い地球をフラットな世界に変えてきたと主張している。

他方で，世界はフラットではないという見解も少なくない(Ghemawat, 2007a；2007b；Pisano & Shih, 2009；Florida, 2010；谷口，2010；山崎，2011など)。彼らによると，確かに情報技術の普及に伴って，世界中の人々の時間的・空間的な隔たりは急激に縮まっているが，依然として地域間の距離や心理的条件との違いといった要素は存在している。経営資源の調達や配分といった側面からみれば，フラット化は着実に進行しているが，市場環境という側面からみた場合，地域・国間における様々な環境条件の違いはグローバル戦略を検討・推進するうえで依然として極めて重要だからである。

一般にグローバル化とは何を意味するのか。各企業が海外市場を開拓し，海外においてもその経営活動を行うことができたのは，世界市場の同質化の進展があった。情報技術の発達につれ，世界中の多くの人々が共通の情報メディアを共有することになり，ライフスタイルの違いの幅が狭まってきた。このような世界中の消費者ニーズの同質化によって，多くの製品分野における標準化が可能になった。このような現象を市場のグローバル化と捉えたLevitt（1983）を嚆矢として，グローバル化という用語が流通の分野においても用いられるようになった。彼は，もはや「マルチナショナルなカスタマイズ化」という考え

方は後退し,「グローバルな標準化」こそが諸市場の同質化に対応できると主張したのである。

　市場が同質化することによって,「世界共通商品化」が可能となったが,その製造業の製品の「単品レベル」から小売業のある店舗の「品揃えレベル」まで標準化の範囲を拡大してみると,標準化の問題はそれほど簡単ではない。このような小売企業の国際化における標準化の問題を向山(1996, 155頁)は次のように指摘している。「単品レベルでの共通化―どの店の品揃えにもそのアイテムを加えることができるという意味での標準化―は比較的可能だが,品揃えレベルでは共通化―どの店の品揃えも同一であるという意味での標準化―は困難なのである」。とすれば,Levittのいう市場のグローバル化を市場の同質化と同様な意味で捉えてよいのであろうか。

## 2.2.1　向山(1996)による商品の標準化：中心－周辺品揃え論

　向山は「ワンコンセプト・限定品揃え型」グローバル企業と「多製品型」グローバル企業の出店行動と品揃えとの関連で比較研究を行っている。標準化―適応化問題を自動的にクリアできたワンコンセプト・限定品揃え型グローバル企業に比べ,圧倒的にアイテム数が多い多製品型グローバル企業の避けられないグローバル・ジレンマとその克服方法が議論されている。グローバル企業は市場の異質性を克服して各国市場に適応すると同時に,規模の経済を発揮できるだけの商品ロットを確保するため,商品の標準化を実現しなくてはならないという,ジレンマがそれである。この問題に直面し,多製品型グローバル企業はどのように解決を図るのか。向山によると,出店している各進出先市場の所得水準の上昇により市場の同質化が起こり,当初異質性が高いため品揃えの現地適応を必要とした市場も,適応を必要としない共通化可能な部分が発生し始め,この共通市場部分に対しては商品の標準化が可能な品揃え部分が増加していくという。もちろん,現地適応しなければならない品揃え部分が縮小するとはいえ,品揃えすべてが共通可能になることはあり得ない。多製品型グローバル企業は,市場の同質化傾向と「中心―周辺品揃え」の変化からグローバル・ジレンマが軽減され,標準化―適応化問題をそれぞれ「独立処理可能な問題」として対応したのである。それはLevittのように世界市場の同質化傾向による

標準化とグローバル化を同一視するのではなく，両立困難であった標準化—適応化の問題を市場の同質化によって克服していく方法として解釈することができるだろう。

### 2.2.2　川端 (2000) によるフィルター構造論

一方，川端 (2000) は「市場の捉え方の曖昧さの問題」をこれまでの研究に取り残された基本的課題と捉え，それを明確化するために「フィルター構造」という視点を提起した。中心—周辺品揃え論は，標準化と適応化の折衷案として戦略論的研究において大きな意味があると評価しながらも，所得の上昇が市場の同質化傾向を強めるという点については理論的な精密化が必要であるという。川端は，こうした問題意識から日系小売業の進出している「アジア中間層市場」の特性を検討するなかで，所得の上昇と市場特性との関係，すなわち「市場同質化」論を検証している。氏の分析によると，単に時間の経過，あるいは単に所得が上昇すれば，先進国と同質化するという向山論理は必ず成立するとは限らないとして，アジア中間層市場の特性が日本の中間層市場の特性とは大きく異なっていると主張した。このような認識から，各国市場の同質性と異質性の問題をより客観的に分析できるフレームワークとしてフィルター構造論を提示した。そして「各市場に備わる特性」を意味するフィルター構造の比較を通して，「単に市場の差異に基づく適応化戦略を強調するだけでなく，市場間の構造的共通性の把握による標準化（グローバル化）戦略をも包摂するものであり，両者を統合的に捉える」（川端，2000，59頁）市場戦略が必要であると主張したのである。

### 2.2.3　矢作 (2003) による連続適応と部分適応

この標準化—適応化問題に対して，「両立的な立場」を支持している矢作 (2003) は，セブン-イレブンの日本市場における適応化プロセスの検討を通して2つの適応化概念を導出している。国際化では現地適応化の問題が必ず発生するということを前提としながら，「連続適応」と「部分適応」という概念を導き出しているが，そこにはもう1つの前提条件を加える必要があるという。氏の考え方に従うと，本国市場で生まれて確立された「標準」が存在し，それ

を進出先に移転することを小売企業の国際化の前提条件としている。要するに，環境の異なる進出先市場で成功するには，進出企業自らの「標準」を現地に適応化させるプロセスが必要であり，標準化と適応化が両立してこそ，外資系小売企業の成功可能性は高まるのである。

### 2.2.4　白（2003）による段階別戦略行動

　白（2003）の「段階別戦略行動」は，以上で取り上げられた標準化―適応化の両立を巡る議論のなかで看過されていたチェーンストア原理を前面に押し出した。既存研究における標準化の議論が依然として本国―進出先国の間でしか行われていないことに対し，参入後の多店舗出店における標準化まで議論の枠を広げた点にその特徴がある。

　以上のように，外資企業の現地適応化プロセスにおける必要条件として国際競争力のコアになる外資企業固有の経営資源の標準化を強調しつつも，それがうまく行かなかった場合，経営資源をいかに活用するかという問題にも着目する必要性が出てくる。

## 2.3　撤退問題

　小売業は市場環境に最も敏感な産業であるがゆえに，国際化が困難な産業であり，その結果として撤退を余儀なくされる小売企業が少なくない。日本の小売企業が有しない差別的小売技術をもっていたにもかかわらず，その強みを生かし切れず，日本進出後5年で撤退することになったカルフールがその代表的な事例である。カルフールが日本市場から撤退せざるを得なかった原因についての分析では，日本人の消費スタイルとの食い違い，日本の商慣行の問題など適応化プロセスに多くの問題点があったと指摘されている（鳥羽，2001；2006；2008a；2008b；2011；白，2003；Baek，2006；崔，2009；今井，2014など）。

　そして世界市場を舞台に事業を展開する先端国際小売企業の撤退についての研究では，撤退を引き起こす原因分析だけではなく，次なる海外進出戦略に備えて，学習を通じて負の経験をプラスに転換する積極的な取り組みの必要性が強調されている。

　しかし，カルフール・ジャパンの撤退の問題を取り上げた先行研究では，失

敗の原因分析にとどまっており，同社が潜在的に持っていた競争的強みや，差別的な小売技術については十分注意を払ってこなかったと言える。というのも，カルフールの差別的強みは日本市場では必ずしも発揮されなかったものの，ある程度消費者によって受容され，また競合他社によっても受け継がれることで，日本市場，ひいては日本の消費者を変化させる一因となったと考えられるからである。実際，カルフールは日本市場へ適応することには失敗したかもしれないが，日本の消費者のライフスタイルに影響を与え，その後小売企業が消費者と向き合う方法を変化させるとともに，適応すべき競争環境を変化させた側面も有しているからである。

撤退研究の意義として，単に撤退という負の経験のみならず，正の結果を生み出した撤退のポジティブな側面を強調した研究は他にも多数存在している。とりわけ，参入後の意思決定としての撤退の研究は，撤退行動の分析の必要性（Hollander, 1970；Currah and Wrigley, 2004；Jackson et al., 2004；Alexander et al., 2005；Burt et al., 2005；Palmer, 2005；Palmer and Quinn, 2005など）から生まれた。失敗学でよく言われる「創造には失敗がつきもの」（畑村，2010，165頁）であるとして，失敗を創造の過程に取り入れる考え方をベースに撤退を捉えようとする動きが現れてきた。積極的な意味合いとしての撤退は，その後の事業再構築や，組織学習を通じて次なる海外戦略の策定にフィードバックされる可能性を秘めているからである。

一方で，産業組織論的視点から撤退の原因を，企業を取り巻く環境条件に求める研究が存在する。進出先のリスクや本国市場と進出先市場の間に介在する異質性を認識する「市場的失敗（market failure）」，採用する業態のタイプや組織形態，参入モード，自らの組織的発展の不適合性が生じる「競争的失敗（competitive failure）」といった研究である（Burt et al., 2003, p.359）。

本書では先端国際小売企業の現地市場からの撤退の原因を企業内組織要因に求めることにとどまらず，Burt et al.（2003）の市場的失敗および競争的失敗を意識しながら，撤退後の現地市場がどのように変化したのかを中心に考察していきたい。上記でも強調されたように，企業内組織を超えた業界内の視点から，企業内移転に失敗した知識を競合他社が既存の知識と統合しながら，新しく市場価値を創造していく場合も見られるからである。

## 3．現地市場の異なる環境条件に向き合う方法

### 3.1 組織学習論の視点

　複数の市場に進出する先端国際小売企業が，ある市場では成功を収めているにもかかわらず，別の市場では撤退せざるを得ないという結果をどう理解すればいいのであろうか。環境条件の異なる市場で試行錯誤を繰り返しながら学習し，その成果を次なる市場参入戦略に反映していくことの重要性を提唱している研究が多数存在している（Clarke and Rimmer, 1997；Currah and Wrigley, 2004；Palmer, 2005；2006；Palmer and Quinn, 2005）

　Clarke and Rimmer（1997）では，大丸百貨店のオーストラリア進出の事例研究を通じて小売企業が海外進出行動のなかでいかに適応し，学習しているのかが分析されている。当初は，日本人旅行者を標的に高級百貨店としてスタートしたが，不振に陥った段階で，①店舗のリポジショニングへ，②リスクを嫌う体質からリスクを受け入れる体制へ，③取引制度や商品調達においても独自の仕入れ計画やマーチャンダイジングに取り組むことの必要性を意識するように変化したという。このことは現地市場における経験に基づいた学習プロセスそのものである。

　学習の視点から小売業の国際化に関する研究を捉え直す分析モデルがPalmer and Quinn（2005）によって提示されている。このモデルによれば，小売業の国際化では，①市場，②参入様式，③縮小期，④組織構造，⑤競争者の姿勢，⑦組織のガバナンス，⑦人的資源の確保，⑧資金調達，⑨マーケティング，そして⑩商品調達という側面において学習する機会が存在する。こうした機会における学習の程度は，適応型の学習や創造型の学習といった企業の姿勢に大きく左右される。なお，この学習には，国内から国外への「前方向型学習拡散（forward learning diffusion）」，国外から国内への「逆方向型学習拡散（reverse learning diffusion）」，投資銀行，経営コンサルタント，そして不動産業などの国内外の他業界との接触による「外部方向型学習拡散（extrinsic learning diffusion）」，そして国内外からの競争者の登場に触発される「受容型

学習拡散（receptive learning diffusion）」といった経路が存在しており，最後に，学習された教訓がフィードバックされる。この方向には，当該国やその他の海外市場に反映される「拡張」と進出先市場からの「撤退」という経路が存在している。また，現在の海外展開の維持やさらなる拡張が学習を促進する動因として作用していく。こうした取組みは，ステークホルダーとの関係にも反映されるという。彼らは，こうしたプロセスを経験しながら学習が繰り返されていくと説明している。

小売企業の合弁による海外進出について検討しているPalmer（2006）では，合弁プロセスを①初期経験，②交渉経験，③実行経験，④マネジメント経験，そして⑤解消経験に区分し，ウォルマート（Wal-mart），テスコ（Tesco），そしてアホールド（Ahold）の事例を通じて各段階で学習された顕著な成果を抽出している。それらを要約して紹介すると，①では，進出国の小売企業との関係を広げ，その結びつきを高める重要性，②では，所有構造のレベルと連続的な増資が現地展開の統制を掌握する手段となること，③では，合弁関係に影響を及ぼすパートナーの突発的な行動に対応できるように備えておくこと，④では，連携の取れた合弁は学習を促進すること，そして⑤では，合弁の解消は必ずしも否定的ではなく，他のモードに転換するなどの積極的な行動の結果であることなどが提示されている。

### 3.1.1　ネットワーク組織を用いた組織学習

以上のように小売国際化について組織学習の命題が強調されたのは，ネットワーク組織論が隆盛しはじめた2000年代以降である。そこには本国での競争優位性をベースに国際展開する先端国際小売企業の存在がある。企業内のネットワークを用いて世界各国・地域ごとに異なった環境に対応しながら，グローバルな効率を実現しなければならないがために，先端国際小売企業は経営資源とその配分や統合のバランスを図るようになった。本国の本社と様々な進出先市場における海外子会社との間，ならびに権限を与えられた海外子会社との間にネットワークを形成することで，その成果を次なる進出市場で活用することができるからである。

一方で，1990年代以降多国籍企業論ではすでに組織学習の問題が大きなテー

マとして取り上げられていた。製造業の国際化において，多国籍企業とは，個人あるいはグループ同士が相互作用を通じて共通の理解を深め，共有された知識を生産現場やマーケティング活動に適用していく組織体として理解されたからである。たとえば，Kogut et al. (1993) では，組織学習は多国籍企業の本社と海外子会社間の組織能力格差を埋める国際的知識移転プロセスとみなされた。

小売国際化研究も同じように，参入後の展開，撤退の意思決定，次なる進出先の決定まで本社と海外子会社との間の組織学習という命題の下でその実態を把握しようとした。Currah and Wrigley (2004) とElg et al. (2008) は，小売国際化におけるネットワーク化により，現地環境への適応とグローバルな統合が実現できると主張した。また矢作 (2007) と向山 (2009) は，小売国際化行動の戦略的意思決定および個別企業の成長戦略についても，知識移転および組織学習は本社と海外子会社との関係，あるいは海外子会社同士の関係だけではなく，地球規模でのネットワーク組織論的な視点で行われるべきであることを強調した。

### 3.1.2 知識の合成能力と市場創造

さらに，経営戦略論者による知識移転を超えた知識創造のプロセスを明らかにしようとする立場から，進出先市場の海外子会社の吸収能力や異なる環境への適応能力よりも，当たり前のように引き起こされる競合他社による模倣について関心が寄せられた（伊丹，1984；Winter, 1987；Kogut and Zander, 1992；1993；Zander and Kogut, 1995）。そこでは競合他社の模倣を防ぐための知識管理が議論されたが，結局，競合他社の模倣をどうやって防ぐかというよりも，それを上回るスピードで企業内の知識移転を促し，当該企業の「知識の合成能力」によって模倣を耐えず陳腐化させながら，革新的な市場価値を統合的に創造することが基本課題と考えられている（矢作，2007，63頁）。

先端国際小売企業は，現地新生小売企業に比べ，早い段階から海外進出し，他国で現地適応に必要な資源を蓄積してきたという長い歴史や豊富な経験を持っている。一方，現地新生小売企業の多くはコングロマリット企業で，グループ内に資源と権限を集中させ，最適な事業分野に資源を配分していた先端

国際小売企業とは異なった発展経路をとる必要があった。

## 3.2 制度論の視点

　近年，先端国際小売企業が進出先市場で直面する環境条件で埋め込み（embeddedness）を実現することの重要性を唱える見解が多く見られるようになっている。その嚆矢はPolanyi *et al.*（1957）で，彼らによると，経済活動は常に利益と効用を最大化するものでなく，経済活動を巡る社会の構造や文化に強い影響を受けると指摘した。

　Hess（2004）は，社会経済的活動を時間的・空間的に考慮し，社会的（societal），ネットワーク的（network），領土的（territorial）の3つの側面で埋め込みを実現すべきであると提唱した。埋め込みの主体がどのような社会的環境の下で生まれ，育ったのかと関連する社会的埋め込み，事業を遂行するにあたって結ばれるべき関係性のことをネットワーク的埋め込み，そして最後に，小売企業が多様な関係性を有しているなかで，現地市場でいかに事業を成功させ，成長発展していくのかを意味する領土的埋め込みを区別している。この領土的埋め込みの概念は，その後多くの研究者によって拡張され，精緻化されていく（Wrigley *et al.*, 2005；Wrigley and Currah, 2006；Coe and Lee, 2013；Wood and Reynolds, 2014；向山・ドーソン，2015；Burt *et al.*, 2016；Wood *et al.*, 2016）。

　実は，それ以前に社会学者のGranovetter（1985）は，経済活動において「社会的埋め込みこそが経済の構造秩序を支えている」と主張した。若林（2009, 194-195頁）は，企業がそれを取り巻く社会ネットワークを通じて社会に埋め込まれているというネットワークへの埋め込みという視点は，社会構造の影響や文化の共有がネットワークを媒介して行われるために，その影響と共有の仕方がネットワークごとに微妙に異なる点を強調し，それゆえ経済合理化論や文化決定論とは峻別されると解釈している。

### 3.2.1　小売国際化における構造と小売企業間の相互作用

　小売企業がグローバルに展開する経済活動は，より複雑で多様な社会関係の構造への埋め込みを実現する必要性を意味する。Giddens（1979）が唱えるように，構造は相互行為のあり方を規定し，あるいは可能にする条件であるとと

もに，相互行為によって絶えず生産され再生産されるという構造の二重性が生成されるからである。川端（1999；2000；2005）が主張するフィルター構造論は，各市場に備わる制度を意味し，まさに構造化過程と制度理論をベースとした概念であった。小売国際化プロセスにおいて構造と小売企業間の相互作用は空間的かつ時間的に規定されるために，参入市場において社会変化を引き起こす原因にもなる（向山・ドーソン，2015）。小売国際化を進める企業組織はネットワークを介した現地市場との相互作用を通じて，同組織がもつ価値，文化，規範，行動パターンを共有し，相互に影響されるとすれば，その相互作用を分析する意義は大きいだろう。小売国際化における小売業の進化では，ネットワークは重要な経路として機能しており，制度学派は組織の文化や制度の変容においてネットワークが重要な要因となると主張する（若林，2009，203頁）。

### 3.2.2　小売国際化における経路依存性の議論

　本書で事例として取り上げるカルフール（Carrefour）のハイパーマーケット（以下，HMと略称），セブン-イレブンのCVS，イケアのホームファニシング・ストアは，いずれもグローバルに展開されており，進出先市場においては自国型に変容された開発を誘発したのである。これらの業態はその誕生以降，各社の海外市場開拓のツールとして制度化されたのである。これによって行為や行動が定まった一定の様式で遂行されることになり，それが海外市場においても次々に展開されることは，国際化行動の構造化および制度化である（田村，2016，176頁）。その構造化および制度化は小売企業の海外進出サイクルがその環境と相互作用する過程で生まれる。その出来事が生じた時間的順序を経路依存（path dependence）という。

　経路依存の考え方は，実際，過去に行った活動の結果が次の行動にフィードバックされることである。企業が意思決定する際に，戦略と個々の資源の整合性をすべてチェックしてから次の活動に乗り出していく手法では，非常に時間とコストがかかってしまう。そのため，過去に生じた出来事を精査し，過去の出来事の時間的構造で全体の整合性を調整していく方が現実的である場合がある（根来・向，2007，60頁）。根来・向（2007）は，実際，IT戦略分野においても，セブン-イレブンの情報システムに着目し，それが差別的競争優位性をも

たらす理由を「経路依存的な模倣困難性」にあると主張した。経路依存的な模倣困難性とは，それにかかわる人や組織のさまざまな意図やそこから得られた経験によって構築された，その歴史的なプロセスの独自性のことである。

小売国際化においても経路依存性の議論は次のように進められてきた。Dawson（2001）は，企業外部の環境条件だけではなく，戦略の方向を変える動因として時々の出来事（events）を検討する必要があると主張した。外部環境と企業内部で生じる出来事から生じる転換点によって従来の経路依存は大きな修正を迫られ，新しい経路に向かう可能性が与えられるのである（田村，2016）。そういった経路依存，構造化過程，埋め込み，ダイナミック・ケイパビリティなどの従来の概念を統合することを通じて，複数市場間に跨る小売企業の国際化活動研究に対して新しい分析枠組みを提示したのが向山・ドーソン（2015）の「グローバル・ポートフォリオ戦略（以下，GPSと略称）」という概念であった。GPS概念の特徴は，小売国際化が地理的拡大と小売業態数の増加が同時進行することを2つのネットワークとして示している点にある。換言すれば，この2つのネットワークを同時に成長させる先端国際小売企業の国際化行動を，本国と進出先国とのダイアド関係で捉えるのではなく，本国と複数進出先国との複合的関係として捉えようとしている点に特徴がある。

しかしながら，そこではもっぱら小売国際化を動態的な「再帰的」過程（Dawson and Mukoyama, 2006）として捉えているように見える。小売国際化を市場環境と小売企業が継続的に相互作用し，相互に影響し合っている構造化過程として捉えようとするのであれば，環境から反応を引き出し，その反応で新しい主体や新しい業態が再生産される可能性に注目する必要があるのではなかろうか。

## 4．小売国際化の新たな挑戦：進化論の視点

### 4.1　企業の経路依存的な発展

企業が順調に発展していく場合，そこに段階的な発展パターンがみられる。企業の成長・発展過程には現在および将来の経営資源の蓄積と事業発展が，多

かれ少なかれ，過去にどのような活動を行ってきたかに依存するという経路依存性がみられるからである。企業の規模の拡大によるものであろうと，企業の戦略行動の変更に伴うものであろうと，それぞれの段階で企業組織を効率的に管理し，さらに次の段階へと進んでいくというパターンが存在する。企業が直面する諸問題は，外部環境の諸条件の変化だけではなく，その企業の過去の歴史によっても規定されている。これが組織論からみる経路依存的な発展であり，そこから組織学習の必要性も出てくるのである。

一方，進化経済学では，「現在観察されている社会システムの『種』の数よりも，論理的に存続可能な種の数の方がはるかに多いとき，そうした諸システムの存在を説明するためには，歴史的一回性を考慮にいれた，経路依存的な発生過程の分析を取り入れざるをえないだろう」（藤本，2000，74頁）という指摘もある。

向山・ドーソン（2015）が，小売企業の国際展開において活動領域が域内市場から大陸を越えた「マルチ・コンチネンタル」に拡大したことを指摘しながら，市場とフォーマットを同時に展開し管理するGPSの考え方を提唱したことは，先に指摘した。このような小売国際化の複雑な動態過程を分析するために，個別企業の国際行動を長期的かつ詳細に追跡する必要性が多くの研究で強調されてきた（Dawson and Mukoyama, 2006；田村，2006；2016；矢作，2007；Burt et al., 2008；Frasquet et al., 2013；向山・ドーソン，2015）。

先端国際小売企業は，進出先市場にとって未知の新しい業態を持ち込んでくるイノベーターである。その先進性と革新性のゆえに進出先市場で先発者優位性（参入序列効果）を獲得することになる（Liberman and Montgomery, 1988；田村，2004；矢作，2007）。しかし，やがて進出先市場における競争は激化する。現地市場で先端国際小売企業を模倣する現地企業が登場したり，先端国際小売企業の現地パートナー企業が自立化したりするようになると，競争の激化のために先端国際小売企業の進出当初の先発者優位性が薄れてしまうこともある。さらに，現地市場が成長すると，持ち込まれた革新的小売業態に対する消費者の認識が変化し，そのことが消費者行動を変化させることで，業績の悪化を引き起こす場合もある。このとき，先端国際小売企業は現地市場から撤退するか否かの選択を迫られることになる。撤退するにせよ事業を継続するにせよ，彼

らは地球的規模での事業ポートフォリオ戦略構想に基づいてそれを判断することになる。このことが小売国際化プロセスのダイナミズムを生み出し，再帰的な性格を持ちつつも再生産を作りだしていくのである。ここに進化という意味が含まれる。

## 4.2 インタラクティブで進化的な小売国際化プロセス

Bartlett and Ghoshal（1989）は，過去の活動によって形成された企業の性質を組織的伝統（administrative heritage）と命名している。組織的伝統は創業者の影響，初期の成功体験，海外進出の時期，国の制度といった影響によって形成されており，それが異なれば，国際化への対応のあり方も異なるという。この主張は新興国市場における現地新生小売企業の場合に当てはまる。

先端国際小売企業は進出先市場において段階別戦略行動をとりながら，チェーンストア化を達成していくが，物流・情報インフラの未整備である国に進出する際，同等な経済発展水準の市場間（域内市場）では経験したことのない制約に直面する。実際，東南アジア諸国にCVS業態を持ち込んだ日系小売企業はその競争優位の源泉である高度な物流・情報システムが実現できなかったのである。

日本型CVSシステムの根幹は，品切れにならないように多頻度小口・定時配送という便宜を取引先卸売業に要求し，実現できている点であるが，後述するように，タイ以外の東南アジア諸国にはその便宜が実現できない社会経済的な制約があまりにも大きかった。したがって，その物流・情報システムも含め，日本で培われたビジネスモデルを東南アジア諸国にそのまま移転する根拠はほぼゼロに等しかったのである。

そこでセブン-イレブンは日本で培ったビジネスモデルを中国上海やフィリピンに移転するために，その現地適応化を台湾のセブン-イレブンを運営する統一超商に委ねることにした。台湾の統一超商は本国で初めて日本型CVS業態の移転に成功した運営会社であり，日本のセブン-イレブン・ジャパンとは緊密な関係をもっていた。統一超商は豊富なグローバル経験をもち，その現地適応化のノウハウならびに中国の市場環境や華僑系ネットワークを活用しながら日本型CVS業態を本国から移転する上で強力な担い手となったのである。こう

して，中国上海やフィリピンにおける日本型CVS業態の移転は，台湾の統一超商を介してセブン-イレブンのグローバル・ネットワークへと統合されていった。つまり，本国と海外拠点間の架け橋の役割を果たしてくれる統一超商を介在させることによって，現地適応化をいっそう進めることが可能となったのであり，これは現地適応とグローバル統合が織りなす「二軸共進化」の一断面であるといえる（椙山，2009；天野他，2015）。

　小売国際化プロセスは先端国際小売企業の一方的な進出戦略プロセスではない。進出した市場の異なる環境のもとで，とりわけ流通の近代化を実現する現地小売企業との相互作用の視点の必要性が高まっている。小売国際化プロセスはインタラクティブで進化的なプロセスであり，決して止まることはないからである。

　そこで注目されるのが，社会学の知見を積極的に取り入れようとする研究（Giddens, 1984；天野他，2015；向山・ドーソン，2015）である。たとえば，社会学では構造とエージェンシー間の相互関係によって生じる「構造化過程」という概念が重視されているが，この概念を用いて，環境との相互作用のなかで継続的に生み出され，再生産されるものとして小売国際化を理解しようとする研究がそれである。この見方に立てば，先端国際小売企業が進出先市場へ小売業態を持ち込むだけでなく，現地小売企業は先端国際小売企業との相互作用の結果として新しい小売業態を生み出すことになるのであり，さらに今度はその新しい業態をもって新しい市場に進出するようになるのである。こうして小売国際化をグローバル・イノベーションが引き起こされるプロセスそのものとして捉える「小売国際化におけるグローバル・イノベーションの概念」が必要になる。こうしたダイナミックな小売国際化プロセスのなかで小売業態の移転主体間の動きや競争的相互作用プロセスを分析するためには，現地新生小売企業がどのようにイノベーションを実現していったのかという視点がいっそう重要となるだろう。このことはまた小売国際化におけるイノベーションとは何かを，いま一度真剣に考え直してみることを要請する。

　以上の問題意識から，本書では現地新生小売企業が先端国際小売企業へと移行していく過程について分析することを課題とする。小売企業にとっての国際化の努力は，その競争優位の源泉の中核をなす小売業態の国際移転という道筋

をたどると考えられるからであり，その分析対象として最も代表的な小売業態である食料品中心の総合型量販店業態，CVS業態，そしてホームファニシング・ストア業態を取り上げ，課題の解明に取り組むことにしたい。

## 5．本書の狙いと構成

　本書では小売国際化プロセスにおけるイノベーションとは何かを問うことによって，グローバル市場における小売企業の成長と進化の実態が明らかになる。とくに従来の小売国際化研究において十分分析されてこなかった現地発・現地独自の小売業態の変容と発展を研究課題と捉え，以下の流れに沿って議論を深めていく。

　第2章においては，「グローバル・イノベーション」とは何かについて，イノベーションという概念が国際経営論の分野でどのように議論されてきたのかについて検討する。そして，イノベーションを巡る様々な考え方を整理することで，現地新生小売企業の進化プロセスを捉えていくための有益な知見を導いていく。得られた知見をベースに，移転された小売業態がいかにイノベーションとして形成されていくかが明らかにされる。そのために，イノベーションが生み出される市場環境要因の特徴から，主体間の関わり，そして小売業態の移転がどのように行われるのか，その一連のプロセスについて考察していくなかで，「小売国際化におけるグローバル・イノベーション・サイクル」が提示される。というのは，進出した先端国際小売企業に対して，もっぱら進出された立場であった現地新生小売企業が，今度はどのように海外市場へ進出していく立場に変わっていくかが構造化した結果として現れるからである。

　以上の考え方に基づき，特定の小売業態を持ち込んできた先端国際小売企業と現地新生小売企業との競争を通じて，次に自立した現地新生小売企業が国際小売企業に生まれ変わっていくプロセスに焦点を当て，具体的な事例分析をもとにそれぞれの論理を説明する。

　第3章から第9章まではケースを取り上げ，その国際化プロセスを説明する。第3・4・5章では食料品中心の総合型量販店業態の国際移転を，第6章と第7章ではCVS業態の国際移転を，第8章と第9章ではホームファニシング業態

の国際移転を題材としている。各章では，先端国際小売企業の持ち込み型国際移転経路と，現地企業が先端国際小売企業との競争を通じて国際小売企業に生まれ変わる，すなわち進出された現地新生小売企業の国際化の経路について議論する。

　第3章においては，先端国際小売企業に生まれ変わったイオンが現地市場環境に適合した取引システムを導入せざる得ない理由を論じている。それはイオンが東南アジア市場で欧米の先端国際小売企業との競争的相互作用のなかで優位に立つための適応化戦略の1つである。そういう意味で，この章では先端国際小売企業のカルフールとコストコ（Costco）が日本市場に何を残したのかという視点を強調したい。従来の研究は企業内での学習に焦点を当てているが，本研究では競合他社の動向を含めて，企業間での学習に焦点が当てられている。業界全体がカルフールの失敗とコストコの成功から何を学んだのか，国内の小売業が生き残る道は新しい需要の開拓であり，需要を創造しうる新しい小売技術の開発である。この点こそ，カルフールとコストコが日本市場に残したものであり，競合企業によっても受け継がれていることが確認される。現地新生小売企業にとって，今後競争関係が激化するなかで，何が必要になるのかを，需要を創造する小売技術という観点から明らかにすることにしたい。

　第4章と第5章においては，現地新生小売企業がどのように先端国際小売企業へ進化を遂げていくかという経路について理解する際に，新興国出身の企業の資源不足の問題を取り上げ，この問題をどのように克服し，進展していくのかについて，第3章の分析と比較しつつ考察する。先端国際小売企業とのせめぎ合いのなかで生き残るために，現地小売企業は先端国際小売企業から取り込んだ業態を自国型に変容しながら自立し，今度は新生の国際小売企業として海外進出を図るプロセスを検討することにしたい。

　第6章においては，世界最大規模の店舗数を誇るセブン-イレブンを取り上げる。アメリカから取り込んできたCVS業態を日本の環境下で成長・発展させてきたセブン-イレブン・ジャパン（以下，SEJと略称）は，今度はアメリカのセブン-イレブンの経営再建のため，日本型に変容されたCVSを逆移転するようになる。また日本型CVSの韓国市場への取り込み型国際移転を取り上げ，その生成・発展プロセスを歴史的に追っていくことにする。CVS業態が本国型か

ら日本型へ，日本型から韓国型へ変容されていくなかで，それぞれの業態の特徴が浮き彫りになるだろう。

第7章では，SEJが中国北京に直接持ち込んでいくに先たち，台湾の統一超商がSEJから取り込んできた日本型モデルを台湾型に修正していくプロセスを考察する。SEJ発の日本型CVSを中国上海やフィリピンに国際移転する際に，同社と緊密な関係を形成している台湾セブンの運営会社，統一超商に委ねることになる。そのことがSEJ発の日本型CVSの国際移転にどのような変化をもたらしているかを明らかにしたい。また，自国の市場環境に連続適応しながら急成長を遂げているタイのセブンを事例に，タイ型CVSが創り出される経緯を追っていく。その分析結果に基づき，小売国際化におけるイノベーションの発生論理と企業の進化について考察を加えることにする。

第8章から第9章においては，家具・インテリア専門店のホームファニシング業態の国際移転を取り上げる。その業態を誕生させた世界最大手のイケアの国際化プロセスに焦点を当てる。とくに，第8章では地理的に離れているスウェーデンから日本市場へ参入し，その後撤退，再参入するプロセスのなかで，日本型ホームファニシング業態として自立し，イケアの競争相手となった現地新生家具製造小売企業ニトリの躍進までを取り上げる。北海道内のローカル企業として出発したニトリが持続的競争優位性を獲得しながら，やがて世界市場という舞台へ事業を拡大していくプロセスが検討される。第9章では，イケアの韓国家具インテリア市場への進出が，韓国の家具関連産業を再生させていくプロセスを取り上げ，分析する。

第10章においては，3業態の国際移転プロセスの分析を踏まえ，グローバル・イノベーション・サイクルが作動するなかで，小売企業の持続的競争優位性が獲得されていくことが明らかにされる。全体を通じて，小売企業の参入と撤退を巻き起こしながら，小売業態のグローバル・イノベーション・サイクルを永続的に循環させ，絶えざる国際化を求める競争へと先端国際小売企業を駆り立てていくという小売国際化プロセスの循環メカニズムが強調される。

# 第2章　グローバル・イノベーションとは何か

## 1．国内企業がいかにしてグローバル企業に成長していくのか

　移転主体が環境に積極的に働きかけることによって行われる小売業態の国際移転プロセスは，どのようなメカニズムによるものであろうか。本書では次の疑問に答える形でこの課題を解明することにする。

　第1に，小売業におけるグローバル化はどのように認識されているのか。またそれはどのような意義をもつのか。グローバル企業とは，海外出店の経験が豊富で，海外の占める売上シェアが高いという企業を指すものではない。結果よりもそれを可能にしたプロセスをたどることで，全体としての小売業の発展に対して小売企業のグローバル化が果たす役割を評価できるだろう。

　第2に，小売企業はどのようなグローバル化プロセスをたどるのであろうか。日本における小売国際化論の基礎理論を確立した向山（1996）が取り組んだ興味深い課題は，本書においても共有されている。だが，小売企業のグローバル化が進出先の異なる環境，特に競争相手との相互作用を伴う限り，企業のグローバル化は市場のグローバル化を意味し，その分析が要請することになろう。

　第3に，小売企業はどれぐらい環境に依存するのだろうか。国内で成功した小売企業といえども，海外において必ず成功するとは限らない。小売企業のグローバル化は現地環境に制約されているからである。彼らが持ち込んだ業態コンセプトの革新性が現地消費者に受け容れられ，それが現地で展開されるため

には，それに適した社会的インフラの整備が必要とされる。その意味からすれば，環境は単に適応すべきものだけでなく，創造されるものと考えられよう。

　第4に，「標準化─適応化問題」をどのように解決されるのであろうか。これは，チェーンストア・オペレーションによる経営革新を図っている小売企業のほとんどが抱えている課題である。チェーン化原理の作用範囲が国境を越えて海外にまで拡大されたとき，小売国際化プロセスのなかでの「標準化─適応化」の議論はどのように位置づけられるのであろうか。

　第5に，新興国の小売企業は業態移転の問題にどのように対応するのであろうか。先端国際小売企業の進出先のほとんどが新興国であることは事実である。だが，進出される側の現地新生小売企業は，技術の優れた先進国の国際小売企業の参入をそのまま受け入れるのか。

　このような課題解明に際して，本書では次のように分析視点と分析方法を設定している。分析視点として小売業態を本国から進出先へ積極的に持ち込んでくる外国企業とそれに受動的に反応しながら新業態を導入する現地企業を想定している。これら2類型の主体が国内企業からグローバル企業へと成長していく相互作用的過程を時系列に検討する。小売国際化において企業の成長論的な視点を導入するのは，その根底に常に競争と革新のメカニズムが働いているからである。

## 2．小売企業のグローバリゼーションは何をもたらすのか：本書の課題と視点

　現地市場における先端国際小売企業の適応化は，その結果が成功であれ，失敗であれ，それの進出による内なるグローバリゼーションを通じて現地市場に大きな影響を与えることは否定できない。たとえば，カルフールが日本市場へ適応することに失敗したかもしれないが，日本の消費者のライフスタイルに影響を与え，その後小売業が消費者と向き合う方法を変化させるとともに，適応すべき競争環境を変化させたからである。

　こうした課題の下，本書は以下の4点に注目する。まず，撤退研究の意義として，負の側面のみならず，正の結果を生み出した撤退のポジティブな側面と

して先端国際小売企業の進出が現地市場に何を残したのかという視点である。

　第2に，従来の研究は企業内での学習に焦点を当てているが，内なるグローバリゼーションが現地小売企業を刺激し，次なるグローバリゼーションの主役に転換するプロセスを分析していく。少子高齢化による国内市場の狭隘化のなかで，多くの小売企業は出店競争に明け暮れ，価格競争は一層激化している。現地小売企業が生き残る道は，むしろ価格競争ではなく，新しい需要の開拓であり，世界へ進出し，そこで通用できる新しい業態の創造である。この点こそ，内なるグローバリゼーションが現地市場に残したものであり，競合企業によっても受け継がれつつあるということを確認する。

　第3に，従来の小売国際化研究が異質な市場環境への適応化を強調していたのに対し，本書では企業の成長戦略の観点から，企業主体の競争と革新に重点を置いている。先端国際小売企業に比べ，現地新生小売企業のグローバリゼーションは競争関係を通じて消費者ニーズへ適応することを強制されるが，先端国際小売企業との競争は比較的国際化経験や人的資源の不足で国際化に乗り遅れた現地新生小売企業を成長させる原動力にもなる。本書ではこれらの結果がなぜ生じたのかを理論的に解釈しながら因果関係を説明する。

　第4に，小売業態の生成・発展のダイナミックス分析するにあたって，空間的範囲を国内に限定せず，海外にまで広げることにする。その際，事例の多くは食料品中心の総合型量販店業態，CVS業態，家具・インテリアのホームファニシング業態を中心に，それらの国際移転に関わっている多数の小売企業から取られている。小売業態の国際移転によるその生成・発展プロセスを，小売企業の事業活動，それに大きい影響を及ぼす産業の特性，競争相手の存在や消費者などの環境要因と関連づけながら記述していく。

## 3．現地新生小売企業の先端国際小売企業との競争と成長

### 3.1　小売国際化の最近の動向

　小売業は地域密着型産業としてその活動が立地している地域の消費者に縛り

つけられているため，国際化が難しい産業であるという思い込みが存在していた。小売業の販売先は消費者であり，消費者の買い物行動には空間的制約が伴う（石原，2000）からである。より広範な市場に対して販売活動が行われる製造業とは違って，一定の市場空間を基礎として店舗が成立する小売業の国際化の場合，そうした制約はまずチェーン展開によって克服されなければならなかった。それゆえ，これまで国際化の主体はチェーンを基礎とした先端国際小売企業に限定されていたのである。

2000年代以降になると，小売企業の国際化の範囲が拡大することによって，価値創造の現場も新興国市場に広がるようになった。1960年代後半から始まった近隣諸国への進出が，次第に遠方の諸国への進出に拡大し，はるかに文化的・心理的距離感のある地域へと広がっていった。そこでは有望な成長市場として，ラテンアメリカ，アジア，さらに最近は東欧の新興諸国がその標的対象地域となった。このような状況は今でも変わらないものの，最近は，もっぱら「進出される市場」であった新興国出身の小売企業が，立場を変えて海外進出を開始する動きも散見されるに至っている。

## 3.2　先端国際小売企業がうまくいかなかった理由

それに伴い，研究範囲を先端国際小売企業の国際化行動から新興国市場の現地新生小売企業へと広げ，その国際化行動や成長プロセスを明らかにしているBianchi（2009；2011）やGhauri（2010）の研究が注目される。Bianchi（2009）は新興国市場において進出する立場の先端国際小売企業と進出される立場の現地新生小売企業との比較を通じて，その競争を勝ち抜いた現地新生小売企業の特徴を明らかにしている。それによると，これまでの小売国際化研究では，ヨーロッパや北米を中心とした研究がほとんどであり，対象が新興国市場であってもアジア市場における小売競争に限定されていたという。そこで，Bianchiはラテンアメリカ出身の小売企業を主に研究対象として，カルフールやホームデポ（The Home Depot），アホールド・デレーズ（Ahold Delhaize），ジェイシーペニー（J. C. Penny）などの先端国際小売企業のほとんどがチリの現地小売企業との競争においてその優位性を獲得できなかった。そしてその進出は，より広い社会的ネットワークに接近することができなかったからである

と指摘している（Bianchi and Ostale, 2006）。

　近隣諸国であるアルゼンチンや，ブラジル，そしてメキシコにおいては，先端国際小売企業が小売マーケットをリードしているにもかかわらず，チリではスーパーや，百貨店，そしてホームセンターなどのあらゆる分野において，現地小売企業の方が優勢である。チリの現地企業は情報通信技術やロジスティクス，そして従業員教育に関して積極的な投資を行い，外資系小売企業の脅威をものともせず競争優位を獲得しているのである（Bianchi and Mena, 2004）。アルゼンチンでカルフールの市場シェアを5年間で2.67％に止まらせたのは，カルフールを徹底に研究した現地企業D&Sであった（Bianchi and Ostale, 2006）。D&Sはすでにアルゼンチン市場でカルフールを経験し，その経験を活かしてカルフールのチリ市場での拡大を最初から徹底的に封殺したのである。

　Bianch（2011）によれば，先端国際小売企業より国際化経験が劣り，経営資源も制約されている新興国市場の現地小売企業は，当然競争優位を発揮することができないという思い込みがあったために，十分な関心が払われてこなかった。先端国際小売企業の新興国市場への進出が本格化したのは1990年代後半である。そのため，現地新生小売企業が成長するまで時間はあったものの，ほとんどの研究者がアジア大陸に研究対象を集中していたのに対し，Bianchiはラテンアメリカ大陸での現地新生小売企業の国際化行動に着目し，新興国市場における新生現地小売企業の競争優位性を明らかにしようとした数少ない研究者である。さらに，Bianchi（2011）では，チリの現地新生小売企業が国際化経験およびそのノウハウを構築するために，現地の競合他社および海外のパートナーなどから学習し，国際化に必要な資源を引き出すことに成功したと指摘されている。

　要するに，新興国市場における現地新生小売企業の競争優位性は，東アジアやASEAN出身企業のケースのみではなく，ラテンアメリカ出身企業からも確認できる。以上のBianchiらの研究の意義は，小売技術を移転する先端国際小売企業と現地新生小売企業との相互作用的競争プロセスを明らかにした点にある。現地新生小売企業が技術的に優位に立つ先端国際小売企業の脅威にさらされるとしても，必ずしもすべての現地新生小売企業が競争優位性を失ってしまうわけではなく，逆に競争優位性を発揮できる場合もある。

## 3.3 現地新生小売企業に注目すべき理由

　本書では，異例の現地新生小売企業の躍進について，既存研究で看過されてきた，次のステップとしての現地新生小売企業による海外進出とその成功に着目する。このような現地新生小売企業の成長と国際化行動は，本国市場で新たな小売業態を生み出すだけでなく，自らが先端国際小売企業へ生まれ変わる可能性を示している。グローバルな競争を通じて今度は先端国際小売企業へと成長していくプロセスを解明することの意味は大きいといえる。

　続いて，リバース・イノベーション（reverse innovation）についての既存研究を紹介し，理論的フレームワークに対する理解を深める必要がある。なぜなら，本研究が小売国際化における現地型小売業態の創造やそれを持ち込んで海外進出に挑むという現地新生小売企業による国際化行動に焦点を合わせて議論を進める場合，リバース・イノベーションの概念を吟味しなければならないからである。次節では小売業の国際化の実態を通してリバース・イノベーションを再定義することにする。

# 4．リバース・イノベーション論

## 4.1　リバース・イノベーションという考え方

　従来の多国籍企業の活動は基本的に製造業を中心としたもので，発展途上国に存在する天然資源や安価な労働力の獲得，あるいは先進国向け輸出品の生産基地を確保するためであった。しかし，国際ビジネスの論理はメタナショナル化するグローバル競争環境において大きく変化している。今日の多国籍企業の行動は，確実に市場創造型に移行しているからである。太田（2012）によると，市場潜在力の大きい新興国市場は確実に生産の論理よりも市場創造の論理が重視されるようになっているのである。

　実際，多国籍企業はさらなるイノベーション創出のために，グローバルな視点からの製品戦略の見直し・強化に力を入れている（山崎，2011）。従来のように先進国市場向けに開発された製品を新興国市場に押し付けるのではなく，新

しく掘り起こした新興国市場ニーズに合わせた製品開発が出発点となる。そしてそれは必ずしもすべてが現地で消費される必要はない。同じ新興国市場でも，逆方向の先進国市場でも構わないが，そこには他の市場ニーズを掘り起こす意味での市場開拓まで含まれる「市場創造」である。

高橋他（2012）によると，経営戦略論や国際経営論において消費市場としての新興国市場に着目した研究が増えてきてはいるものの，市場創造およびイノベーションの研究はまだ先進国に偏っている。イノベーションの創出において注目されつつあるキーワードがダートマス大学教授のGovindarajanが中心となって提唱している新しい概念，リバース・イノベーションである。

新興国発のイノベーションをグローバル製品に生かしていくリバース・イノベーションという考え方がGEメディカル社のポータブル超音波診断装置の事例研究から生まれた（Immelt et al., 2009）。同社は中国現地で開発し，米国市場においてもシェアの高い機械を中国市場に売り込もうとしたが，価格が高すぎるということで，中国を開発拠点とし低価格製品を新規に開発することにした。中国の病院においては，診断結果の精度はある程度落としても，低価格のものにニーズがあるということがわかったために，汎用コンピュータをベースとした低価格システムを開発したところ，中国で大ヒットとなった。ここまでであれば，Ghoshal and Bartlett（1990）による在外研究所がそれぞれの現地市場に対応した活動を独立して行うLocal for localプロジェクトと変わりはない（元橋，2013）。

しかし，GEメディカル社はこれを米国でも売り出すことにした。これまでハードウェアで実現していた機能を，ソフトウェアに置き換えたため，システム全体が小型で軽量になった。このようにして持ち運びができるようになった超音波診断装置は救急車や個人用途など新たな需要を創出し，米国においてもヒット商品となった。結局，リバース・イノベーション論は新興国発の製品が本国に逆戻り（リバース）することから生まれたのである。

ところが，先進国企業において，GEメディカル社のようなリバース・イノベーションを実現しているケースはそれほど多くはない。実際に，中国で開発した製品をインドで販売するというような，新興国から他の新興国への横展開が広がっている。このような事例は，従来製品の機能を低価格で限定的に実現

し，ローエンド市場向けである「下へ」のイノベーションという点でChristensenの破壊的イノベーションと共通している（近藤，2012）。

このような考え方はBOP（bottom of the pyramid）イノベーション（London and Hart, 2004；Prahalad, 2004；宇佐美，2011；太田，2012；元橋，2012；高橋，2014）やFrugalイノベーション（Zeschky et al., 2011）のような研究に広がっていた。それらは新興国市場を土俵にしたイノベーション創出を指す言葉ではあるが，新興国発のイノベーションはまだ確固としたものはなく，従来のイノベーション論の知見がどこまで通用するかを改めて整理する必要があると考えられる。

## 4.2　リバース・イノベーション論の限界と拡張

グローバル戦略におけるリバース・イノベーションに関して，現状の議論は2つの理由で十分ではない。1つは，そもそも「リバース」の定義が明確ではない（鷲田，2014）。おそらく先進国の多国籍企業であれ，新興国の現地企業であれ，生み出されたイノベーションの場所が新興国であればリバース・イノベーションの範疇に入る。要するに，新興国で生まれたイノベーションが先進国に逆流あるいは反転するという意味では共有されているが，イノベーションを起こす主体が誰なのかについては，一定のコンセンサスが取れているわけではない。そこで徐（2015）は，新興国の現地企業によるリバース・イノベーションの事例を取り上げ，それを「リバース・イノベーション2.0」と称した。それはImmelt et al. (2009) やGovindarajan and Trimble（2012）で提示された先進国の多国籍企業によるリバース・イノベーションと区別しようとする試みであった。

現状の議論が不十分な2つ目の理由は，リバース・イノベーションの事例が研究開発・生産技術・製品開発を含めて製造業に限定したものが多く，小売業およびサービス業のグローバル戦略を考えたときにどこまで説明できるかが疑問である。産業ごとにグローバル化の度合いにばらつきがあると考えられる以上，各産業の構造上の特性を踏まえながら研究上取り上げられてきた「リバース」の定義を明確にする必要があるだろう。

イノベーションを起こす主体の観点から考えてみると，従来は，先進国がイ

ノベーションを生み出してそれを新興国市場に投入するというものであった。ところが，近年，逆方向の流れで新興国で起きたイノベーションが先進国に持ち込まれるリバース・イノベーションの事例が出始めている。Immeltらは，これまで国際ビジネスのパースペクティブを支えてきた考え方について，「新興国市場も先進国と同じように発展していく」という考え方と，「新興国固有のニーズに対応した製品は競争力に乏しく，先進国では販売できない」という考え方は間違っていたという。なぜなら，新興国が先進国を飛び越え，ブレークスルー・イノベーションを進んで導入することも珍しくなく，現実には新しい使い方を工夫することで，先進国での市場創造が十分に可能だとわかってきたからである。この意味で，製品の機能を減らしたり，現地仕様にカスタマイズするだけでは不十分である。先進国でも用途を発見し，グローバルな販売につないでいくのが最も重要である。

　リバース・イノベーションを，新興国で製品・サービスを開発し，その国際展開を目指すものとすれば，ここでいう国際展開とは，どの市場へのリバースなのであろうか。また，製造業だけではなく，小売業の国際化にも通用できるリバース・イノベーションとは何であろうか。このような問題意識に基づいて，次節では課題解明のための分析枠組みを導出することを試みる。

## 5．小売国際化における　　グローバル・イノベーション・サイクル

　「リバース」という概念は，これまで先端国際小売企業にしか注目していなかった小売国際化研究において，競争と革新の動態的メカニズムに対する理解を深化させる。第4章で述べるように，韓国における食料品中心の総合型量販店市場の現状をみると，小売業態の国際移転における現地企業の好業績が浮き彫りになるなか，やがて現地企業が本格的に中国およびASEAN市場への進出を図るようになる。新生韓国小売企業は先進国より取り込んできた小売業態を現地に適合したモデルに修正・変容し，それが通用できる有望な市場に持ち込んでいくことができた。そこでのリバースは技術レベルの低い方から高い方へという意味ではなく，当初進出される立場であった地元企業が今度は進出する

立場に変わる逆進出という意味で理解することができるのではないか。

　リバース・イノベーションが途上国で最初に発生し，採用されたという意味で，この実態は従来のリバース・イノベーションの考え方に合致するが，必ずしもそれが逆流して先進国で採用されるとは限らない。イノベーションの流れを小売産業および経済発展の低い水準から高い水準へと縦の関係性に限定してしまうと，今日の小売国際化の実態を部分的にしか捉えていないことになってしまう。実際に，リバースという意味を逆進出（もっぱら進出された立場から今度進出する立場へと転換される）の意味で捉え，横の関係性まで視野に入れることになれば，より動態性に満ちた現地発のイノベーション創出プロセスが分析できるだろう。

　他の市場への国際展開は同じ新興国市場でも，逆方向の先進国市場でも構わない。そこには進出する先進国の先端国際小売企業だけではなく，進出される新興国の現地新生小売企業が製品・サービスを開発し，それを他の市場（同じ新興国市場でも，逆方向の先進国市場でも構わない）ニーズを掘り起こす意味での「市場創造」まで含めて議論を進めていくべきであろう。

　今だに統一的な見解が乱立する状況のなか，リバース・イノベーション概念を小売業にも適用可能にするためには，もっとも混乱を招く用語として「リバース」を切り取って，代わりに「グローバル」に置き換えることにする（白，2004；2013；2016；Max von Zedtwitz et al., 2015；Zedtwitz et al., 2015）。

　流通技術の発展の程度や海外進出の経験の有無から先端国際小売企業と現地新生小売企業を両極端に位置づけさせることではなく，延長線上で考えるべきである。なぜなら，両者は小売企業の海外進出を巡る進化的循環関係のなかに存在するからである。両者の小売国際化プロセスの比較からわかるように，先端国際小売企業の参入によりグローバルな競争が触発され，それに対抗する形で海外から先行的革新を導入した現地新生小売企業は，競争優位を獲得するために現地に合わせた小売業態の変容を図る。その差別化された業態は完全に自国に合った独自なものとなり，それに普遍的革新性さえあれば自国化は国際化に向かうことになる。このことは現地新生小売企業の自立化を通じて国際企業への成長を意味しているが，小売国際化プロセスはここで終わるものではない。現地新生小売企業は先端国際小売企業によって国際化プロセスに乗り出すこと

ができ，そこで創り出した普遍的革新をもって他国への進出を図ることができる。要するに，先端国際小売企業を媒介に現地新生小売企業は国際小売企業へと成長し，最終的には先端国際小売企業として着地できると考えられる。

小売国際化におけるこの循環的な関係は，次なるグローバリゼーションにおける競争の連鎖作用によって繰り返し行われ，より発展したかたちに進化していくのである。競争的相互作用によって国際展開を進める小売企業はまた新しい競争関係を形成し，それが第2・第3ステージへと展開されるとき，グローバル・イノベーションが生まれる。このような小売国際化におけるグローバル・イノベーション・サイクルが働くことにより，新しい小売業態が生み出され，現地新生小売企業が先端国際小売企業へと脱皮していくような循環が創り出される。

現地市場において地元企業の活躍が著しくなることにより，先行的革新を持ち込んできた先端国際小売企業が競争優位を獲得できなかったとしても，すぐ撤退するか，他国への進出計画を中止することはない。なぜなら，失敗の国際化経験を次なる海外進出戦略に活かしたり，新しく小売業態を創り直したりする，いわばより発展した形での競争の連鎖効果を得られるからである。次章からは，競争の連鎖作用を通じて国際舞台でプレゼンスを高めるようになった現地新生小売企業の存在意義を強調しながら，先端国際小売企業により生み出された小売業態の国際移転プロセスを詳細に記述していくことにする。

これまでの小売業における国際移転研究はしばしばその研究範囲を狭く設定したため，多くの国際移転現象をすべて説明するには無理があったと考えられる。小売業における国際移転メカニズムを理論的に検証するためにも，第1ステージのみの研究から脱却し，次のステージに向けての国際移転プロセスに注目しなければならない。なぜ研究範囲をそこまで拡大しなければならないかというと，そこには移転主体と現地環境との適応化プロセスからなる二重の創造メカニズム，すなわち移転主体と移転対象の創造が期待できるからである。

以下の章では，小売国際化プロセスを具体的事例に基づいて分析することにしたい。

# 第3章 日本市場における先端国際小売企業と需要創造

## 1．はじめに

　1990年代から，日本ではバブル崩壊後の地価の下落や大規模小売店の出店規制の緩和により大型小売店の出店数が急増した。小売段階の激しい競争のなか，販売価格の下落が一層進んでいた。それを受けて本国で直接取引を基本とする先端国際小売企業の日本市場進出が活発化し，1999年にはアメリカのコストコ，翌年にはフランスのカルフールがそれぞれ日本のメーカー各社に直接取引への対応を要請しながら，日本市場で第1号店を開設した。

　とりわけカルフールは商談時には購買力を背景とした非常に高圧的なスタイルの商談を行ったため，日本のメーカー各社に反感をもたれてしまった。その結果，思うとおりの品揃え物が形成できず，直接取引と間接取引との折衷型取引を行わざるを得なくなり，結局，進出してから5年で撤退することになった。

　歴史的に先端国際小売企業が本国型運営システムを日本市場に持ち込むことは非常に難しいと言われてきたが，そうしたなかで，コストコの日本を含む東アジア市場での成功はどう評価したらよいのだろうか。後述するように，コストコは魅力的な品揃え物で日本の消費者の支持を得ながら，一貫した業態コンセプトで日本の消費者の買い物行動パターンを変化させていた。日本型流通システムおよび日本の消費者の買い物行動の特殊性は認めるものの，内なるグローバリゼーションにより伝統的な日本の流通システムに変革を迫っていることは確かである。

ここで，日本の小売企業最大手のイオングループの動きに注目する必要がある。欧米の先端国際小売企業に刺激されたイオンは，新生先端国際小売企業として2010年に世界で通用する企業集団を目指す「グローバル10」構想を掲げ，欧米流の業務プロセスを積極的に取り入れているからである。不景気の長期化やウォルマートの日本進出による日本小売業界の厳しい状況下で，欧米小売企業の成功例を目のあたりにしたイオンは，アジア市場で欧米小売企業に互角に戦える競争力を獲得しようとしたのである。

　本章では小売国際化におけるグローバル・イノベーション・サイクルの観点から，先端国際小売企業の日本市場へのインパクトとその相互作用的競争プロセスのなか，現地小売企業および現地消費者の変化を市場環境とのかかわりを中心に考えていきたい。

　まず，欧米諸国において大手小売企業が形成してきた直接取引システムの形成プロセスを確認したうえで，それとの対比で日本の大手小売企業が形成してきた間接取引システムを取り上げる。また，日本において欧米の先端的小売企業が直接取引システムを採用することがいかに困難であったかについて検討しておくことにする。先端国際小売企業の日本市場参入によるインパクトは小さいものの，現地小売企業の取引制度に与えた影響についても考察したい。最後に，カルフールの日本市場戦略との対比で，成功パターンを見せてくれたコストコがいかにして日本の消費者の買い物行動を変化させ，新しい需要創造を実現したのかを明らかにしたい。

## 2．取引システムと物流サービス水準

### 2.1　欧米小売企業が形成した取引システム

　欧米の場合，小売業が急速な発展期を迎えたとき，その発展に対応できるだけの力をもった卸売業は存在しなかった。そのため，小売業は自分で中間流通機能を持たざるを得なかった。欧米の小売企業は，標準的な店舗の多店舗化により規模が一定レベルに達すると，基本的には自ら物流センターを設置し調達物流機能を備えてきた。それによりメーカーとの直接取引が実現された。原則

として物流センター着価格でメーカーから商品を購入し，それ以降，店舗への商品供給は自らの責任とコストで行い，調達面での規模のメリットを享受しようとしてきた。

　さらにメーカーに配送してもらうべき配送業務を，配送費用の節約のために小売企業が自らメーカーの工場出荷拠点から商品を引き取って自社物流センターまでもってくる。そうすることで，小売企業は配送費用をメーカーから獲得するケースも増えており，メーカーの工場出荷価格での購入を実現しよとしてきた。また自動発注でメーカーの営業費用が節約できるため，大手小売企業はコスト上優位となる。その結果，ますます規模を拡大することができるようになり，小売市場の上位集中化度も高まりやすくなっている。

　日本の小売企業が特売を集客の目玉にするハイ・ロー（特売）戦略を展開しているのとは対照的に，欧米の小売企業は恒常的に低価格で商品を販売するエブリデー・ロー・プライス（EDLP）戦略を展開している。前者は売上の平準化を阻害し，極端な多頻度小口発注も常態化しているため，メーカーの特約店を始めとする卸が常に介在せざるを得なくなる[1]。それに対して，後者は売上の平準化が進み，需要予測の精度が高まるようになる。したがって，メーカーが自らの判断で小売企業の自社物流センターの在庫量をコントロールできる構造となっている。このような流通環境の違いから，日本の小売企業は間接取引にこだわっていたのである。複雑で手間のかかる仕組みとなっている日本型と比べ，欧米型は多頻度小口配送の負担から大きく解放されるため，メーカーと小売との直接取引がよりしやすくなるのである。

　このようにして活動余地が少なくなった卸売業は，メーカーと直接取引する規模をもたない中小の事業者に取引相手を絞ったり[2]，配送業務専門の機能限定的なサードパーティになったり，機能の縮小や業態の変更を迫られるようになってしまっている。そのために，アメリカでは中小小売店の店主が集まって設立した小売主宰の食品ボランタリーチェーン本部である卸売業のアソシエーテッド・フード・ストアーズなどが存在する。アメリカのボランタリーチェーンのほとんどはリテール・サポート機能に特化しながら，取引先である事業者の経営が成功するまで，商品力や物流力の強化に力を入れている（波形，2010，66-71頁）。

そこでコストコのようなアメリカ版現金問屋のキャッシュ＆キャリー（以下，C&Cで略称）は主に大手卸にも中堅卸にも取引相手にされない街角にある小さな食料品店やレストランなどの単独店を得意先として成長した歴史がある。現金持ち帰りを原則とする業態コンセプトにこだわらず，必要な時は配送サービスを提供しながら，特定の顧客層に限定したことでビジネスチャンスを見いだしているケースも出てきている。

もちろん「小売業が自ら物流センターを保有し，しかもメーカーから直接商品を仕入れる場合，『卸の中抜き』になることは間違いない」（加藤，2006，49頁）。しかし，それは決して卸売業の衰退を意味するのではなく，あくまで伝統的な中間流通機能を限定的・専門化することで，伝統的な「総合機能卸売業」は排除されるかもしれないが，「限定機能卸売業」は存続し得る可能性は十分ある[3]。

## 2.2　日本の小売企業が形成した取引システム

欧米小売企業との対比でみると，日本の小売企業が形成した取引システムの場合はどうであろうか。多店舗化により十分な規模をもち，自社物流センターを建設したあとになっても，卸売業を介在させつづけている理由はどこにあるのだろうか。

ここで根本（2004）による「物流的依存のメリットの拡大」に注目する必要がある。氏によると，日本の大手小売チェーンは物流分野で高いレベルのサービスを要請しつづけており，その要請によく応えて，物流システムや情報システムなどを高度に構築してきた有力な卸売企業の存在が大きかったと指摘している。日本の大手小売チェーンは「世界的なレベルで見ると発注単位を異常であるレベルにまで小さくし，伝統的に考えるなら小売業の基本業務でもあった小分け作業を卸売業に転嫁」してきた（前掲書，164頁）。

とくに多品種少量販売を徹底的に実現しなければならないCVSにおいては，他の業態より取引単位が小ロットとならざるをえなくなる。セブン-イレブンは1個単位の発注を目指しながらも，できるだけ品切れにならないように「多頻度小口・定時配送」という物流改革に取り組んできた経緯がある。

加えて，それに伴う物流費用の上昇を抑制する必要性が強まった。取引単位

が最適発注量を下回る状況では必要以上に発注せざるを得ず，在庫圧縮は進まないことになるからである。サプライヤーから高度な物流サービスを低費用で引き出すため，1個単位の高速仕分けシステムであるデジタル・ピッキング方式が強く求められるようになる。特にコモディティ商品においては業態間の競争が激しいため，セブン-イレブンを皮切りに日本の大手小売チェーンは取引先である卸売業者にデジタル・ピッキング方式の導入を強く求めていた。それが日本の卸売業では備えづけるべき物流機能となった。これによって日本の大手小売チェーンは，その分深く卸売業の物流機能に依存するに至ったのである。

この点は，日本の大手小売チェーンにおいて「統合機能小売業化」した欧米の大手小売チェーンのようにメーカーと直接取引を行おうとする場合，最大のネックになってくる。逆に，統合機能小売業化した日本の大手小売チェーンが海外に進出する場合，1個単位の高速小分けシステムは必要以上の無用の機能であり，結局，物流コストを増大させる大きな原因になってしまう。

日本のセブン-イレブンがサプライヤーを巻き込んで独自のCVSシステムを構築し，それが日本における他の業態・企業にも広まっているのと比較すれば，タイのセブン-イレブンが流通構造に及ぼす影響は次の2点で異なると指摘されている。遠藤（2010，136-139頁）によれば，第1に，「タイのセブン-イレブンでは本部と消費財メーカーが直接取引を行い，一部の例外を除いて，各メーカーには商品をセブン-イレブンの物流センターに一括して納入させるという点にある。物流センターから各店舗への商品配送をセブン-イレブン本部が自分で行うという点も日本とは異なる」。日本のように窓口問屋に物流業務を集約させて各店舗への納品を委託することがないため，タイのセブン-イレブンは，既存のサプライヤーに日本型取引システムの受け入れを求める必要はない。

第2に，日本では「戦略商品」としてのファストフードや米飯商品などの比重がタイでは少ないことである。これら戦略商品は粗利益率が高く，差別化できるCVSにおいては重要な商品群である。しかし，鮮度維持と在庫管理が難しいために，日本では1日3回配送が要求されている。だが，タイでは間食および軽食先として屋台での食事が一般的であり，物流センターから店舗への納品は1日1回配送で十分といわれている。

取引システムの国際移転の観点からすると，欧米型直接取引システムが通用

する日本以外のアジア諸国では，小分け作業に対する負担が非常に軽減され，また既存の統合機能小売業の果たす物流業務がその分当然縮小される。要するに，日本以外の海外市場においては有力な卸売業者に依存しない直接取引システムの採用が一層しやすくなっているのである。

## 2.3 アジア市場における取引システム

　1989年に台湾進出で成功を収めたカルフールを始め，1990年代に欧米の大手小売企業が東アジアと東南アジア諸国・地域への進出を本格化したため，新しい小売業態が次々と登場してきた。1997年のアジア通貨危機で深刻な不況に陥った韓国やタイでは，新業態といっても総合量販店やHMなど，主に生活必需品を低価格で販売するコンセプトの業態が中心であった。通貨危機後の不況下で低価格の生活必需品が強く求められた時期に，ディスカウント商法の新しい業態が進出先市場の消費者に受け入れられたのである。それをビジネスチャンスと捉え，積極的に国際展開を進めていたのが欧米の先端国際小売企業であった。それまで近代的小売業といえば，百貨店ぐらいしかなかった日本以外のアジア市場の流通構造にこれら欧米の先端国際小売企業が与えたインパクトは非常に大きかった。

　欧米の先端国際小売企業が持ち込んだ新しい業態のコンセプトは豊富な商品を低価格で提供することであり，それを可能にする特徴的な仕組みが，メーカーとの直接取引であった。日本でみられるような金融機能や物流機能を備えた有力卸売業者が不在である新興国市場では，欧米小売企業自らが物流センターを建設し，そこにメーカーから商品を直接納入させるという取引システムが採用された。

　遠藤（2010，99頁）によれば，タイでは，日本の高度成長期の総合量販店の成長以上にディスカウント系の新業態の事業展開のスピードが速いため，現地の卸売業者との間で時間とコストをかけて長期の取引関係を構築できるまで待っていられなかったと分析されている。もともと卸依存の流通構造ではないこともあり，有力卸売業者を育成するのに時間とコストをかけるよりも本国型モデルをそのまま移転しようとしたというわけである。

　比較的多くの日系小売企業が進出している台湾市場において，欧米の先端国

際小売企業のカルフールが先発者優位性を発揮しながら，ディスカウント系の新業態で売上高の首位を記録した。台湾では大型小売チェーンに比べ取引量の少ない小規模卸売業者がたくさん存在しているため，メーカーは仕入量の多い大型小売業者との直接取引を選好するのは当然であり，より効率的だといわれている（Tsuchiya, 2003）。とりわけ，台湾市場の食料品流通においては，統一企業を皮切りにいくつかの食品メーカーがチャネル・リーダーとなり，流通チャネルをコントロールしながら，流通近代化を進めたことで（鍾, 2005, 45頁），欧米型の直接取引システムが定着できる余地が大きかったといえよう。

　先端国際小売企業によって持ち込まれた新しい業態が進出先市場の流通構造に大きな変化をもたらしたのは韓国市場においても同様である。資本自由化による外国からの先端国際小売企業の韓国進出を恐れた現地の大手小売企業は，先手を打って韓国初のディスカウント系の新業態「大型マート」を生みだし，韓国市場で初めて本格的に直接取引システムを導入した。その導入において，卸売業者がメーカーに従属し弱い立場になっているため，流通の段階で起こり得るようなコンフリクトのすべてが実はグループ次元で調整可能であった。つまり，そもそも韓国では日本のように独立系の地元資本は存在せず，近代的な小売業態の大半を大手メーカーまたは財閥系が掌握している「製販一体化」の流通構造であったために，比較的直接取引システムを持ち込みやすかったのである（白，2004, 175-177頁）。

　上記でみたように，主体が誰であれ，どんな形であれ，極めて短期間で流通近代化が進められた日本以外のアジア諸国では，メーカーとの直接取引システムが採用しやすくなっていたことには否定できないだろう。その意味で，アジア諸国で本国と同じような取引システムの展開が可能である欧米の先端国際小売企業は，商品調達において日系小売企業より競争上有利であるといえよう。

　欧米型直接取引システムが成り立つ市場環境とは違って，日本の場合は品質にこだわる，要求レベルの高い消費者がたくさん存在していて，常にきめ細かな消費者対応をせざるを得なくなってきている。それゆえ，中間流通段階に求められるサービスもさらに高度化していく。段々と複雑でより手間のかかる仕組みが要求されるなか，日本の小売企業はなるべく中間流通機能を果たすのにかかる負担を軽減させるため，自社物流センターを建設した後も中間流通機能

を卸売業者に依存したままなのである。

　日本の小売企業が海外に出店する場合もまったく同じで，必要以上の機能は物流コストを増大させる大きな原因になるだけであって，技術優位は必ずしも競争優位につながるとは限らない。矢作（2009, 62頁）によると,「価格志向がまだ強い中国市場において，欧米型の運営システムの方が市場適合度が高い」と指摘されている。手間をかけて品質やバラエティを追求する日本の総合スーパーよりも，低費用構造でワンストップショッピング機能を提供する欧米のHMの方が強みを発揮しているということである。また，日本の小売企業は仕入れなどに関しても日系企業のみに限定することが多く，メーカーから直接仕入れている欧米小売企業の方が費用構造上優位になっている（黄燐, 2002）。

## 2.4　イオンのグローバル志向と新しい取引システムの採用

　日本の小売企業がアジアに向けて進出を本格化し，まだ数少ないものの，勝ち組となったケースが登場している。日本の小売企業はもはや負け組ではなく，グローバル・スタンダードとしての勝ち組になることを強く求められるようになっている。アジア市場を成長の柱としているイオンは，アジア市場で競争力をつけるための戦略の1つとして新たな商品供給・調達システムを模索した。

　それは2005年国内ビールメーカーが卸売業者への販売奨励金を廃止していた出来事に端を発する（*AEON Report*, 2017, p.34）。卸売業者が小売業者に値上げを要請したことで，イオンは卸売業者を排除し，メーカーの工場から自社物流センターに直接商品を納品するという，欧米型の物流サービス水準と似通った仕組みを導入したのである。この仕組みは当時の日本の小売業ではイオンのみが有するもので，まさに日本の取引慣行に逆らうことであった。店着価格での取引から工場渡し価格での取引へと転換することで，仕入れ原価が引き下げられたのである。

　実は，その数年前（2001年）にイオンは物流改革を行っているが，その1つが直接取引システムへの移行であった。自社で物流管理することで，店舗までの物流活動にかかるコストを明らかにし，削減することを目指していたからである。卸売業の物流機能を認めながらも，物流センターの業務を卸売業ではなく，物流事業者に委託した。しかし，物流センターの管理・運営だけは自社で

行うことを重視した。「イオングローバルSCM」を設立したのも物流センターの管理・運営を専門的に担うためであった。同社はイオングループ企業の物流機能を一手に引き受け，主に商品の共同調達に対して規模の経済性を追求しようとしたのである（木島，2014，5頁）。

イオンが直接取引システムを採用するといっても，依然として物流においては物流事業者を活用している点で欧米型直接取引システムと一線を画している。しかし，少なくとも商流・情報流においては伝統的な日本型取引システムから離れることができたのである。実際に，2002年6月に仙台物流センターを稼働した当初は取引先が4社にすぎなかったが，食品や日用雑貨メーカーなど64社まで拡大することができた（梛野，2007，160頁）。

上記で強調されたように，イオンによる直接取引システムの導入は必ずしも卸売業者の排除を意味するのではなく，不透明な中間コストの排除を意味すると主張している。各流通段階にどうしても重複する機能が存在するため，あくまでも余計な機能の排除と，1つの主体への機能の集約が目指されていたというわけである。

1980年代に大規模小売店の出店規制の強化が競争を抑制し，育むべき国際競争力を後回しにさせたのは事実である。現在，日本の大規模小売企業の海外事業の実績はその規制強化のためと言えるかもしれない。グローバル競争にさらされていなかった日本の小売企業は，進出先市場での欧米の先端国際小売企業には長い間太刀打ちできなかった。そのなかで，日本国内だけに頼らず，いち早く海外進出での成長を模索し続けていたのがイオンであった。

アジア市場で勝ち組である欧米の先端国際小売企業は流通インフラが後れている市場環境に適応する形で直接取引システムを移転しようとした。日系小売企業だけが日本型取引システムにこだわっていた。マレーシアに続くイオンの東南アジアの2つ目の進出先国，タイ市場においてSMという業態は他の新業態に比べ，収益性が低いといわれてきた。店舗数がまだ少ないジャスコは温度管理の必要な商品については，物流センターを設置せず，納入業者から各店舗に直接納入する体制をとっていた。ジャスコはかつて納入業者から各店舗に直接納品する方式を採用していたが，1995年に菱食や三菱商事との合弁でジャスコ専用の物流センター運営会社，リテールサポートタイランド社を設立し，取

扱い商品の60%にあたる加工食品と日用品および一部の青果物の物流業務を委託することにした。ただし，物流センターから各店舗への配送は，日本ロジテムの現地法人ロジテムタイランド社に外注していた。

　イオンがアジア市場での拡大を新しい成長の柱とすると宣言した以上，アジア市場で一般化している直接取引システムを自在に展開できる能力が求められている。まずは日本国内で経験し，その学習効果を海外市場で生かそうとする戦略的意図が直接取引システムの導入に隠されていると考えられる。

　結局，イオンが直接取引システムを採用したのは，世界に通用する国際小売企業として，ウォルマートも含めた多くの先端国際小売企業に立ち向かうためである。そもそもイオンが取引システムの変革を迫られたのは，「グローバル10構想」を掲げながら，自ら企業の将来を海外市場に託した時期と一致する。この点から，イオンの物流改革は少なくとも直接取引が一般化しているアジア型流通環境への適応戦略の1つとして理解できる。

　イオンの直接取引の全体像は日本型流通システムの不文律であった間接取引を破るというよりも，既存の日本型流通システムでは数値化できない中間コストの発生要因をできるだけ縮小し，それを透明化することにあった。それを通じて，世界で通用できる先端国際小売企業並みの流通システムの構築にあると考えられる。

　イオンは，東南アジアで商品供給調達中心の現地化を進めている。取引システムの現地化は本国においても直接取引を展開している欧米の先端国際小売企業の方が先行しているが，イオンは先に日本国内で直接取引を進めており，先端国際小売企業としての成長の余地を大きくしている。

　今後，グローバル・トップ10になるために，国内の取引システムを見直していくことは絶対の命題であり，これを抜きにはアジア市場への拡大はありえないだろう。グローバル・ネットワークの観点からは，海外事業のみではなく，国内事業においてもグループ全体が有機的につながっていくことで徹底した国内事業の見直しを行った上でオペレーションの標準化を図ることが課題であろう。

　以上では，アジア諸国における欧米の先端国際小売企業との相互作用的競争プロセスのなかで，現地適応化戦略の1つとして直接取引の導入を試みている

イオンの外なるグローバリゼーションの一断面を検討した。現地市場で比較的新生先端国際小売企業であるイオンは欧米の先端国際小売企業との競争から得られた知識を自己流に合成し，現地に合わせて展開しようとしていた。同じく本国市場における内なるグローバリゼーションにおいて，進出した先端国際小売企業がイオンを含む地元の競合他社に与えられた影響を看過してはいけない。以下では，内なるグローバリゼーションを通じて発生した日本の小売企業および消費者の変化を，カルフールとコストコの現地市場環境とのかかわりを中心に考えていきたい。

## 3．カルフールの失敗経験から競合他社は何を得られたのか

### 3.1 日本市場における欧米型システムおよび文化の導入

　日本の1990年代は，参入障壁であった大型店出店規制が緩和され，欧米の先端国際小売企業がこぞって参入に踏み出しやすい開放的な環境になりつつある頃であった。アメリカに次ぐ大規模な消費市場で，さらに，バブル経済の崩壊に伴う地価の下落，価格志向をもつ消費者層の増加などは，先端国際小売企業にとって日本市場への参入を活発化させたのである。

　ところが，現地パートナーと組まず，単独で参入したカルフールは，日本の消費者と商慣行への不適応，あるいは途中方針変更による過剰適応が原因で日本型モデルづくりに失敗し，比較的早い段階で日本市場から姿を消してしまった。カルフールの日本撤退が今後日本市場に参入し，あるいは，既に事業展開をしている他の競合他社の反面教師として学習されていたのは確かである。

　本来，カルフールが日本市場に持ち込んできたHM業態の特徴は売上の６～７割以上を占めるべき生鮮食品およびグロサリーの品揃えが豊富で安くならないといけない。日常のグロサリーにおいて２番手以下のブランドしか並んでいないカルフールの売り場は足元商圏内の高頻度来店客にとって決して魅力的には映らなかった。フランスらしい特色のある商品が並べられても，2000年末から競争の激化や前年割れが続いている日本の小売業のなかで，消費者の方はは

るかに安いもの，新しいものを待ち望んでいたことは確かである。

そのような品揃えの薄さは，カルフールが本国と同じような取引システムおよび価格設定方式を最後まで貫こうとしていた点にあった。カルフール型取引価格設定方式，すなわち「コストオン方式」は，これまで卸・メーカーが既存の大手小売業に提供する流通サービス機能をすべてコストとして評価し，それがすべて反映された形で納入価格を設定する。しかし，日本では卸・メーカーにより提供された流通サービス機能が不透明であり，むしろそのすべてをコスト化として積み上げたら既存の大手小売業への納入価格よりも高くならざるを得なくなる（『食品商業』2001年2月号，76頁）。要するに，日本で現地の消費者の選好度の高い製品ブランドを仕入れるには，カルフール型コストオン方式による納入価格が高くならざる得ないため，カルフールに納得してもらえるわけがないと取引を断る卸・メーカーが少なくなかった。

## 3.2　欧米小売企業の商品プロモーション効果

カルフールは，食品主体のスーパーにとって生活必需品のような基礎的商品の販売には失敗したが，その登場の前まで百貨店でしか取り扱うことができなかったヨーロッパの高級食材を庶民もカジュアルな値段で楽しめるようにした最初の店舗であった。カルフールが持ち込んだヨーロッパの食文化は日本の食生活および地元小売企業に大きな影響を与えたといわれ，その強さは既存の競合他社とは一線を画していた。

それ以前に，日本の一般消費者にワインというものは高級品で，百貨店でしか購入できない商品群だという認識が強かった。しかし，カルフールの直輸入によって，フランスパン・ワイン・チーズのセット商品を1,000円未満で日常の食生活のなかで楽しめるようになった。現在，日本の大手小売業にワイン売場が必ず設置されているのも，西友ウォルマートがPBワインの販売に力を入れていたのもこのようなカルフールの影響が大きいことを反映している（白他，2013，86頁）。

カルフールは同社ならではのインストア・プロモーションできめ細かいニーズをもつ日本の消費者に目新しい商品を手頃な価格で提供することにより，カルフールらしさを訴求したのである。他のアジア諸国と異なる成熟した市場に

おいて，カルフールは新たな需要を創造するとともに，競合他社と差別化をすることができた。しかし，過去の販売データもなく，在庫陳列方法も十分習得できていない状況下での発注は，品切れや売れ残りの問題を発生させる場合もあった。また，本来であれば，粗利益を稼ぐはずの定番商品の場合，メーカーとの直接取引システムは商品の安定的な供給を困難にさせ，儲からない体質になってしまうこともあった。

　カルフールはインパクトのあるPB商品と自分らしさを謳えるようなインストア・プロモーションという強みを有しているが，それを支えるような運用面での工夫が足りなかったことがうかがえる。ここで日本の消費者に小売のPB商品に対する考え方を転換させるきっかけを与えてくれたコストコと比較する意味はあると考えられる。コストコが異質な日本市場において独自な商品の魅力と安さを認知してもらうために導入したのが，1988年創業以来30年にわたりコストコ店内での商品プロモーションイベントを行っていたビジネスパートナーのCDS（Club Demonstration Services, Inc.）であった。

　たとえば，試食にしても日本ではメーカーから派遣された，いわゆるマネキンを活用するケースが多い。マネキンも一定の商品知識などを有していることが前提であるが，特定メーカーの専属ではないために，メーカーごとのデモンストレーション・ノウハウが単発で途切れてしまう場合がある。それに対し，CDSの場合は，これまで蓄積されてきた商品情報やプロモーション・ノウハウをもってコストコの取引先の代わりに，商品のサンプルの提供や商品説明を行っている。2005年からCDSは日本に支社を置いて，日本の取引先と消費者との間をより密接に結びつけている。同社は全世界のコストコとのパートナー関係を構築していることでコストコ独自のビジネスコンセプトや経営方針などを十分に把握している。そのうえで，コストコと共同開発したオペレーション・マニュアルを用いて，より効果的なプロモーション活動を行っている。そのため，CDSはコストコの取引先から商品情報やデモンストレーション・ノウハウの面で一層高い信頼を得ている。

　たとえば，試食販売にしても，店内に常駐しているイベントマネージャーの管理・監督の下，日々研修・指導を受けているセールスアドバイザーの主導で行われる体制を整えている。そのために，これまで日本の消費者にあまり馴染

みのなかった試食販売がより積極的かつ効果的に実施されるようになった。その結果，取引先はCDSのイベントサービスを受ける前と比べると，3倍以上の売上を達成したり，またそのイベントを通じて会員が商品のリピーターになるケースも少なくない[4]。

　CDSの販促イベント効果はコストコの外側にも及んでいた。まず，日本の消費者にとってコストコは非日常の楽しい売場として認識されつつあったが，そこに止まらない。消費者自らコストコらしさを活かしたレシピや大容量の食材を楽しく使いこなすレシピをSNSなどで紹介したり，コストコの商品情報を共有しながら買い物ネットワークづくりに貢献したからである。このようなコストコのCDSによる販促効果は日本の地元スーパーの楽しい売場づくりにも影響を与えることになった。たとえば，ヤオコーのクッキング・サポート・コーナーでは，家庭の主婦でもあるクッキングサポートを行っている従業員が顧客から得られた意見やアイディアに基づいてデモンストレーションによるメニュー・レシピを提案している。そのことで顧客の来店頻度を増やし，取扱い商品の売上および顧客満足度の向上を図っている。

## 3.3　アメリカ・ライフスタイルの普及と日本人の購買習慣の変化

　コストコの売場では，本国のアメリカ・ライフスタイルを醸し出すためにプレミアムPB商品が数多く並べられている。また，日本の現地スーパーにはないボリューム感あるコストコらしい陳列方法が強調されている。コストコは購買頻度が高くグローバル・ソーシングを有効活用しているグロサリーを戦略的商品カテゴリーとして選択し，そこで思い切った価格を打ち出していく方法が日本市場においても採用された。なぜ，日本の消費者は大容量買いという不便さを甘受しながらもコストコで買い物をしようとするのであろうか。

　カルフールに先だって日本市場へ参入したコストコであったが，会員制ホールセールクラブ（以下，MWCと略称）の基本原則である会員のみへの大容量のまとめ売りについて，日本の消費者には馴染まないのではないかと疑われていた。実際，2002年に同じ業態のダイエーのコウズ（Kou's）全店舗が閉鎖され，さらにそれまで日本に参入してきた外資系小売企業が次から次へと姿を消していたからである。

にもかかわらず，現地企業がよく実施している特売セールや安さを強調したチラシの配布などは，コストコは一度も実施することはなかった[5]。コストコは一貫してMWCの特徴である大量購買スタイルと常時低価格（EDLP）を定着させるために，マーチャンダイジング力や売れ筋商品への入れ替えと連動させながら，着実に成果を上げてきた。実際に，業務用や大容量サイズ商品のまとめ買いは，住宅内に置いておくスペースが広くなく，鮮度を重視した買い物行動を行う日本の消費者にとって受け入れづらいものであった。そもそも日本の消費者にはさしあたり必要な分だけ少しずつ購買する小口当用買いの習慣が定着しているからである（白，2017，193頁）。

一見日本の住宅のスケールとそのニーズをまったく無視したかのようなコストコの大容量パックとバンドル販売は，予想に反して，日本の消費者の心をしっかりと掴むことに成功した。日本市場において消費者需要とMWC業態の間で指摘されていた販売単位の適正化はそれほど大きな問題にならなかった。他店舗とは差別化された目新しい商品を購入できるのであれば，日本の消費者は大容量の商品でも親戚や友人などの仲間で分ければよく，全然苦にしなかったようにみえる。つまり，競合他社の店舗では絶対に購買できないコストコ独自の魅力的な商品を手にいれるために，日本の消費者自らが購買習慣を変化させていったのである。

会員1人で2人の同伴を許可することで，消費者自らが共同購入・使い分けを行うことになり，その消費者の情報発信と共有が買い物ネットワークをより広げることになった。結局，コストコは消費者を流通・加工・販促プロセスにうまく組み込むことによって需要創造につなげていたといえよう。

## 4．グローバル・イノベーション・サイクルの観点からみた需要創造

先端国際小売企業が現地企業とは異なる差別化の武器として持ち込んだ商品知識・販売ノウハウ・小売業態は消費者によって翻訳され，受容されなければ，「不適応」として競争上の障害となるに過ぎない。そもそも先端国際小売企業が異なる取引システムや販売方法を持ち込む場合，それだけで現地の消費者需

要とのギャップが大きいといえる。それゆえそのギャップを埋めるために小売企業の側から消費者需要を創造することがいかに重要であるかが本章で明らかにされた。

　他方で，これまで要求レベルの高い消費者にきめ細やかな対応をしてきた日本の小売企業は新興国市場進出において日本型にこだわり，高費用構造による収益の圧迫で撤退を余儀なくされた。しかし，進出先市場で日本の小売企業が提供するものと現地の消費者需要とのギャップを埋めるための需要創造に成功すれば，競合他社の追随できない強力な差別化要因となりうることが日本市場におけるカルフールの失敗経験やコストコの需要創造の方法から確認できた。

　カルフールについて言えば，日本市場では必ずしも発揮されなかったものの，その差別的強みがある程度消費者に受け容れられ，競合他社に受け継がれることで，日本市場，ひいては日本の消費者を変化させる一因となったことは注目されるべきである。とくに，カルフールが日本市場への適応に失敗したものの，日本の消費者のライフスタイルに影響を与え，その後，競合他社に現地の流通システムや現地消費者と向き合う方法を変化させるなど，直・間接的に影響を与えた側面が少なくないからである。

　日本市場においてカルフールが行った革新的な店内プロモーションのインパクトは決して小さくなかったが，日本的商慣行の理解不足や取引上の過ちがあったことも確かである。しかし，そのことは国際展開を本格的に進めようとする現地の最大手小売企業イオンが物流改革に乗り出すきっかけを提供した。また，カルフールが適応を模索するなかで同社が展開した目新しい商品やプロモーション方法は，日本から撤退した後，他の小売業によって受け継がれ，日本の消費者の自己変化をもたらしたことで，より受け容れられやすい形で新しい価値として定着したことも否定できない。

　2000年頃から日本の現地小売企業は先端国際小売企業の参入もあって厳しい低価格競争に巻き込まれていた。そうした状況で，コストコが実現した需要創造は，価格を引き下げて需要を拡大するものではなく，むしろ非価格面で消費者需要に働きかける商品開発および楽しい売り場づくりによるものであった。たとえば，日本の消費者はコストコから購入した高品質の材料を活用した様々なレシピを開発し，その情報をブログなどで発信し，共有することによって，

大量のまとめ買いに伴う問題を自主的に解決していたのである。

　食生活提案型SMやヤオコーのクッキング・サポートも，以上のようなコストコのCDSによるプロモーション活動が日本の現地小売企業にも受け継がれ，日本市場に定着しつつある事例として位置付けることができる。

　この章では，東南アジア市場で持ち込み型国際移転を行っている先端国際小売企業同士の相互作用的競争プロセスと，日本市場における持ち込み型国際移転を行っている欧米の先端国際小売企業と取り込み型国際移転を行っている現地小売企業との相互作用的競争プロセスについて検討した。前者のケースとして取り上げられたイオンは，グローバル・イノベーション・サイクルの第2ステージに向けられていた。欧米の先端国際小売企業に比べ，比較的国際化の経験が乏しいイオンは，現地新生小売企業から新生先端国際小売企業に生まれ変わり，東南アジア市場においてもプレゼンスを高めていた。競争優位に立つために，イオンは先端国際小売企業との相互作用から学習した知識やノウハウを，イオンの有する経営資源で合成し，現地市場に合わせて展開しようとした。

　他方で，成熟化している日本市場の内なるグローバリゼーションのなかでは，先端国際小売企業が持ち込んだ直接取引システムやプロモーション方法の国際移転が検討された。その結果，グローバル・イノベーション・サイクルは必ずしも成功の循環過程だけを意味するのではなく，失敗（および撤退）がもたらされた場合でも，現地小売企業には何らかの影響を与え，それの働きが好循環を創り出していくことが示された。

　次章では今後の小売国際化研究を発展させるためにも，研究対象を新興国の新生現地小売企業の国際化に広げ，小売国際化におけるグローバル・イノベーション・サイクルをより詳細に考察していきたい。

注

1　『LOGI-BIZ』2001年11月号，16頁を参照すること。「特売商品の存在は，日本市場における流通在庫の管理を困難なものにする元凶となっている。日雑卸の売り上げに占める特売商品に比重は，場合によっては五〇％を超える。特売商品は商品自体は定番と同じでも，価格体系，受注方法から流通加工にいたるまで，全く異なる処理を必要とする」（『LOGI-BIZ』2001年11月号，18頁より引用）。

2 　波形（2009, 97頁）によると，アメリカの食品業界におけるメーカーと小売店の直接取引の割合は43.8％で，卸売業経由の方が56.2％で高くなっている。確かに日本に比べると，メーカーと大手小売チェーンとの直接取引は進んでいるが，卸売業を取引相手にしている小売業も多く存在していることがわかる。
3 　「総合機能卸売業」と「限定機能卸売業」という用語は根本（2004）が石原（1982）の「統合機能小売商」という用語に依拠して造語されたものをそのまま引用している。つまり，「統合機能小売業が形成する流通経路からは，商流，物流などの機能をすべてまとめて担ってきた伝統的な『総合機能卸売業』は排除されることになる」が，「顧客や機能を限定することによって業態あるいはビジネスモデルを大きく変えた卸売業や中間流通サービス業者が姿を現すことに」なり，したがって「統合機能小売業が成長した市場では，限定的，専門的な中間流通サービスを提供する事業者ならば存続し得る」（根本，2004, 159-160頁）。
4 　CDSのホームページ（http://www.clubdemojapan.com, 2014年改定版， 2 頁）より引用。
5 　当時，コストコ第 1 号店の最大のライバルであったディスカウントストア，ミスターマックス（Mr Max）の関係者の発言より引用（『食品商業』2000年 9 月号，74-75頁）。

# 第4章 内なるグローバリゼーションと小売業態の発展

## 1．はじめに

　2018年8月末時点で世界12カ国・地域に進出しているアメリカ出身のコストコは，欧米諸国だけではなく，アジア市場においても成功し，その成長が目立つ先端国際小売企業の1つである。それに対して，カルフールのアジア市場から撤退したことは，持ち込んだ小売ミックスがいかに現地の市場環境とギャップが大きかったかを端的に示す事例であった。

　これまで韓国の小売市場の拡大を牽引してきた大型マートを主力業態としてきた現地新生小売企業は，新しい業態として倉庫型ディスカウントストア（以下，倉庫型DSと略称）を本格的に導入した。今後の韓国の小売産業の発展の担い手ともいわれる倉庫型DSの先駆者コストコは，変化する韓国の消費者需要にうまく適応しているのだろうか。競合他社が追随できないコストコの強力な差別化要因とは何であるかを改めて検討する必要がある。

　韓国の最大手大型マートのEマートが「より良い商品をより安く提供する」をスローガンに韓国型HM業態としての大型マートを生み出し，2003年に百貨店の売上を追い越した。ところが，その後の低成長段階で，大型マートは以前の百貨店と同じような立場となり，そこにコストコ，Eマートトレーダーズ，VICマーケットのようなより低価格を訴求する革新的な業態，倉庫型DSの参入にさらされるようになった。小売の輪の理論を倉庫型DSの生成・発展プロセスに照らしてみると，新しい小売業態の革新は「低コスト・低マージン・低

価格」になったということで，まさに倉庫型DSは革新的小売業態ともいえる。

　本章では，大衆消費社会の到来とともに登場してきた韓国の小売業態の急成長とその背後にある消費者ライフスタイルの変化に注目する。20年あまり韓国の大衆消費社会を支配してきた百貨店がその発展の担い手を大型マートに譲り，今度は倉庫型DSにとって変わられようとしている実態を歴史的に追っていく。それを通じて，これまで国内に限定して行われてきた小売業態の生成・発展プロセスに関する議論が小売国際化理論を援用することでいかに展開されていくかについて考察していく。

## 2．消費者ライフスタイルの変化と大型マート

　韓国における食料品小売業は，1996年の資本の完全自由化以前伝統市場(いちば)および中小零細小売店によって占められていた。1970年代にセルフサービス方式を採用した食品スーパーが政府主導で成立するようになったが，大きな成長をみせることはできなかった。1980年代に経済発展とともに登場した大衆消費社会は韓国人の生活パターンや消費スタイルを西欧化させた。そこで，大衆消費市場の需要を積極的に見い出してきたのが百貨店であった。韓国における百貨店は，業態間競争がほとんどみられない状況で20年あまり大衆消費社会を支配してきたのである。

　ところが，百貨店の高成長に歯止めをかけたアジア通貨危機の後，消費者ライフスタイルが倹約志向へと変化し，韓国における大型マートの有効性を顕在化させた。1993年から登場しはじめた大型マートは韓国の流通全体に大きなインパクトを与えた。海外から参入してきた先端国際小売企業と現地の大手小売企業が競争することで，大型マートの多店舗展開は韓国の流通近代化を牽引するようになった。その結果，大型マートが登場してから10年過ぎた2003年の売上高で百貨店を追い抜き，急成長を遂げたのである[1]。

　流通近代化を先導し，流通産業の発展を促した大型マートに対する社会の目も極めて好意的なものであった。1997年に起きたアジア通貨危機によって失業者がまちに溢れるなど経済的な苦境に陥った韓国の消費者は，もはや百貨店を大衆消費社会の発展へと導く唯一の担い手として認めることはできなかった。

彼らは生活必需品である生鮮食料品や日用雑貨品などを少しでも安く提供してくれる新業態を選択したのである。

　もっとも，これまで商品知識を蓄積していた韓国の消費者は質のより良い商品，より高いサービスを同時に求めたため，新しく導入された低価格志向の大型マートは，このような消費スタイルにより適合した形で変容されなければならなかった[2]。つまり，新業態の大型マートは，より良い商品をより合理的な価格で購入できる業態を待ち望んでいた中産階層の要望に合致しながら定着する必要があった。そのために，海外からそのまま取り込んできたDS系の業態コンセプトでは，経済合理的な消費スタイルを志向する韓国の中産階層を満足させることが困難であった。韓国型HM業態が中産階層をターゲットとする限り，百貨店で高価格の商品を購買することを誇りとしていた過去の購買行動を無視するわけにはいかない。それと同時に，本来のディスカウント商法を捨てることもできなかった。

　この問題解決にいち早く乗り出したのが韓国型HMの大型マートを初めて展開したEマートであった。大型マートの消費を主導している中産階層は，高層マンションに居住している30～40代の若い主婦層であった。それゆえ，大型マートは人口密度の高いニュータウンの高層マンション団地や新興住宅地に立地する傾向を強めることになった。もっとも，大型マートが登場した当初は，競争的業態である百貨店が多く存在し，地価の高い都心を避け，ソウル市内であっても都心から離れた再開発地域に店舗を構えた。Eマートの第1号店が立地しているチャンドン（倉洞）は，1993年当時，都心から離れた再開発地域であるため都心より地価が安く，中産階層と低所得層が混在していた。所得水準はそれほど高くはないが，高層マンション団地に居住している高学歴の若い世代は海外経験などを通じてセルフサービス方式やワンストップショッピングに慣れていた。

　参入初期に都心から離れた購買力のある高層マンション団地の中産階層を狙っていた大型マートは，徐々に首都圏地域へ拡大していった。ソウルより比較的敷地の確保が容易であり，住民の所得水準の高いマンションが密集している新興住宅地では商業施設の開設要求も高かったため，ソウルから離れた地域においても次々と出店競争が繰り広げられた。

繰り返しになるが，大型マートは欧米諸国のように所得水準が比較的に低く，価格に敏感な消費者をターゲットとしたというよりも，むしろ高層マンションに住んでおり，合理的な消費生活を行う新興住宅地の中産階層をターゲットとしたといえよう。

新興住宅地にある高層マンション団地の若い世代には有職主婦が多いため買い物出向頻度が低く，主婦の購買代理機能も低下せざるを得ない。主婦1人よりも週末を利用して家族と一緒に出かける買い物行動パターンが主流となった。この点は，後述する倉庫型DSが韓国で成長する大きなポイントになっていく。

## 3．流通近代化を先導した大型マートの試練

年率30％近くの高成長を遂げ，登場してから10年過ぎた時点で百貨店業態を追い越し，見事に韓国最大の小売業態となった大型マートは，その成長の陰で多くの問題を抱えていた。とりわけ，過度な出店競争による中小小売商との摩擦や地域社会とのトラブル，そして非正規労働者の問題などを引き起こしたが，そうした状況でも，上位集中化が進み，韓国進出済みの先端国際小売企業の業績不振がより目立つようになった。

### 3.1　カルフールの撤退

韓国のある新聞によると[3]，1996年流通市場の全面開放とともに，他の先端国際小売企業よりいち早く韓国に進出してきたフランスのカルフールは，第1号店を開店した翌年には黒字に転じた。2000年からは毎年約200億ウォンの安定的利益を生み出した。その後，店舗数は増えたものの，2000年末に5,200人だった従業員数は02年5月末には4,600人に減少した。

アジア市場で台湾に次いで2番目に進出した韓国では，当初，カルフール本社から積極的な投資が行われた。2001年には韓国政府から「最高外国人投資企業賞」を授与されるほどであった。しかし，同業態間競争が激化していくにつれ，当時，韓国では必ず必要とされた無料送迎バスやクレジットカード決済システムの導入などが他社より遅れてしまい，またDMに限定された最小限の販促活動しか行わなかったため，足元の利益を求め過ぎたカルフールは次第に競

争力を失っていった。

　結局，カルフールは韓国を日本とメキシコに次いで3番目の撤退国と発表した。いくつかの原因が指摘されたが，とりわけ問題となったのは，上述された韓国消費者のライフスタイルに適応していなかったことであった。開店当初はCEOと店長すべてが本社から派遣されたフランス人であったため，本国のように所得水準が比較的低く，価格のみに敏感な消費者にこだわっていたカルフールは，合理的な消費生活を志向する新興住宅地の中産階層のニーズを最後まで読めなかったのである。絶えず，低費用－低価格を追求し続けた結果，韓国消費者から目を向けられず，差別的競争優位性を取り戻すことができなかった。売上高順位も2位から4位に転落で，結局，撤退の道を選択せざるを得なかったのである。

## 3.2　イーランドの勢いと非正規労働者の問題

　2006年当時，韓国から撤退したカルフール（計32店舗）の買収には，8社も名乗りを挙げたほどの激戦であったが，買収先がシンセゲ（新世界），ロッテさらにサムスン・テスコのような有力な企業ではなく，イーランド・グループであったことは世界を驚かせた。当時，負債を差し引いた韓国カルフールの資産は1兆ウォン程度といわれていた。このため，買収合戦に名乗りをあげたほとんどの大手小売企業はそこに売場のリニューアルに必要な費用3,000億ウォンを上乗せする程度の買収価格を提示していただろうと予想された。しかし，イーランドは予想以上に高い買収価格（1兆7,500億ウォン）で韓国カルフールを手に入れたのである[4]。イーランド側は，2010年までに一般の大型小売店とファッション専門のアウトレットを60店ずつオープンし，計120店のDS店を確保する計画であると発表した。当時，カルフールに対する消費者のイメージが日増しに悪化していたため，その後を引き継いだ新しい買収先であるイーランドには運営資金不足の疑惑はあったものの，消費者の大きな期待が寄せられたのは確かであった。

　一方で1997年の通貨危機による高失業率と非正規労働者の増加を背景に，韓国労働市場の不安定性はピークに達した。それを解決するために韓国政府は2006年に「非正規雇用労働者の保護などに関する法律（以下，非正規職保護法

と略称)」を制定するに至る。とりわけ,非正規職保護法が施行される前日の2007年6月30日の夜,カルフールを買収したイーランドの「ホームエバー(カルフールから変更された店舗名)」で働く約500人の女性労働者がソウルのワールドカップ競技場にあるワールドカップモール店を占拠した。その法律の施行直前に,イーランドが女性非正規労働者の大量解雇を行ったことに対し,解雇された組合員の復職を要求して女性労働者たちが一斉に立ち上がったのである[5]。

当時,韓国は通貨危機による早期退職者の増加で女性が家計を支えていくことが増えており,大型マートの成長はその受け皿の役割を果たしていた。そのため,小売業には女性の非正規労働者が多く,とりわけ大型マートのレジはほとんどが女性で構成され,ストライキの参加者もほとんどが女性組合員であった。

カルフールに雇用されていた40代の女性のインタビュー内容をみると[6],カルフールからホームエバーに変わってから,全国で1,000人が解雇されたという。イーランドは資金不足でありながら,無理にカルフールを買収したため,人件費を大幅に削るしか方法はなかった。イーランド側はストライキをものともせず,非正規労働者の契約を打ち切ったり,警察による強制鎮圧を行ったりして,ストライキの長期化に火をつけた。この事件は韓国社会・経済・政治を揺るがすような大きな労働闘争に発展していった。

結局,イーランドは2008年5月にサムスン・テスコにホームエバーを売却すると発表した。サムスン・テスコに変わった後も,引き続き協議を行った末に,18カ月以上勤続の非正規労働者全員の雇用保障,主要業務の直営転換,賃金および厚生福利水準の引き上げ,訴訟の取り下げなどに合意することで510日に及んだ長期ストライキは幕を閉じたのである。

## 3.3 ウォルマートの韓国進出と適応化の失敗

ウォルマートの韓国進出は,中国進出後の1998年にオランダ企業のマクロ(Makro)・コリアから4店舗を引き受けたことが始まりであった。その後,新しく12店舗を追加しながら,韓国においても世界一の小売企業として地位を確立したのである。

しかし，業績はそれほど芳しくなく，撤退前年の2005年当時，大型マート市場の販売額全体に占めるシェアは4％に過ぎなかった。ウォルマートは同じアジア市場で好調の中国市場に経営を集中するという理由で，結局，2006年5月に韓国でのビジネスから撤退した。大型マート市場の首位である地元企業Eマートはウォルマートの16店舗すべてを8,250億ウォンで買収し，独走体制をより確固たるものとした。この買収によりEマートは国内95店舗・中国7店舗など，102店舗の店舗網を持つことになった。

ウォルマートの韓国からの撤退は，これまでコストコと棲み分けしていたアメリカ・ライフスタイル好きの需要がそのままコストコに吸収されることになり，コストコの急成長を促す要因にもなった。

## 3.4　ロッテの海外進出とその成果

「韓国の流通業の歴史はシンセゲの歴史である」といわれるほど，シンセゲ百貨店は韓国の流通産業に大きな役割を果たしてきた。国民所得水準の向上とともに，1980年代以降はロッテ百貨店やヒュンダイ百貨店など競争相手を生み出しながらも成長し続けた同社は，1991年にサムスン・グループから独立を宣言し，経営体質を改善しながら流通に特化した企業グループとして生まれ変わった。シンセゲ百貨店は，1996年の流通市場の完全開放とともに先端国際小売企業の進出に対抗するためには，既存の百貨店業態だけでは競争力を失ってしまうと判断し，新業態の開発の必要性を感じるようになった。

実際に，シンセゲ百貨店は百貨店の分野で先発者であったにもかかわらず，大型マートが現地最大の小売業態として君臨する2003年前まで韓国流通産業をリードしていたのはロッテ百貨店であった。このことが韓国の流通市場に新業態としての大型マートを生み出したきっかけとなり，常にシンセゲと対比されてきた強力な競争相手である後発者のロッテ百貨店に対する挑戦を意味していた。ロッテ百貨店に首位を譲ってきたシンセゲ百貨店は，1993年Eマートという大型マート業態を開発することによって韓国の最大手小売企業としてのかつての名声を取り戻そうとしたのである。

地元企業同士のトップ争いは歴史的にあらゆる業態において展開されており，とりわけ資本の完全自由化後，一時期大型マート業態内競争に外資系唯一のテ

スコを加えた3強体制になったこともあるが，結局，シンセゲのEマートが当時第2位のテスコと第3位のロッテマートを大きく引き離していった。

　韓国消費者から大きく支持を得ながら，他社より先駆けて海外進出に乗り出したのもシンセゲであった。海外進出においてもシンセゲより10年ほど遅れているロッテは，本国市場で不動のトップの座を獲得している百貨店業態をもって海外進出を図ろうとしていた。しかし，シンセゲが大型マートの単一業態を中国のみで展開したのに対し，ロッテは最初の進出から百貨店と大型マートの複数業態を，複数の新興国市場で展開した。このことは長らく韓国小売業界トップの地位を巡って熾烈な競争を繰り返してきたシンセゲよりロッテの方が先端国際小売企業に対して強い意欲を燃やしているように見える[7]。そのなかで，ロッテは大型マートや倉庫型DSの複数業態を展開し，業績も好調であるインドネシア市場で先端国際小売企業としてのプレゼンスを高めている。今や国内市場においてもインドネシアでの経験を通じて倉庫型DS事業に積極的に乗り出している。

　2000年代に入ると，大型マートの競争や大衆消費社会の成長が進むにつれて，消費者側もますます快適で便利な買い物環境を要求するようになった。大型マートを主力業態として大きく成長してきた大手小売企業各社はこうした消費者の要求に対応しながらも，その成長の柱を多業態化および海外出店に移していた。

## 4．倉庫型DSの成長と競争

### 4.1　韓国市場における倉庫型DS業態の登場

　1993年にオープンした韓国初のHMのEマートとは別に，シンセゲはその翌年の94年に現在のコストコ・ホールセールとライセンス契約を結ぶ形で，ソウルのヤンピョンドン（楊坪洞）に韓国初のコストコ（当時の名前はプライス・クラブ）を開店した。しかし，その後，1998年にシンセゲは韓国のプライス・クラブをコストコ・ホールセール本社に売却することになる。

　韓国で流通企業各社が主力業態として大型マートを展開していた1990年代に，

倉庫型DSという独自路線を歩んできたコストコはウォルマートの撤退によって取り残されたアメリカ・ライフスタイル好きの消費者層を吸収しながら徐々に成長していった。2004年に約5,000億ウォンであった売上が2012年には2兆8,000億ウォンまで，また13店舗を運営していた2017年（決算日2017年8月31日）には3兆8,040億ウォンまで大きく伸びている[8]。グループ全体で3％台の営業利益率を計上しているのに対し，4％台のより高い営業利益率を達成する韓国のコストコは本社と変わらない低費用・高収益構造をしっかりと築き上げていると言える[9]。

　倉庫型DSの基本原則の1つが直接取引による卸並みの取引量である。韓国の流通では直接取引が一般的で，もちろん生鮮食料品においても産地直取引が好まれている。そこでは卸売機能と小売機能が有機的に統合されることによって，生産者と消費者のニーズを同時に満足させながら，農産物流通の効率化を生み出している[10]。農産物の輸入開放が加速化された1990年代に入り，韓国の農協中央会は1995年に子会社である農協流通を設立し，物流センター内に直販形態であるハナロクラブを開設したが，これは物流センターの集配送業務の後，発生する売れ残り商品を処分し，スペースを活用するために計画されたものである。

　他の大型マートより1～2割ほど価格が抑えられており，一般家庭や食堂などの大口需要者を問わず，ソウルや首都圏全域から買い物客が殺到した。なお，品物の回転が速く，農協ならではの品質管理を細かく行うことによって安全性を高めたため，とくに上述した中間階層の消費者に大人気を博すことになった。ハナロクラブのヤンゼ（良才）店は，2000年にオープンしたコストコと同じ商圏内にあるが，週末には来店客が殺到するため，周辺の交通渋滞の原因になるほどである。

　農協流通のハナロクラブは現在一般の大型マートと生鮮食料品の高品質・低価格競争に巻き込まれているが，鮮度の高い商品の豊富な品揃え，広い駐車場など消費者にアピールする条件を備え，急成長を遂げた[11]。しかし，ハナロクラブは生鮮食料品に特化した食料品中心の倉庫型DSを標榜しているため，それ以外の商品の品揃えは制限している。もっとも，同社は流通段階の短縮化による鮮度の維持と生産者の価格交渉力の確保という産地直取引から得られる経

済的メリットを最大限活用し，生鮮食料品に限っては最高の品揃えを提供していることを武器とする韓国唯一の生鮮食料品専門の倉庫型DSといえるだろう。

## 4.2　現地新生小売企業の参入による倉庫型DS業態内競争

　いち早くMWCを韓国に持ち込み，持続的に成長しているコストコの存在は，大型マートの飽和化やその成長の伸び悩み，売場の老朽化などで活路を模索していた現地の小売企業に大きなヒントを提供した。2010年11月，現地企業のEマートは非会員制を武器とするトレーダーズ（Traders）を開発し，ハナロクラブおよびコストコに次いで倉庫型DS業態内競争に本格的に突入した。今やトレーダーズは商品の販売方法の多様化，ターゲットや品揃えなどの修正を重ねながら，韓国的倉庫型DSのスタンダードを標榜している。

　大型マートであるEマートの店舗のなかで，老朽化し，成績の良くない店舗をリニューアルする形で，トレーダーズ第1号店から第6号店までが展開されたが，第1号店の開店から1年7カ月ぶりの第7号店目でやっと韓国的倉庫型DSのプロトタイプが完成された[12]。コストコと違って，商品の大容量販売のみではなく，顧客ニーズに合わせた単品販売の増加や，現金のみではなく，多様な決済手段で支払えるようになっている。また，第1号店の開店初期には，自社の大型マート，Eマートとの競争を避け，これとの差別化を図るために，「成功ビジネスの強力なパートナー」というキャッチフレーズで自営業者が主なターゲットであることを強調していた。彼らを対象に商品構成や店舗運営に関するコンサルティングも行い，別途相談室を設けるほどの徹底ぶりであった[13]。

　しかし，トレーダーズは同業態の競合他社（主に，コストコ）と異なって誰でも利用できる非会員制に大きな特徴があったために，一般消費者ニーズを満足させながら，異業態間競争（とくに，大型マート）を勝ち抜く必要があった。そのため，主なターゲットを自営業者から一般消費者に変更し，とりわけ30〜40代の主婦層を狙ってきた大型マートより若い20〜30代の消費者層に焦点を合わせるようになった。なお，既存の大型マートの半分にも満たない人件費や，バックヤード機能を代替する陳列棚などを活用した効率的な売場構成は，低費用構造を可能にさせる大きな特徴となっている。その結果，ほとんどの大型

マートの成長率が減少しているのに対し，トレーダーズは前月前年対比でも持続的成長を見せている[14]。

一方で，コストコと比べ，主要顧客層を引きつけるのに商品開発力が弱点として指摘されてきたが，それも生鮮部門の品揃えと多様な並行輸入商品の強化でカバーされた。また，今後も輸入商品に対する需要を増加させるであろう20～30代の主要顧客層に目をつけ，グローバル・ソーシングを強化し，輸入商品率を現在の30～50％まで増やす方針を発表した[15]。これは政府が2012年から推進してきた「流通構造の改善および並行輸入市場の活性化」政策に支えられながら，これまでコストコの差別的競争力であったグローバル・ソーシングや商品開発力に対抗しうる，地元企業の競争優位性を発揮できる分野になりうると考えられる。

上述したEマートと同じように，ロッテマートも既存の大型マートのなかで成長が伸び悩んでいる4店舗を倉庫型DSに転換し，以前より50％以上の売上増を達成した。韓国における倉庫型DS市場においては後発者であるロッテマートであるが，海外では倉庫型DS事業をすでに経験している。2008年11月に，オランダの最大手小売企業マクロからインドネシアにおける店舗を買収したロッテは，カルフールなどに押され気味であったマクロの倉庫型DSを市場に定着させることに成功している。

海外で約5年の経験とノウハウを蓄積してきたロッテは，この分野の先発組であったコストコとトレーダーズに対抗するために，2012年国内および海外から厳選された約3,000強の商品を国内最低価格水準で提供するMWCを創り出した。VICマーケットと呼ばれた新業態[16]は45カ国から1,000強の商品を直輸入や並行輸入で調達し，コストコと変わらない海外輸入品の品揃えを実現した[17]。VICマーケット第1号店は，営業面積1万2,550㎡規模で大型マートのロッテマートから転換した2層構造となっているが，売場構成や営業方法についてはコストコ方式そのままであった[18]。会員制度についても，第1号店開店当時は，会費も期間もコストコと同様で1年1回更新で，一般会員の会費は35,000ウォンであった（図表4-1）。

ロッテがVICマーケットの店舗を本格的に展開することにより，非会員制の倉庫型DSを展開していたEマートのトレーダーズを含め，これまでコストコ

図表4-1　韓国市場における倉庫型DSの比較（2012年）

|  | コストコ | トレーダーズ | VICマーケット |
| --- | --- | --- | --- |
| 営業開始 | 1994年 | 2010年 | 2012年 |
| 売上* | 2兆5,372億ウォン | 8,000億ウォン | 2,800億ウォン |
| 営業方式 | 会員制 | 非会員制 | 会員制 |
| 取扱品目数 | 3,700 | 4,300 | 3,000 |
| 店舗数 | 9店舗 | 7店舗 | 4店舗 |

注：売上*コストコは2012年9月から2013年8月までの売上，トレーダーズとVICマーケットは2013年の予想値。
出所：http://www.hankyung.com/news/app/newsview.php?aid=2013120207421より引用。

が握っていた倉庫型DS市場で価格競争が激しくなった。業界関係者の言葉を借りると，VICマーケット・ヨンドゥンポ（永登浦）店が開店して以来，1kmしか離れていない韓国コストコの1号店ヤンピョン店の売上が約20%減少したという[19]。また，大型マートより広域商圏であることを考えると，業績が好調でない既存の大型マートから会員制の倉庫型DSに転換したVICマーケット1号店クムチョン（衿川）店はコストコ1号店と5.5kmしか離れておらず，コストコのクァンミョン（光明）店とは6km以内に立地しているということで，企業間同業態競争のみではなく企業内カニバリゼーションの恐れがある[20]。このように商圏の重複に対して，VICマーケットの関係者は倉庫型DS業態に慣れている顧客を誘致しようとしたためであると主張している[21]。

　しかし，大型店出店規制により新規出店が非常に厳しくなる状況のなか，VICマーケットは大型マートの既存店をリニューアルする形でしか出店ができないために，VICマーケットの新規出店は2018年11月時点で5店舗に止まっている。そもそも倉庫型DS業態は店舗サイズ，店内レイアウト，商圏，立地政策など大型マートとは異なる特徴をもっているが，倉庫型DSとして新規出店ができない制約のなか，既存の大型マートとの業態間競争はなおさらである。周辺にはコストコだけではなく，Eマートやテスコのホームプラスなどいくつかの大型マートも立地しており，業態間競争はより深刻な状況となっている。

　実際，これまで会員制の倉庫型DS市場で独走体制を維持してきたコストコの場合，同じ商圏内にVICマーケットのクァンミョン店が開店した当時，新しく会員募集ブースを設置したり，低塩ピザが好評であるVICマーケットをベン

チマーキングし,コストコのフードコートの定番メニューであるピザのナトリウム含有量を低くするなどして対抗したといわれている[22]。とくに,グローバル・ソーシングでコストコに後れをとっているVICマーケットは,同額の会費で会員更新を1年後から3年後に変更し,ペットショップ,キッズカフェ(Kids Café),授乳室,文化センターなどの付帯施設を拡充している。さらに,中元・歳暮ギフトの全国宅配サービスを導入するなど,地元系ならではのサービスを展開することにより,韓国型HWCのプロトタイプづくりに取り組んでいた[23]。

最近は,会員を4種類に分けてロイヤルティの高い会員にはより多くの特典を提供するようになっており,2018年11月時点でメンバーシップ更新率は82%も達している[24]。平均客単価が4万ウォン程度の大型マートに比べると,倉庫型DSの客単価は6万ウォン程度と高くなっており,1店舗当たりに必要な従業員数についても大型マートの400〜500人に比べると,倉庫型DSの場合,150人程度で運営されている[25]。このように倉庫型DSは人件費やマージンを低くすることで低価格販売が可能であり,客単価や売上高を上げていくことで,大型マートに取って代わる韓国小売業の主力業態になりつつある。

コストコの販売方式をそのまま模倣しながら,2010年と2012年にそれぞれ営業を開始した現地企業の躍進は,これまで韓国の倉庫型DS市場で独走体制を維持してきたコストコにとって脅威であるのは確かである。いまだに6店舗しか展開していないVICマーケットはさておき,2017年12月末時点の残り2社の店舗数と売上を比較してみると,14店舗のトレーダーズの売上(1兆5,214億ウォン,決算日2017年12月31日)は13店舗のコストコの売上(3兆8,040億ウォン,決算日2017年8月31日)の約半分にも満たない。店舗数はほぼ同じであるにもかかわらず,売上でみると,両社には約2倍弱の差が存在する。その差はどこに起因したのか[26]。

まずは,コストコ独自の業態コンセプトと魅力的な品揃えにある。コンクリートの床に鉄のラック,CVS並みの絞り込んだ商品構成,パレットそのまま天井まで積み上げる単品大量陳列,業務用といわれる販売単位の大容量化,そして圧倒的な低価格販売が実現されている。それを志向する消費者に受容されたことがコストコの差別的競争優位性の一因と考えられる。

アメリカの大量購買スタイルを持ち込んだコストコのMWCは，厳選されたメーカーのトップブランド商品とともに自社独自で開発された商品の良さを認知してもらうために，取引先と会員を有機的に結び付けてくれる専属のビジネスパートナーが店内に常駐している。そのビジネスパートナーを介在させることで，会員にとってコストコならではの商品の価値の理解が進み，販売単位が大きくても購入してもらうことにつながっていく。

　第2の差別化要因は，一貫した業態コンセプトの追求と消費者の買い物行動の自主的変化を促した点にある。先端国際小売企業のコストコは確固とした一貫性のある国際展開を行っている。世界全体を単一の市場と考えて，どこにおいても同一の優れたマーチャンダイジングで，他の店舗では買えないコストコ独自の魅力的な商品を低価格で販売している。消費者にとって低価格の魅力ある商品さえ購入できれば，販売単位や販売方法はそれほど問題にならない。

　他の進出先国に先だって韓国市場に参入したコストコであったが，本国と全く異なる市場環境のなかでアメリカ・ライフスタイルに憧れる消費者を囲い込むことに成功し，会員が会員を呼び込む形で市場拡大に成功したのである。MWCの基本原則を徹底的に守るコストコのぶれない姿勢は，これまで韓国市場でHM業態を確立するために最後まで自己流を高圧的に押し込んできた他の先端国際小売企業のそれと対照的である。

　韓国市場初で競争相手もいないなか，コストコによる倉庫型DSの成功は，その革新性が発揮しやい有利な立場に置かれていたからこそ可能であったに違いない。同業態間競争に後れて参入した現地新生小売企業の場合はコストコの革新性を上回るような差別化をアピールすることができず，業態としても単なる大型マートの修正版に過ぎないような業態転換を繰り返すばかりであった。

## 5．おわりに

　本章では，大衆消費社会の到来とともに，韓国における大型マートと倉庫型DSの生成・発展の歴史を通じて，取り込み型現地新生小売企業と持ち込み型先端国際小売企業による内なるグローバリゼーションがどのように展開されてきたのかを比較検討した。大型マートは現地新生小売企業が先手を打って自国

に取り込み，現地の市場環境に合わせて変容・定着させてきた韓国型HM業態であった。それに対し，倉庫型DSは先端国際小売企業が持ち込んできた業態コンセプトの革新性が韓国市場においても好意的に受け止められ，その後，現地新生小売企業にも学習され，受け継がれてきた業態である。

　小売の輪（McNair, 1958）の仮説によると，新しい小売業態は提供するサービスを抑え，設備も簡素化するなど革新的な低費用構造を通じ，既存の小売業態よりさらに低価格を訴求する形で市場に登場する。この革新的な小売業態は，低価格という競争優位性を獲得し，市場での地位を確立することになる。しかし，韓国の大型マートの場合，百貨店の次の小売業態として，低価格・低マージンのオペレーションで市場に参入したことには違いないが，むしろ提供するサービスを百貨店並みに維持し，快適なショッピング空間を確保したからこそ韓国の消費者需要にうまく適応し，成功を勝ち取ったと言える。

　その後，現地新生小売企業は大型マートの老朽化や市場の飽和化による業績の低迷状態から脱するため，コストコと類似した業態コンセプトをもって倉庫型DS市場に参入した。しかし，大型マートの次の小売業態として登場した倉庫型DSはより低価格で参入し，その後も低価格が競争の武器になった。それと同時に，品揃えやサービス，付帯施設の向上などを通じた競争も展開される。だが，それは低価格を維持したまま行われた。結局，革新的な小売業態が登場する際に，低価格・低マージンのオペレーションは，高価格・高マージンのオペレーションへと移行せず，むしろより低価格・低マージンのオペレーションに移行してしまったのである。いずれにせよ，韓国市場における小売業態の生成・発展の歴史を事例としてみると，小売業態の革新性はそれを展開する主体がいかに小売業の本質ともいえるマーチャンダイジング機能に充実しているか，それを実現するためのオペレーションと消費者需要とのギャップを埋めていくのかに依存していることが示された。

注

1　2003年，大型マートは19兆7,080億ウォンの売上高でこれまで韓国の小売市場をリードしてきた17兆4,420億ウォンの百貨店を追い越した（『유통업체연감［2005］』，358頁）。

2　韓国の総合型量販店の業態変容プロセスの詳細については白（2004a）を参照されたい。
3　『hani インターネット한겨레』オンライン記事（www.hani.co.kr/section-001062000/2002/06/001062000200206171846089.html，2002年6月17日編集，2014年2月10日閲覧）より引用。
4　イーランドによる韓国カルフールの買収の詳細については，Baek（2006）を参照されたい。
5　詳しくは，梁（2010）を参照されたい。
6　권他（2008），18-34頁より引用。
7　詳しくは，崔（2012）を参照されたい。
8　韓国金融監督院電子公知システムのコストコ・コリア（2017）『監査報告書』（http://www.dart.fsc.or.kr/dsaf001/main.do?rcpNo=20171120000305，2018年11月4日閲覧）より引用。
9　コストコ・グループの『2017アニュアルレポート』および韓国金融監督院電子公知システムのコストコ・コリアの『監査報告書』より引用。
10　詳細は，白（2006）を参照されたい。
11　詳細は，白（2009a）を参照されたい。
12　『프라임경제』オンライン記事，（http://www.newsprime.co.kr/news/articleView.html?idxno=244255，2012年7月25日入力，2014年3月27日閲覧）より引用。
13　『The Consumer News』オンライン記事，（http://www.consumernews.co.kr/news/view.html?gid=main&bid=news&pid=224860，2010年12月6日入力，2014年3月27日閲覧）や『MK뉴스』オンライン記事（http://news.mk.co.kr/newsRead.php?year=2011&no=141426，2011年3月6日入力，2014年3月27日閲覧），そして『충청투데이』オンライン記事（http://www.cctoday.co.kr/news/articleView.html?idxno=625768，2011年6月1日入力，2014年3月27日閲覧）より引用。
14　『파이낸셜뉴스』オンライン記事（http://www.fnnews.com/view?ra=Sent1001m_View&corp=fnnews&arcid=201207250100228560014062&cDateYear=2012&cDateMonth=07&cDateDay=25，2012年7月25日修正，2014年3月27日閲覧）と『한국경제』オンライン記事（http://www.hankyung.com/news/app/newsview.php?aid=2014010622601，2014年1月7日修正，2014年3月27日閲覧）より引用。
15　『아시아경제』オンライン記事（http://www.asiae.co.kr/news/view.htm?idxno=2012072514223119146，2012年7月25日修正，2014年3月27日閲覧）と『매일신문』オンライン記事（http://www.imaeil.com/sub_news/sub_news_view.php?news_id=43582&yy=2013，2013年8月31日入力，2014年3月27日閲覧）より引用。
16　VICとは，Value In Customerの略字で，顧客に価値を提供するという意味である（VICマーケットのホームページ，http://www.vic-market.com/vc/info/info01.

do?npagen=1，2014年2月10日閲覧）．

17 『경향비즈앤라이프』オンライン記事（http://news.khan.co.kr/kh_news/khan_art_view.html?artid=201206262121145&code=920401，2012年6月26日修正，2014年2月10日閲覧）より引用．
18 『한국경제』オンライン記事（http://www.hankyung.com/news/app/newsview.php?aid=2013042971671，2013年4月30日修正，2014年2月10日閲覧）より引用．
19 同上．
20 『한겨레뉴스』オンライン記事（http://www.hani.co.kr/arti/economy/consumer/539721.html，2012年6月27日修正，2014年2月10日閲覧）と『조선비즈』オンライン記事（http://biz.chosun.com/site/data/html_dir/2012/12/252012122500653.html，2012年12月25日入力，2014年2月10日閲覧）より引用．
21 『중앙일보』オンライン記事（http://article.joins.com/news/article/article.asp?total_id=10773222&cloc=olink/article/default，2013年2月25日修正，2014年2月10日閲覧）より引用．
22 『데일리안』オンライン記事（http://www.dailian.co.kr/news/view/344663，2013年6月19日登録，2014年2月10日閲覧）より引用．
23 同上，そしてロッテブログ（http://blog.lotte.co.kr，2014年2月10日閲覧）より引用．
24 『헤럴드경제』オンライン記事，（http://biz.heraldcorp.com/common_prog/newsprint.php?ud=20181116000339，2018年11月16日入力・閲覧）より引用．
25 『한국경제』オンライン記事（http://www.hankyung.com/news/app/newsview.php?aid=2013042971671，2013年4月30日修正，2014年2月10日閲覧）より引用．
26 その差別化要因については，白（2017a）に基づいている．

# 第5章
## 現地新生小売企業の成長と国際化行動

## 1．はじめに

　これまでの小売国際化研究では，1990年代にアジア市場で出店を急拡大させた先端国際小売企業の出店ラッシュと現地化プロセスについて焦点が当てられてきた。そこではウォルマート，カルフール，テスコといった欧米の大手企業群が大きなプレゼンスを示しているに違いないが，最近は日本をはじめとするアジアの有力企業も加わり，新興国市場におけるグローバル競争が一層激化している。以前に比べると，イオンやセブン＆アイなどの日本企業の積極的な参入，さらに，韓国のロッテ，香港のデイリーファーム（Dairy Farm），台湾の統一企業だけではなく，タイのCPグループなど新興国の有力小売企業の域内市場への進出の動きも活発化している。

　以下では，本国市場で先端国際小売企業との競争から優位性を獲得し，今度は進出する立場になって，現地新生小売企業から先端国際小売企業へと変身を図った事例を検討しながら，現地新生小売企業の国際化行動の特徴を考察してみよう。

## 2．マレーシア小売市場におけるグローバル競争

　マレーシア市場では1980年代以降，ブミと合弁事業を展開する外資系小売企業が参入しているが，法的にはブミの資本が30％以上でなければならない。し

かし，現実には柔軟に運用されており，1997年の通貨危機後は，ブミ側企業の資本不足から香港系のHM，ジャイアント（Giant）のように外資が90%を所有するケースも許されている。

　マレーシアの小売最大手企業は，HMのジャイアントと食品スーパーのコールドストレージ（Cold Storage）を有する香港系のデイリーファームである。同社はもともと地元系であったジャイアントを買収し，オランダのロイヤル・アホールド（2016年にアホールド・デレーズとして再編）からトップス（Tops）を，地元系のパークソン（Parkson）からエクストラ（Extra）などの企業買収を重ね，急成長を続けてきた。マレーシア小売業はデイリーファームを筆頭に，イオン，テスコ，カルフールの4強体制の競争がしばらく続いていたが，2012年にイオンに売却されたカルフールの撤退で現在は3強体制になっている。

## 2.1　デイリーファームのマレーシア展開

　デイリーファームは欧米の先端国際小売企業とは異なり，東南アジアでより一層幅広く展開していることが特徴である。東南アジアの進出国としては，マレーシア，シンガポール，ブルネイ，インドネシア，ベトナム，フィリピン，カンボジアまでに広がっており，ハイパーマーケット業態，スーパーマーケット業態，ヘルス＆ビューティ専門店業態，CVS業態，ホームファニシング業態，レストランなど複数の業態を展開している。まさに香港の新生小売企業から先端国際小売企業へと生まれ変わったグローバル・イノベーションの典型的な事例といえる。

　デイリーファームは，不動産，ホテル，小売に特化したジャーディン・マセソン（Jardine Matheson）グループ傘下の小売企業である。同グループは香港がイギリス領となった頃から香港で事業展開を行い，グループの東南アジアネットワークの恩恵を受けながら，いち早く東南アジア市場で最も大きな存在感を醸し出している。1964年の地場スーパー，ウェルカム（Wellcome）の買収により小売事業に本格的に参入した。これまでグループからの潤沢な資金により積極的な買収からなる国際展開が行われてきた。しかし，当初の進出先はアジアではなく，オーストラリアなど地理的に離れたところであった。その後，本拠地の香港と同じく英国領であったシンガポールやマレーシアへの進出から

もわかるように，一見通常の海外進出パターンとは異なるようだが，比較的に歴史的・文化的類似性のある国への進出が先であったと考えられる。同社が先端国際小売企業へと生まれ変わることができた大きな転換点はアメリカのKマート元上級副社長をCEOに抜擢した1997年となる（神谷，2014，38頁）。就任後，デイリーファームのCEOは，同社の競争力の源泉をアジア太平洋地域にするとし，欧州における小売業の売却を行う一方，アジア地域での拡大を推し進めたという。

　実際に，1998年以降の東南アジアでの本格的な展開は，コングロマリットならではの巨大な資金力や華僑ネットワークを通じて，主に撤退する欧米の小売業からの事業買収により行われていた。1999年にはマレーシアですでにある程度根ざしていた地場HMのジャイアントを買収し，近代的小売業態の導入期に早期参入することで参入序列効果を享受していた。同社の大型食料品小売業の分野において高いシェアを獲得しているキーマーケットの１つとなったマレーシアではさらなる買収を有効活用することで短期間で事業規模および市場シェアの拡大を実現したのである。

## 2.2　イオンのアジアシフトを先導するマレーシア事業

　後述するように，マハティール（Mahathir）首相の「ルックイースト」による小売企業の進出ラッシュがあり，多くの日系スーパーや百貨店が都市部を中心に出店していたが，そのうち伊勢丹とイオンが健闘していた。とりわけ，日本のバブル崩壊やアジア通貨危機を乗り越えて今でも厚い信頼を得ているのがイオンである。

　イオンの店舗は100％現地スタッフで構成されており，本社業務の人事，財務，法務，総務，広報といった職務はすべて現地の人材が行う。それに対して，店舗開発，商品開発，営業統括などの業務は日本人スタッフに任せられている。複雑な民族構成のなかで，現地従業員は現地の人が管理することとし，日本人スタッフは本社からの必要人員を最小限に留めている。

　実際に，マレーシアで展開しているイオンの店舗は百貨店と同じ業態と評価され，大型店の出店規制から逃れているため，自由に多店舗展開が可能であった。大型店の出店規制の対象になっているテスコは，規模を拡大しつつあるデ

イリーファームや出店規制対象外の業態を展開しているイオンに比べ，競争上不利であるのは確かである。

　カルフールは，2010年に事業の売却を発表し，入札にはテスコ，イオン，デイリーファームなどが名乗りを上げたが，2回の入札を行った結果，価格の折り合いが合わず売却を中止した経緯がある。結局，2012年に買収先をイオンにしたカルフールは，マレーシアを最後に東南アジアから完全撤退を実行した。

　イオングループは，マレーシアでの成功を皮切りに東南アジア諸国で次々と成功を収め，自らの将来を本国市場から海外市場へと託すことで，現地新生小売企業から見事に先端国際小売企業の仲間入りしたのである。

　マレーシア前首相マハティールからの要請で1984年に進出したイオン（現地名ジャヤ・ジャスコ）の場合は，マレーシア最大の政府系不動産会社と合弁会社を設立し，マレーシア国内でのショッピングセンター（以下，SCで略称）建設・運営に関して合意した。これがイオンにおける海外出店の始まりであった。岡田社長はマレーシアの流通を近代化してほしいとの要請を受け，マレーシアを訪問し，マハティール首相と直接面談の機会を得た。早速，東京本社にマレーシア・プロジェクトチームを編成し，社内で派遣メンバーを公募したところ，8名の店員に対し43名の応募があったという[1]。

　マレーシアに向かった派遣メンバーは，ブミプトラ政策（マレー人優遇政策）がとられている複雑な多民族国家のなかで人事，採用，教育問題，また取引業者開拓，物流問題などを背負いながら，1985年6月にイオンの海外初店舗ダヤブミ店をオープンしたのである。

　当時マレーシアの庶民の買い物といえば，パサールという市場しかなく，ジャスコのような近代的な小売業はまだ存在しなかった。しかし，実は，ジャスコよりいち早くマレーシアに進出したのは，日本の小売企業，静岡のローカルスーパー，ミキサワであった。同社はマレーシアに初めてセルフサービス方式を導入するなど，マレーシア小売業の近代化に大きく貢献し，岡田会長はミキサワのそういった実績を高く評価したという[2]。同社は合弁相手の都合により撤退してしまったが，その後，1990年に開業した伊勢丹やそごう（1994年進出，2001年合弁先に営業譲渡・商標貸与）など，次々とマレーシアの出店を行えるきっかけを作ってくれたのである。

ジャヤ・ジャスコストアーズ（イオン・マレーシア）の１号店は，オフィス街にある石油公団１階という立地的に不利な立場に置かれていたにも関わらず，開店と同時に人種・民族を問わず客が多数詰めかけてきて，特に人気の高かったインストアベーカリーには大量注文が舞い込むなど大盛況であった[3]。所期の目的を達成した第１号店からその翌年の12月に第２号店を展開し，同社のマレーシアでの出店は加速していた。

　マレーシア経済は1985年以来続いていたマイナス成長から抜け出し，国内消費も回復していた。この時期にジャヤ・ジャスコストアーズでは，タマンマルリ店，マラッカ店，ワンサマジュ店，いずれも郊外に大型店３店舗を開設した。1992年にはジャヤ・ストアーズ初のSCであるアルファアングル店を開設し，その後，タマンマルリ店とマラッカ店も増床し，SC化を行っている。

　マラッカ店は同社として初めて首都のクアラルンプール市以外への出店で，店長をはじめ従業員のすべてがマレーシア人により運営された[4]。マレーシアでのSCの特徴は，自らがキーテナントとしてSCを管理・運営するか，あるいは自らSCを建設し，店揃えから管理・運営までを行うことでSC全体の品質を維持し，キーテナントである自店との相乗効果を狙うことで利益を得ている。

　マレーシア政府が1996年に外資小売業に対して発表したガイドラインの内容は，外資の出資比率や最低資本金，外国人スタッフの人数と任期に関する制限，あるいは国内での資本調達額の規制などを含んでおり，幸いに出店にかかわる規制は含まれていなかった。ところが，2002年５月になって，突如，自国の中小小売業の保護を目的とするHM（売場面積5,000㎡以上）およびスーパーストア（売場面積3,000㎡以上4,999㎡以下）の出店規制に関するガイドラインが決定された。結局，外資か地元資本かを問わず，今後もっとも大きな影響を与えるであろう業態そのものを規制することになった。この出店規制が強化されたのは2003年10月からで，2014年２月時点では両方の業態において最低30％のブミプトラ資本の出資が求められたため，外資出資は70％まで認められた。加えて，百貨店および専門店は外資100％出資が可能だが，店頭陳列スペースの最低30％はブミプトラ資本の中小企業の商品を取り扱うことが義務付けられた[5]。

　イオングループの「アジアシフト」は，2012年に行ったカルフール・マレーシアの買収をきっかけに加速化した。実際，同年11月にマレーシアで始動した

アセアン本社に，同年3月に稼働した中国本社と日本をあわせて3本体制に組織を編成し，2011年にマレーシアで初めてトップに抜擢された中国系の女性社長を中心に，経営を現地人に任せるための人事改革にも着手した[6]。

イオン・マレーシアは2017年9月時点でSC27を含む大型店33店，食品スーパー3店とイオンウェルネスを運営していた。新店とGMS型百貨店の改革によって2017年上期も増収増益となっており，引き続き業績を伸ばしていた[7]。

### 2.3 現地新生小売企業の出現とその国際化の課題

マレーシア市場において，近代的な小売業態の導入はカルフールとマクロのような欧米の先端国際小売企業と，またイオンやデイリーファームという東アジアからの新生国際小売企業によるものであった。その発展の初期段階には，域外企業と競争関係になりうる地元企業の存在はほとんど見えなかった。そのなかでアジア最大級の百貨店グループとして成長したライオン（Lion）グループ傘下のパークソン・ホールディングス（Parkson Holdings）に注目する必要がある。同社は現地新生小売企業の1つとして，地元のマレーシアのみならず，中国，ベトナム，インドネシア，ミャンマーの域内市場での国際展開にも乗り出している。

しかし，国際化経験が少ない現地新生小売企業においては国際展開による規模の拡大を図ったものの，収益性の向上が課題となっている（桂木，2016，124-125頁）。

## 3．インドネシア小売市場をリードする現地新生小売企業

欧米の先端国際小売企業に比べ，インドネシア市場への参入が遅れた韓国のロッテは，M&Aによって店舗数を大きく増やした。2008年11月時点でロッテは，オランダの最大手小売企業からインドネシアにおける「マクロ」の店舗を買収し，同市場でリーディング企業として名乗りを上げた。

インドネシアの小売業界は，1996年に直接投資が可能となってからカルフールが進出しているものの，依然として地元の小売企業が健在している状況である。まず，インドネシアの小売市場を引っ張っている最大の小売業態としては，

毎年堅調な伸びを見せているミニマーケット（以下，MMで略称）業態であり，インドネシアの小売市場における上位2社，サリム（Salim）グループのインドマレット（Indomaret）とアルファ（Alfa）グループのアルファマート（Alfamart）の急成長は著しい。両社ともMMの単一業態で複数業態を展開している他社の売上を凌駕している。

　MM業態は，2008年を境に成長率が下降気味のSMに取って代わりつつあり，零細・中小小売業保護の観点から外資に対して開放されていない点が大きく影響しているといえよう（ジェトロ，2011，4-5頁）。次に売上規模第3位のリッポグループ（Lippo Group）は，1958年にジャカルタ市内で創業し，1972年に百貨店事業を開始し，1995年にはSM事業にも進出している。さらに，HM事業にも乗り出すなどインドネシアの小売業をリードしてきてはいるが，同国最大の百貨店チェーンのマタハリ（Matahari）を2010年にイギリスのベンチャー企業に譲渡したのである。

　一方で，1971年に創業し，老舗の大手SMであったヘロ（Hero）は，1990年代後半アジア通貨危機の影響を受け，収益構造の悪化に陥り，香港の有力コングロマリット，デイリーファームに株式の31.18％を譲渡し，外資傘下入りになった。東アジアでは珍しい新生先端国際小売企業であるデイリーファーム[8]は，2002年にHM業態にも進出し，2003年にはオランダのアホールドが展開していたSMのトップスを買収することになった（図表5-1）。そのほか，1998年にインドネシアで買収したドラッグストアのガーディアン（Guardian），さらにMM業態のスターマート（Starmart）も取得し，インドネシア市場で外資系企業としては珍しく複数業態を展開するなど上位5社の仲間入りに成功したのである[9]。インドネシア市場で先端国際小売企業として2006年に売上規模で第5位に成長しているデイリーファームは，第1位から第4位までの現地企業に危機感を募らせている。実際，2012年に，第4位の現地コングロマリットのCTグループがカルフール・インドネシアを買収したため，外資色は薄まっているのが現状である[10]。

　図表5-1のように，SMやHMのような大型食料品小売業態を東南アジア諸国に持ち込んだ先端国際小売企業の進出・撤退・買収の歴史をみると，国内に限定して事業展開を行っていた東アジアの現地新生小売企業が内なるグローバ

図表5-1　大型食料品業態を東南アジア諸国に持ち込んだ先端国際小売企業

| 地域 | 企業名 | シンガポール | ブルネイ | マレーシア | タイ | インドネシア | フィリピン | ベトナム | カンボジア | ミャンマー |
|---|---|---|---|---|---|---|---|---|---|---|
| 欧州 | テスコ(英) | | | 2002- | 1998- | | | | | |
| | メトロ(独) | | | | | 2012- | | 2012-2016(TCC) | | |
| | ウォルマート(米) | | | | | 1997-1998 | | | | |
| | カルフール(仏) | 1997-2012 | | 1994-2012(イオン) | 1996-2010(カジノ) | 1998-2012(CTコープ) | | | | |
| | カジノ(仏) | | | | 1999-2016(TCC) | | | 2003-2016(セントラル) | | |
| | マクロ(蘭) | | | 1993-2006(デイリーファーム) | 1989-2013(CP) | 1992-2010(ロッテ) | 1995-2007(SM) | | | |
| | アホールド・デレーズ(蘭) | 1999-2003(デイリーファーム) | | 1998-2003(デイリーファーム) | 1997-2004(セントラル) | 2002-2003(デイリーファーム) | | 2014- | | |
| 日本 | イオン | | | 1985- | 1985- | 2015- | | 2014- | 2014- | 2016- |
| 東アジア | デイリーファーム(香港) | 1993- | 2008- | 1994- | 2005-2007 | 1998- | 2012- | 2008- | 2012- | |
| | ロッテ(韓) | | | | | 2008- | | 2008- | | |
| | Eマート(韓) | | | | | | | 2015- | | |

注：（　）内は撤退後買収した企業名である。
出所：https://www.mizuho-fg.co.jp/company/activity/onethinktank/vol012/pdf/14.pdf（2018年11月21日閲覧, 291頁），神谷（2014），各社のホームページより筆者加筆修正。

リゼーションを通じて競争力をつけていくなかで，国際小売企業へと成長していった。2008年にインドネシアでマクロを買収したロッテの躍進が目につく。

　インドネシアは1998年3月まで流通分野への外資の直接投資を禁止していたが，最初に進出したのが欧州からのC&C事業を展開するオランダのマクロであった。1992年の開業以来，一般消費者への販売も行いながら店舗展開をしてきたが，途中，カルフールなどに押され気味で，卸売業に特化する方向に転じた。しかし，差別化を図ることができず，インドネシアに進出したばかりの韓国有力企業，ロッテに買収されるに至った。

川端（2005，163-164頁）は，マクロがインドネシアでうまくいかなかった要因を次のように分析している。新興国市場における消費者は安い商品を求めて店舗を渡り歩いているのであり，たとえ僅かな額であっても会費まで払って来店に制約をかける業態はミスマッチであった。また，ロッテショッピング・インドネシア駐在員への聞き取り調査[11]からすると，マクロのインドネシア駐在員は資金関係の最高財務責任者しかいなかったため，売場管理がうまくいかなかったという。ロッテ側の買収後は，陳列・衛生管理・安全管理・サービス精神を中心に，本部長や現地ディレクター，そして現地スタッフと議論し合いながら，優先順位を定めて見直しをしていった。当時，マクロから19店舗を引き受け，C&Cの20店舗目は完全にロッテ側のノウハウで新しく展開した。ロッテのインドネシア現地駐在員によると，インドネシアで卸売業の許可を得たのはロッテとメトロ（Metro）しかないため，卸売事業において非常に競争力をもっており，今後ベトナムやインドと連携し，国際ビジネスの規模を拡大する基盤を作っていた。

以上のことから，現地新生小売企業であったロッテは，インドネシアでの経験を踏み台に先端国際小売企業になる準備を着々と進めている。

## 4．ベトナムのHM業態における強いアジアの小売企業[12]

韓国のロッテマートは2008年に開店したホーチミン市内のみに2店舗展開して以来，2018年11月末時点で13店舗を展開している。また，日本のイオンが2014年にホーチミン市に第1号店を開店して以来，2018年11月末時点でハノイ市を含め4店舗展開中であり，あと2店舗を開発中である。2015年1月より外国の小売企業が100%自己資本で現地法人を設立できるようにベトナムの小売市場が完全開放されるなか[13]，海外からの進出競争はますます激化していくことが予想される。以下ではアジア出身の小売企業の躍進が目立っていることに注目したい。

### 4.1 イオンの新しい挑戦

イオンは1985年にマレーシアとタイに進出して以来しばらく東南アジア事業

から敬遠していたが，2014年にベトナム，同年6月にカンボジア，2015年にインドネシア，その翌年の16年にはミャンマーと一気に進出先を東南アジアに広げている。2020年度に営業利益の半分をアジアで稼ぐ方針を発表したイオンは，日本の小売企業のなかでも珍しく積極的な国際化行動を展開してきた。異なる規制や商慣習のなかで，商品調達や雇用，教育，資金繰りなど「創業」に近い苦労を経験した[14]ものの，そこにエース級の人材や年間1,000億以上を投じた結果[15]，ベトナム事業は計画を1年前倒しして3年で黒字化を達成したのである。

1980年代から始まったイオンの海外進出は，単独投資で進出することがほとんどであった。しかし，最近は有力な現地パートナーと積極的に組む戦略に方向転換している。同じ外資系のビッグC（Big C）やロッテマートのような競合他社の出店が勢いを増していることがその背景にある。海外勢のベトナムへの進出は韓国のロッテグループ，フランス系のビッグC（2016年タイのコングロマリットのセントラルグループに買収）などが先行している。「事業の成否は政府とのパイプづくりや消費者の嗜好といった情報収集にたけた地元企業との連携がカギを握る時代に入った」[16]に違いない。

その流れでイオンは，2015年に現地の大手スーパー2社と資本・業務提携すると発表した[17]。PBの「トップバリュ」を供給するほか，商品開発や物流網の整備などで連携することで，出店スピードを加速し，ASEANにおける新たな収益源とするのが狙いであった。提携したのはハノイ市を中心に「フィビマート（Fivimart）」（イオンの出資率30％）と，ホーチミン市を拠点に展開している「シティマート（Citimart）」（イオンの出資率49％）であった。提携を結んだ現在では，店名を「イオン・シティマート（Aeon Citimart）」と切り替えたほか，スーパーの運営や物流システムのノウハウ供給や人材育成などでもイオンが協力している。たとえば，ハノイ地盤のフィビマートは2014年夏から，最近話題になっている食の安全・安心対策の1つとして野菜や果物の産地を表示するようになり，衛生管理においても第3者機関がチェックする取組みを行い始めたという。それだけではなく，厨房での木製まな板の廃止，マスクと帽子の着用といったより細かい衛生管理を徹底する上でイオンのノウハウが生かされ，これらはイオングループ主導の食の安心・安全対策が浸透しつつある証拠である[18]。

2016年2月21日に実施した聞き取り調査によると，SCセラドン店のGMS対専門店の売上高構成比は6対4で，日本のイオンモール（3対7）とは正反対の結果を見せている。イオン・ベトナムが主要顧客としている世帯月収5万円以上の中間層は2015年時点で3,500万人であったが，2020年には人口の半分以上になると予測されるため，GMSの成長はまだまだ伸びる可能性が高いと考えられる。商品別売上からすると，依然として食品（6割）が占める割合は高くなっているが，所得レベルが上がるにつれ，衣料品や家庭用品の売上は当然伸びることになろう。

### 4.2　韓国勢の大手小売企業の参入

韓国の大型マート最大手，Eマートは2015年12月に6,000万ドルを投じてホーチミン市ゴバップ（Go Vap）地域にベトナム1号店を開業した。この地域は半径10km以内にロッテマート3店舗がすでに進出しており[19]，イオンの4号店が出店する予定の激戦地である。Eマートより7年前（2008年12月）に進出した韓国のロッテマートは2015年12月時点で11店を展開していた[20]。

ロッテ・ベトナム・ショッピングは，ロッテマートとベトナム現地企業のミンバン社（Minh Van Private Enterprise）が8対2で設立した合弁会社で，2011年増資決定で資本金を6,500万ドルに増やした[21]。政府の許可遅延のためそれまで2店舗しか出店していなかったが，増資により事業拡大に拍車をかけることになった。

ベトナム1号店は，ホーチミン市7区にある新興開発地域，フーミーフン（Phu My Hung）地区に位置している南サイゴン店である。同商圏内には外国人が多く居住しており，近代的商業施設に対するニーズが高い[22]。全体商品の約5万品目のうち95%をベトナム現地企業から調達しており[23]，早寝・早起きの現地人の生活パターンを考慮して営業時間を午前8時〜午後22時としている。また現地人の主な交通手段であるバイクの専門売場およびバイク専用駐車場やヘルメット保管所など，商品構成や営業時間，売場構成についても徹底的に現地化を図っている[24]。ロッテは2012年10月に現地のパートナー企業，ミンバン社から株式を完全取得し，新規出店を積極的に展開しようとした[25]。その勢いでロッテは，2014年3月に首都ハノイに初めて上陸し，南部のホーチミン市か

ら中部のダナン市，そして北部のハノイ市まで全域にまたがる全国チェーンとなった。それは2005年12月にベトナムのミンバン社と合弁会社を作ってベトナム事業を開始して以降10年ぶりの快挙であった[26]。

安定的な収入をもつ若年層を主要顧客としながらも，依然として冷蔵庫の普及が遅れているベトナムで，ロッテマートは冷凍食品の数を減らすなど現地事情を考慮した売場展開をした[27]。また，現地化の一環として，2店長，フロア・ディレクター（フロア別責任者）などの管理職はすべて現地人を配置している。ハノイでは，2014年9月にロッテマート，ロッテ百貨店，ロッテホテルなどロッテの代表的ブランドが構成される「ロッテセンター・ハノイ」を完成したことで，グローバル・デベロッパーとしての力量を発揮している[28]。

## 4.3 域内企業の競争力

ベトナム小売市場においては，欧米の先端国際小売企業よりも東アジアの小売企業による躍進が目につく。本国の内なるグローバリゼーションにより，欧米の先端国際小売企業との競争を勝ち抜いた現地新生小売企業は，今度は進出する立場になって新興国市場への拡大を図り，本国で培った国際競争力を進出先市場において発揮しつつある。前節ではベトナム小売市場におけるイオンとロッテの活躍ぶりに注目し現地新生小売企業が先端国際小売企業へと跳躍していくプロセスを確認した。

ここでもう1つ注目すべき点は，ASEAN諸国のうち先発国であるタイのコングロマリット，セントラルグループとTCCグループの勢いである（**図表5-1を参照**）。メトロとカジノ（casino）のような欧米の先端国際小売企業がベトナム市場から撤退した後，それを買収したのは同じASEAN地域内企業であった。東アジアからロッテおよびイオンが進出する前に総合量販店市場を独占していたビッグCのカジノは他社より先立って近代的な小売業態（HM）を本国のフランスから持ち込んだことで，ベトナム市場の獲得に成功してきた。ビッグC・ベトナムはHM43店とSC30店を経営しており，大きなシェアを握っていたが，本国フランスでの改善計画のなかで2016年に域内コングロマリットに売却されてしまった。

最近，ベトナム小売市場ではHM，CVS，百貨店業態が非常に高い伸びを続

けており，コングロマリットを中心とする域内企業の競争力の向上に伴い，新たな競争が始まっている。そこにもともと地歩を固めていた地場コングロマリットを加えてグローバル競争はより激しくなるだろう。

## 5．ミャンマーにおける近代的小売業の成長

### 5.1 現地企業の成長と域内市場への進出

　ベトナムの現地新生小売企業が域内市場に進出する動きがみられている。ミャンマー最大都市のヤンゴン市では，ベトナムの不動産大手ホアン・アイ・ザー・ライ（Hoang Anh Gia Lai, 以下，HAGLと略称）が商業施設のほか，高級マンションやホテルから構成される「HAGLミャンマーセンター」を建設中である[29]。

　ミャンマーの小売業において5,225万人の市場をターゲットにした外資系企業の進出やASAEN域内貿易の活性化が見込まれている。そのなか，2015年末にヤンゴンに開店したミャンマー初の近代的SCであるミャンマープラザはベトナムの不動産開発大手のHAGLにより開発された。インヤー湖の向かい側に立地し，ヤンゴン国際空港からもわずか20分，市内中心部から15分しか離れていない。モダンなオフィスビルともつながり，ホテルにも隣接していて地元客だけではなく観光客にも利便性の高い商業施設である。国内外の有名なブランドがテナントとして入店しており，週末には若者や家族づれの客で賑わっている。

　東南アジアの最後のフロンティアといわれるミャンマーでは，経済制裁解除の流れとともに多数の外国の企業が進出しているが，サービスアパートメントや駐在員の居住するマンションなどが依然として不足している。そこでいち早く不動産開発に乗り出しているのが域内の先発国ベトナムから進出した不動産開発最大手企業HAGLであった。同企業はベトナム国内での実績とそのコスト競争力を活かしてヤンゴンの大人気スポットとなったミャンマープラザを開発した。ミャンマーはこれまで地元資本の保護を重視する産業政策をとってきたが，2015年以降949㎡以上の大型店のみ外資の参入を認めるように方針を変更

してからの出来事であった。

　潜在的ニーズがあるなかで技術上優位に立つ外国企業が競って参入する場合，本国と類似した消費性向と流通構造の問題を有しているため，そこで「経験的知識」[30]やノウハウを培ってきた域内企業こそがこの手の小売市場では競争上優位に立つことができる。域内の先発国からやってきた不動産開発最大手企業HAGLが本国のベトナムで培ってきた知識やノウハウを共通性の高いミャンマー市場で発揮することができた展開といえよう。

## 5.2　ミャンマー小売業史上外資初進出を遂げたイオン

　イオンはマレーシアをはじめ，2014年にベトナムとカンボジア，15年にインドネシアなど東南アジアでの店舗展開を加速している。2016年9月にはミャンマーまで店舗網を拡大した。

　地元スーパーのオレンジを展開しているCMGC（Creation Myanmar Group of Companies Limited）[31]と合弁企業「イオンオレンジ株式会社」を設立し，外資系小売企業としては初めてミャンマーに看板を掲げることになった。イオンの第1号店は中産階層が多く住む幹線道路沿いのヤンゴン北部のオッカラパ（Okkarapa）地区にある。日本の食品スーパークラスの規模で約8,000点の商品を取り揃えている。食品製造業が育っておらず外資の食品加工メーカーの進出もまだ少ないため，商品全体の7割をタイなどからの輸入品が占めている。日本からの調達もPBなど80点程度となっており，生鮮食料品を中心に3割を現地調達している[32]。現地の地元資本以外は貿易業務に携わることが許されていないため，海外からの商品調達力を強みとしている現地パートナーの存在は欠かせない。

　商品の提供の仕方についても，たとえば，フルーツは3～4切れずつ小分けにされ，手軽に1回で食べ切れるように配慮されている[33]。それは生鮮食料品の品質管理に優れている日本企業のノウハウがそのまま生かされ，さらに高温多湿な気候のなか，冷蔵庫の普及率がまだ低いミャンマー家庭の生活パターンを熟知したうえでの提供の仕方といえよう。必要な時に必要な分だけ購入するという日本人の買い物行動パターンと類似している部分も多いのである。

　もう1つは総菜・弁当などの調理済み食品の提供である。ヤンゴン市内に建

設されたセントラルキッチンにおいて地元の調理師が作り出した庶民向けの軽食メニューを製造し屋台の麺類の値段と変わらない手ごろな価格で販売している[34]。

　屋台文化が発達している東南アジア諸国では高温多湿であるため食中毒が頻繁に発生するが，飲食店はこれまで食の安全に気配りする余裕はなかった[34]。イオンはベトナムでも日本のように産地や使用農薬などの情報の表示を徹底しはじめ，それが地元小売業に広がっていくことになった。世界で鮮度・品質管理・食の安全に優れている日本の小売企業がミャンマー小売市場の近代化を引っ張っていく事例といえる。

　ミャンマーでは零細な家族経営の個人商店がシェアのほとんどを占めていた。そこに外資小売業として初めて店舗を構えたのが日本のイオンであった。同社は質の高い日本製品に関心をもつ地元消費者の反響を呼んではいるものの，インフラの未整備に起因する物流の問題や店舗展開およびマーチャンダイジングにおける外資への規制のため思いとおりには事業展開ができないのが現状である。イオンの進出は過去20年間近代的小売業を引っ張ってきた最大手の現地小売企業シティマートにとって脅威であることは間違いない。しかし，今後競争的相互作用のプロセスのなかでともに潜在的需要を開拓していけば，ミャンマーの小売業の近代化は予想よりも遥かに縮まるかもしれない。

## 6．タイ小売業におけるCPグループの国際化行動[36]

　タイはシンガポール，マレーシアに次いで消費レベルの高いASEANの先発国で，国民はそれに見合った小売店舗を待ち望んでいた。しかし，地元小売企業は自国国民の旺盛な消費欲求を満たすまでに成長しておらず，先端国際小売企業の相次ぐ進出を許してしまっていた。ところが内なるグローバルゼーションとしてCP（Charoen Pokphand）グループは豊富な資金力を有し地元企業ならではの強みを活かしながら，小売事業部門の優秀な外資とパートナーシップを組むことで，外部資源を積極的に取り入れた。その結果，タイの小売業において大きな存在感を示すまでに成長した。

　同グループは，タイ小売業売上高首位を誇るセブン-イレブンを運営し，

MWC業態にも参入している。いち早く中国市場にも進出し，2016年7月時点でSMのロータス（Lotus）を中国全土に展開している。さらに，2017年9月時点で，中国撤退を表明した韓国最大手のEマートの5店舗を買収することにより，いまや名実ともに国際小売企業としてのプレゼンスを高めている。CPグループにとって中国はグループ売上高の4割近くを稼ぐ海外の最大市場であり，食品関連の川上だけではなく川下においても事業拡大を狙っている。新生現地小売企業としてグローバル競争を勝ち抜いた韓国のEマートは，1997年中国に海外初進出し，2010年に26店舗まで拡大しながら国際小売企業として変貌したが，結局，より競争力のある新生先端国際小売企業，CPに買収されてしまったのである。

　CPグループは1989年にセブン-イレブン・タイ1号店やサイアム・マクロ（Siam Makro）1号店を開店して以来，これまで順調に成長しているようにみえるが，決して順調な道程ではなかった。1997年のアジア通貨危機に直面した際に，グループ企業はロータスの75％の株式をテスコに，サイアム・マクロを本国オランダに売却した。合弁パートナーである外資の増資により経営危機を回避しようとしたCPグループは，現地企業自らが外資規制緩和を要請することになり，新しい法律「外国人事業法」が施行されることになった。確かにこの時期はタイにおける小売事業が外資主導により進められたことは否定できない。

　CPはロータス株式の大半をテスコに譲渡し，経営権を持たない少数株主になった。店舗名も「テスコ・ロータス」に変更されたのである。マクロについては，同グループが大株主の地位を保持する一方，経営権は事実上放棄した。また，SM業態のサニーズも1999年にベルギーのデレーズ（Delhaize）に売却した。また，中国事業においても株式持ち分を中国側パートナーに売却し，その資金を国内事業の損失に当てる状態にまで追い込まれた。もう一度事業回復を図ろうとしたCPは，2002年に上海・浦東エリアに巨大なショッピングモールの正大広場（The Super Brand Mall）を開設し，浦東を上海第2の繁華街に変貌させた。2003年には中国マクロとの共同出資会社，オランダのSHVグループから株式をすべて引き受け，その翌年にマクロ4店をロータスに変更した。1997年に中国上海にロータス1号店を開設して以降，国際小売事業においても

ロータスに経営を集中した結果，33店舗を展開するまでに成長できた。

　国内の小売事業部門においてもCVS事業だけに経営資源を集中させ，もっぱらセブン-イレブンをグループの小売事業成長の足掛かりとしたため，2000年代の半ばには経営上の苦境を完全乗り越えることができた。

　通貨危機直後の選択と集中戦略は，事業縮小からわずか5年で収益の改善を実現した結果，先端国際小売企業によるタイ小売業の支配を短期間にとどめることができた。

　以上のように，CPグループはこれまで本国の経済成長を背負ってきたため，市場の変化や危機に対応する管理能力はもちろん，意思決定の速さ，決め事への迅速かつ機動的対応においても抜きん出ており，まさにコングロマリット型現地新生小売企業の優位性を説明する事例といえる。

## 7．おわりに

　前述したように，本国市場におけるグローバル競争にさらされるなかで，競争優位性を獲得し，その後，海外進出まで果たした現地新生小売企業の成長とその国際化行動を検討してきた。

　ASEAN諸国における近代的小売業態の導入期には，欧州の先端国際小売企業を中心に内なるグローバリゼーションが行われていた。しかし，現在はそのほとんどが撤退しており，その主体が東アジアの現地新生小売企業や域内企業に取って代わられている。第1世代の先端国際小売企業の撤退理由としては，一定程度のシェアは獲得したものの，コングロマリット型現地新生小売企業の市場支配力が高まるなかで収益性を上げることができなかったことである。また，カジノやカルフールの場合，本国での財務状況が悪化していくなかで，圧倒的なシェアを持っているにもかかわらず海外事業を引き上げるしかなかったのである。

　第1世代の先端国際小売企業の撤退が続く一方で，日本のイオンや香港のデイリーファーム，韓国のロッテのように高いシェアを獲得している第2世代の新生国際小売企業に注目する必要がある。買収によるスピーディーな国際展開ではあったが，本国で第1世代とのグローバル競争を勝ち抜いた経験を活かし

ながら，着実にシェアを確保していた。現地新生小売企業から先端国際小売企業へと生まれ変わった第2世代の国際小売企業の存在感は決して小さくない。持ち込み型国際移転により，近代的小売業態が導入され，成長していくなかで，競合となる現地企業の成長を促すようになり，域内市場におけるプレゼンスを一気に高めるようになっている。そのような激しいグローバル競争のなかで生き残った現地新生小売企業は，いずれもコングロマリットであった。小売企業としての海外進出経験は持たないが，他の事業分野での国際化経験や莫大な資本力を活かしながら，資本参加による小売ノウハウの吸収や買収によるシェアの獲得で一気に域内市場におけるプレゼンスを高めたのである。

　本章では小売国際化の研究範囲を先端国際小売企業の新興国市場への進出とその現地化プロセスに留めるのではなく，新興国市場で新しく生まれた現地新生小売企業の成長とその国際化プロセスにまで拡大する意義が再度確認されたといえよう。

注

1　『ジャスコ三十年史』，432頁より引用。
2　前掲書，435頁より引用。
3　前掲書，432-435頁より引用。
4　前掲書，587頁より引用。
5　ジェトロ（2014），『アジアにおける卸売・小売・物流業に対する外資規制比較』（https://www.jetro.go.jp/ext_images/jfile/report/07001570/07001570c.pdf，2018年11月21日閲覧）7頁より引用。
6　『日経MJ』2013年2月8日付より引用。
7　『繊研新聞』オンライン記事（https://senken.co.jp/posts/aeon-malaysia-g%EF%BD%8Ds-reform，2017年11月21日更新，2018年11月21日閲覧）より引用。
8　グローバル競争の激しい香港の食品小売市場を見てみると，ワトソンズで有名なハッチソン・ホアンポアが展開しているパークンショップとともに，デイリーファーム社が運営する食品SMウェルカムの2社が代表的である。ちなみに，日系のジャスコは香港第3位の小売業となっている。デイリーファーム社は，1972年にイギリス系の財閥ジャーディン・マセソンの不動産会社である香港ランド社の傘下に入ったことで豊かな資金力を有するようになった。とくに，1980年代後半以降は活発なM&Aによる進出を行い，日本でも1995-1998年までに西友と組んでディスカウントストア系食品SM「ウェルセーブ」を展開した経験ももっている。積極的なM&Aによって成長し，SM，HM，CVS，家具専門店，ドラッグストア，

ディスカウントストアなど複数業態を展開し，様々な業態で台湾，中国，韓国，シンガポール，マレーシア，インドネシア，インドなどアジア諸国に進出した国際化経験が豊富な企業でもある。

9　みずほフィナンシャルグループの報告書「Ⅵ．台頭するASEANの地場コングロマリットとの向き合い方」（https://www.mizuho-fg.co.jp/company/activity/onethinktank/vol012/pdf/14.pdf，2018年11月21日閲覧），287頁より引用。

10　みずほフィナンシャルグループの報告書「Ⅵ．台頭するASEANの地場コングロマリットとの向き合い方」（https://www.mizuho-fg.co.jp/company/activity/onethinktank/vol012/pdf/14.pdf，2018年11月21日閲覧），288頁より引用。

11　以下の内容は2012年3月7日に実施したロッテショッピング・インドネシアJongho Park氏およびHazrin Zainal氏とのインタビュー調査の結果に基づいている。

12　白・ズオン（2016）より大幅に引用している。

13　『연합뉴스』オンライン記事（http://www.yonhapnews.co.kr/dev/9601000000.html，2015年10月9日登録，2016年2月10月閲覧）より引用。

14　『日経MJ』2015年9月16日付より引用。

15　同上。

16　『日経新聞（朝刊）』2015年1月28日付より引用。

17　同上。

18　『日経MJ』2015年3月9日付より引用。

19　『이데일리』オンライン記事（http://www.edaily.co.kr/news/public/pop_print.asp?newsid=01325126609570640，2015年11月29日登録，2016年2月10日閲覧）より引用。

20　『매일경제』2015年12月14日付より引用。

21　『한국경제』オンライン記事，（http://www.hani.co.kr/arti/PRINT/497704.html，2011年9月23日登録，2016年2月10日閲覧）より引用。

22　『노컷뉴스』オンライン記事（http://www.nocutnews.co.kr/530681，2008年12月18日登録，2016年2月10日閲覧）より引用。

23　同上。

24　『노컷뉴스』オンライン記事（http://www.nocutnews.co.kr/530681，2008年12月18日登録，2016年2月10日閲覧）より引用。

25　『헤럴드경제』オンライン記事（http://biz.heraldcorp.com/common_prog/newsprint.php?ud=20121127000073，2012年11月27日登録，2016年2月10日閲覧）より引用。

26　『한국경제』オンライン記事（http://www.hankyung.com/news/app/newsview.php?type=2&aid=201403255489g&nid=910&sid=0104，2014年3月25日登録，2016年2月10日閲覧）より引用。

27　『머니투데이』オンライン記事（http://news.mt.co.kr/mtview.php?no=2015062911481031706&type=1，2015年6月30日登録，2016年2月10日閲覧）より引用。

28　同上。

29　『日経新聞（朝刊）』2015年9月4日付および『매일경제』2015年12月28日付よ

り引用。
30　Johanson and Vahlne（1977），pp.22-32より引用。
31　CMGC社は傘下のハイパーマート（Hypermart）が運営する「オレンジ（Orange）」というスーパーマーケット事業以外に，有数の海外ブランドの販売ライセンスを中心に専門店事業に加え，不動産事業を手掛けている地元資本のコングロマリットである。
32　『日経新聞（朝刊）』2016年10月4日付より引用。
33　同上。
34　同上。
35　『日経新聞（朝刊）』2016年8月23日付より引用。
36　白・向山（2017）より大幅に引用している。

# 第6章 日本型CVSと韓国型CVSの生成・発展プロセス

## 1．はじめに

　日本では1973年に大規模小売店舗法が制定されたが，大型店出店の規制を避けるために，小型店としてスーパー系の小売企業だけではなく，団体系の組合や問屋系の流通企業も着目し開発に乗り出したのがCVS業態であった。その流れのなか，1972年に通産省・中小企業庁が「コンビニエンス・ストア・マニュアル」を作成・公表したが，にもかかわらず，売場面積・運営方式・営業時間・品揃えなどのCVS業態のコンセプトは企業間で明確に定まっていなかった。そのなかで，田村（2014）では，日本のCVS市場で決して先発者ではなかったセブン-イレブンが当時主流ではない異端のフォーマットを採用しながら，日本型CVSのスタンダードとなり，やがて世界CVSのスタンダードへと成長できたプロセスを明らかにしている（図表6-1）。氏は，CVS業態の導入期における，多数派のフォーマットと少数派のセブンのフォーマットを次のように述べている。

　まず，初期の日本型CVSの品揃えは，消費者の大部分を占めた主婦への便益提供に対応しようとした。主婦にとって距離便益志向の高い商品は生鮮3品であったため，当時日本では生鮮食品を重視したCVSが少なくなかった[1]。そのなかで，セブン-イレブンは即時消費という本家のサウスランド社（Southland Corporation）のコンセプトをそのまま移転し，料理しないとすぐに消費できない生鮮食品を品揃えから除外しようとした。

| 図表6-1 | 導入期におけるCVSの基本フォーマット | | |
|---|---|---|---|
| | 本家のアメリカ | 日本の多数派 | 少数派としてのセブン-イレブン |
| 立地と出店 | ドミナント出店，生鮮食品は扱わず消費者への近接立地 | 徒歩5〜10分で来店できる位置 | 商業集積から離れる孤立立地もいとわない拡散的立地パターン，ドミナント候補地区として東京および首都圏 |
| 店舗面積 | 150㎡前後 | 300㎡以下 | 100㎡前後 |
| 品揃え | 買ってすぐ食べられることを強調し，15分以内に消費できる商品，家庭の冷蔵庫代わり | 一般食品，日用雑貨，軽衣料，薬粧品，たばこ，酒，生鮮食品はセルフサービスができるもののみ | それぞれ中小業種店の一部を編集したもの。食べるに調理時間を要する生鮮食品を排除し，即時消費という便宜性を満たすものを中心に3,000品目 |
| 営業時間 | 朝7時から夜11時まで，その後24時間営業へ | 地域内のスーパーや一般小売店より長く，また年中無休 | 本家と同じような時間帯で年中無休。1976年から24時間営業開始 |
| 組織形態 | FCチェーン | チェーン組織が望ましい | 米国の先進FC技術の導入 |
| 標的市場 | 年齢や職業の有無を問わない幅広い客層 | 主婦消費者 | 若年の労働者，独身サラリーマン，学生などの新世代消費者 |

出所：田村（2014）に基づき筆者作成。

　第2に，初期の運営方式においても直営，ボランタリーチェーン，フランチャイズチェーン（以下，FCと略称）など多数の運営方式が混在していた。そこでセブンは，中小零細小売店によって特徴づけられる当時の日本型流通システムからそれらをFC方式で組織化していけば，CVSが大型スーパーの代わりに日本の小売市場を先導する新しい業態となりうるのではないかと考えていた。

　第3に，価格設定においても各CVSは，当時，低価格を訴求し成功を収めた大型スーパーと競争しながら，差別化をしようと考えていた。しかし，ロス・リーダー商品の関連購買波及効果が限られている3,000品目のみの小型店では既存の業態との差別化にはならず，むしろ中小小売商を敵に回すことになる。

それはサウスランド社からの大きな教えであったFC方式を展開するのに阻害要因にもなる。またサウスランド社に利益率の0.6％をロイヤルティとして払わないといけないために低利益率の低価格設定はそもそも無理であった。結局，中小零細小売店に反感を持たさず，主婦にも高いイメージを与えない適正な水準に価格設定を行ったのである。

ただ単に大型店出店の規制から逃れるための一般常識としてのCVS事業ではなく，当時の日本型流通システムの枠のなかで生き残るためのCVS事業を考えていたセブン-イレブンは主流とは正反対の発想で先頭を走っていた。

結果的に，セブン-イレブンは，店舗面積・品揃え・商圏の縮小，価格訴求に頼らない価格帯の維持，中小小売商を参加させるFCの導入で急速な店舗展開や長時間営業を可能にしたのである。

セブン-イレブンは日本全土での出店数を1981年までの8年間に1,200店にし，ロイヤルティを利益率の0.6％にする契約を，本家のアメリカのサウスランド社と結んだ。当初，SEJは契約にさえ成功すれば，CVS経営全般に関するノウハウを伝授してもらえ，それをそのまま日本に持ち込めば通用できると考えていた。しかし，本家から教えてもらったのは，加盟店との粗利益分配方式，オープン・アカウント・システム，ドミナント出店，24時間営業，生鮮食品を扱わず消費者への近接立地といったような事業の骨格だけであった（田村，2014，92頁）。日米間の市場特性要素の大きな違いは本家のマニュアルや研修をほとんど無効にし，現地適応を必要としたのであった。

本章では，まず，セブン-イレブンが日本型CVSを創造していくプロセスを検討する。それが世界CVSのスタンダードになっていくなかで，韓国においてもCVS市場を開拓したコリアセブンに注目する。一時期，本部企業と加盟店との拡大志向で日本のCVS市場と変わらない急成長を遂げていたが，本国と異なるFCシステムに内在している問題点が本部と加盟店の関係悪化という形で表面化した。なぜ，韓国CVS市場の生成・発展にはFCシステムがうまく作用していないのか，そこに内在していた問題点とは何かを，世界標準といわれるSEJのCVS業態の生成・発展メカニズムに基づいて比較分析したい。

## 2．日本市場におけるCVSの現地適応化プロセス

　本家の店舗展開は，本部が自ら店舗を開発し，その後に加盟店主を募集して店舗運営を任せるという方式をとっていた。本部が店舗開発するために，店舗の標準化は容易であるが，店舗開発には不動産物件の探索時間および費用を要する。それに対し，SEJは自社開発ではなく，既存の中小零細小売店を加盟店に勧誘し，CVSに転業させることで急速に店舗展開を進めた。そこでは加盟店候補の探索・選別を担当していたリクルート・フィールド・カウンセラー（以下，RFCと略称）や加盟店契約後の開店準備を担当していたオペレーション・フィールド・カウンセラー（以下，OFCと略称）と呼ばれる社員の役割は大きかった（田村，2014，127頁）。また，加盟店候補については，明確で効率的な探索ルールが設けられていた（田村，2014，128頁）。各店舗への小口配送を効率化し，加盟店を迅速に確保するためにもドミナント方式の出店が必要であった。さらに酒販店を中心とする探索対象業種が絞られており，また探索のための移動時間が少なかったため，RFCは周囲に標的市場である新世代消費者の居住場所があるかどうかだけを基準に探せばよかった（田村，2014，129頁）。

　CVSへの転業を希望する加盟店の選別基準は店主のやる気，人柄，商人としての資質などの企業家精神を有するか否かであった（緒方，1979）。それだけではなく，加盟店は店舗改装の資金を必要とするため，財務状態についても必ず事前確認をとった（田村，2014，135頁）。その選考に合格すれば，CVS化する前の業種によっていくつかパターン化されている店舗レイアウトや品揃えが適用される（田村，2014，136頁）。加盟店の面積も多様であるため，店舗や品揃えの標準化が難しくなる。SEJの品揃えパターンは，商品カテゴリー別のゴンドラの組み合わせによって構成されていた（田村，2014，136頁）。

　店舗や品揃えの標準化を犠牲としながらも，はるかに早い段階で契約上の目標店舗数を達成できたのは，CVS展開上の問題点として最も多く指摘された加盟店主の教育に力を入れたからである（日本経済新聞社，1978）。

　食品・日用品雑貨に分類される多様な業種店の取扱い商品のなかから，SEJは標的市場の新世代消費者が使う商品として，しかも購買後1週間以内に消費

されるような商品3,000品目を選別・編集して新しい品揃えを形成しようとした。しかし，伝統的流通経路は業種店それぞれに向けて個別化され，さらにメーカー別に細分されていたため，商品供給システムを新しくしない限り，品揃えの編集は無用の長物となると危惧された（田村，2014，153頁）。

　そこでまず，親会社のイトーヨーカ堂のバイイング・パワーを武器に，取引問屋の集約と選別を行った。メーカーの支配する業種では，小ロットによる個店配送，配送スケジュールの遵守を要請し，有力メーカーの存在しない業種では，業績のよくない問屋にセブン-イレブン専用の倉庫を設けるよう勧誘したり，メーカーの共同配送を提案した（田村，2014，155頁）。それによって，SEJは商品回転率を高め，商品の仕入れ価格を切り下げることができ，問屋は物流費を大幅に削減できた（田村，2014，156頁）。それは物流施設やトラックなどをより集約的に利用させるドミナント出店という店舗展開方式と連動し，配送効率を向上させ，さらなる物流費の削減に貢献したからである（田村，2014，156頁）。

　1980年代以降，女性の社会進出に伴う専業主婦の減少や買い物の主体としての若者消費者の台頭など，社会経済構造の変化に対応してCVSの主要顧客はより広い顧客層へと拡大した（田村，2014，170頁）。当然，品揃えの再編集も行わねばならず，ファストフードの構成比を増やしていった。すでに1976年に弁当販売を手がけていたし，1979年には日本デリカフーズの設立を主導し，メーカーと共同でサンドイッチなど日配商品の供給体制を整えつつあった（田村，2014，172-173頁）。1980年には業務用電子レンジを全店設置し，1984年にはローソンの後を追っておでんを本格的に展開した（田村，2014，173頁）。

　後発者でありながら，資本力のある大手小売各社のCVSは，SEJのフォーマットを模倣しながら，出店競争を加速化させていた。ところがそれらが先発者の地位に置かれていた地域においても，強力な後方システムに支えられたSEJは後発者であるにもかかわらず，高収益店舗の座を維持し続けていた。それはドミナント地域のなかで店舗，本部，そして納入業者が連携する強力な情報・物流ネットワークによるものであった（田村，2014，180-181頁）。競合他社の出店攻勢のなかでも，SEJはむしろ出店速度を控えてでも，その分の投資を新しい情報システムに回すことで企業間ネットワークを強化し，それを店舗競

争力の基盤にしたのである（田村，2014，190頁）。代表的な事例としては，POS導入で得られる情報を単品管理につなげ，多頻度小口配送システムに連動させることにより加盟店の店舗競争力を向上させたのである（田村，2014，191-192頁）。とりわけPOSシステムは，店舗の24時間化，利益率の高いファストフードの比重増大の傾向を踏まえると，時間帯によって客層や売れる商品が大きく異なるために引き起こされるマーチャンダイジングおよび在庫上の問題を解決するのに大きく貢献したのである（田村，2014，200頁）。

　SEJの加盟店募集において，酒販店を中心にCVS化の転業を勧誘しにくくなると，商売の未経験者，すなわち脱サラ組に対象を変え，1990年代にかけて加盟店はさらに増えていく傾向にあった（田村，2014，232頁）。**図表6-2**で示しているように，創業から数年間は直営店かAタイプの加盟店のみであったが，自前の土地や建物がなくても開業できる脱サラ組の参入によって，加盟店のタイプも多様化したのである。

　Bタイプの場合，本部にとって店舗開発費が少なくて済み，出店速度を上げやすい。ところが，資本力がなく，数千万円の開業資金を借金に依存する脱サラ組に運営を任せると，しばしば不採算店が続出し，いくら働いても加盟店には儲けが出ないという状況が発生した。本部に対する加盟店の不満が高くなり，結局，Bタイプの加盟店は作らず，Cタイプのみを加えることになった。

図表6-2　SEJの加盟店タイプの特徴（初期〜1990年代）

| | | Aタイプ | Bタイプ | Cタイプ |
|---|---|---|---|---|
| 所有形態 | | 土地・建物は加盟店主の自前物件 | 本部が賃貸した物件を加盟者に転貸 | 本部主導の開発物件を加盟者が受託運営 |
| 諸費用の負担 | 内装費用 | 加盟者 | 加盟者 | 加盟者 |
| | 保証金や家賃 | なし | 加盟者 | 加盟者 |
| ロイヤルティ | | 43% | − | 粗利益に対して，スライドチャージ率を乗じた額で，売上が増えるほど，ロイヤルティは高くなる。 |
| 契約期間 | | 15年 | − | − |

出所：田村（2014），228-237頁に基づき筆者作成。

## 3．日本型CVSの逆移転プロセス

　もともとセブン-イレブンは1927年に冷蔵庫用の氷を扱い始めたアメリカのサウスランド・アイスによって生まれた世界初のCVSであった。日本の小売業はアメリカを手本に成長するケースが多いが，CVSがその典型であった。SEJはサウスランド社が経営するセブン-イレブンのエリアFCの1つであり，その商標権はサウスランド社がもっていた。日本という地域でその商標を使いながら運営するためには毎年約30億円のロイヤルティを支払わなければならなかった（田村，2014，263頁）。SEJは1974年初出店以来，独自の商品調達や物流ノウハウをテコに日本独自のCVSシステムを構築してきたといえる。

　本家よりも大きく成長したSEJは，1987年頃から経営危機に陥り始めたアメリカのセブン-イレブンをみて日本で同じ看板を掲げているために発生しうるイメージダウンを恐れた。そのため，1988年にSEJは日本における商標権を担保に，融資団を組織し，サウスランド社に410億円の融資を行った（田村，2014，264頁）。借金返済をSEJが肩代わりすることを見返りに，事実上，セブン-イレブンの商標権を獲得する契約を結んだのである。その翌年の89年には，サウスランド社のハワイ事業部を105億円で買い取るなど援助の手をさしのべたが，本家の経営は一向に改善できなかった。結局，1990年にサウスランド社のオーナーの一族が自社の買収の話を持ち掛けてきた。買収金額4.3億ドルの3分の2をSEJが，その残りをイトーヨーカ堂が負担することで，海外子会社が本社を買収するという立場の逆転に世界は驚いた（田村，2014，264頁）。

　SEJによるサウスランド社の買収は，日本型CVS事業の国際化を本格的に進める動因となった（田村，2014，265頁）。一方では日本型CVSの運営がアメリカで根付くことができるかについて疑問をもった業界関係者も少なくなかった。ところが，SEJの方は，POSシステムを活用した単品管理やファストフード類の拡充など日本型CVS技術で本家のCVS事業をはるかに成長させる自信があったようだ[2]。

　当初，不況下の財務破綻で再建は難しいとの見方も多かったが，日本型CVSの配送体制を導入した抜本的な見直しなどで予想外に再建は順調に進んだ[3]。

最初に取り組んだのがディスカウント路線の廃止であった。当時，アメリカの小売業界ではCVSがDSに価格面でも対抗しようと価格競争が激化し，結果的に利益が出ない体質を作り上げてしまっていた。それでまず経営幹部の意識改革に着手し，本来のCVSは魅力ある品揃えで消費者に便利さを提供する場所であるという業態コンセプトを植え付けた。

　1991年10月に始まったテキサス州オースティンでの直営店（約50店）を対象に再生実験を行った。価格面ではDS的な商法をやめると同時に，品揃えの面でもサンドイッチの店内調理をやめ，センターで一括して調理することで味覚の統一を図ることにした[4]。また，女性客向け商品を店の入口付近に置くことなど客層の拡大にも努めた。店舗も板張りからガラス張りに変更し，店内の照明も明るくした。さらに，店員に商品の発注業務を任せた結果，実験店の売上高は前年同月を10～20％を上回る好調な滑り出しを見せたのである[5]。

　店舗改装の一環として1992年にはネバダ州リノ（Reno, Nevada）でもFC店舗で一部再生実験を開始した。従来はFC店に出向くフィールドカウンセラー（本部の経営指導員）が「販売代金を集めにやってくるだけで何も指導しない」と店側の不満も多かったが，再生の取組みとして新商品を数多く投入し，地元の消費者ニーズに適合させるため，両者が相談しながら店舗運営を改善していく方向に変えたことで売上の改善の兆しが出てきた[6]。

　SEJが本家のセブン-イレブンの支援に乗り出し，その経営再建の目玉として取り組んだのが物流体制の変更であった。つまり，当時約6,000店への商品供給を自前の物流から行っていたが，それをマクレーンという物流機能に秀でた卸売業者に一括で請け負わせることへの転換であった[7]。マクレーンは店舗面積の狭いCVSへの納品業務を効率化するため，3温度帯の商品配送を，高度な情報システムを駆使しながら1回で実行できるように改善したのである[8]。同社は当時のアメリカでは最先端の技術を有するディストリビューターであった。そもそもアメリカの小売業界では商品の仕入れや配送の拠点となる自前の物流センターを全国にもっているのが一般的であるが，本家のセブンはその自前主義を放棄し，日本のと同様に1つの供給元から一括で商品を供給する共同配送体制に切り換えるなど徹底とした日本型の物流改革を断行した。つまり，従来のように物流拠点ごとに商品発注が行われるのではなく，商品発注や配送の窓

口を一本化することで，発注の精度をより高めることを狙いとしたのである[9]。

このほか，トップの経営方針を現場に伝えやすくするために組織の簡素化に努めるなど，あくまでも本家出身を経営トップにすることで自主的な再建手法を採用したことも予想以上の早さで本家を救済する力に繋がった[10]。その結果，CVS本家の経営は再建に成功し，やがて2005年にはSEJの完全子会社化されたのである。

SEJの逆移転は，親元から離れた子供が立派に成長し，今度は衰弱した親の助けになったという意味で珍しい事例としても注目を浴びた。ところが，SEJはバッグシステムを支えるPOS，物流，商品調達に関する技術に関して，本家よりもはるかに優位に立っており，それは技術の高いところから低いところへという小売技術の国際移転における自然な流れともいえた。本家に日本型のCVS技術がどの程度通用するのかに関して，国際化を進めるうえで良い実験場であったに違いない。

## 4．日本型CVSの韓国への国際移転

### 4.1　韓国における日系CVSの躍進

1981年から韓国流通市場の段階的開放により，1989年にロッテグループの東和産業がアメリカのセブン-イレブンとライセンス契約を結ぶことになった。韓国初の本格的なCVSはソウル市内のオリンピック選手村に登場した。1998年にSEJ取締役食品部長を退任した後，中途採用された本田利範氏は1年以上かけて教育をやり直し，業務改革に取り組んだ結果，2000年8月末に店舗数を約600までに急増させ，当時の韓国最大のCVSチェーンに成長させた。

コリアセブンはロッテ系列であるため，店頭の品揃えはロッテ製品の専売店と変わらない状態だったが，売れ筋商品と死に筋商品を徹底に分け，実際，売れる商品だけを取り揃えた。商品開発においても韓国人の食文化に合わないと反対された海苔巻きに酢飯を使った商品を投入したり，配送センターが正月に休むことなどを次々と改善した[11]。要するに，川上の方が自分の都合を優先するという考え方を大きく変えたのである。

韓国のCVS市場では1996年度にはじめて黒字転換を果たした企業が登場した。それとともに，CVS業態が出現して以来8年ぶりに2,000店を突破し，1997年度には市場規模も1兆ウォン時代に突入した。しかし，その成長は1997年後半に訪れたアジア通貨危機により頓挫した。国際通貨基金（以下，IMFと略称）の管理下で，1998年度には高金利による店舗開発の縮小と消費不振で初のマイナス成長を記録したからである。

その危機を成長のチャンスとして捉えたCVS各社は，FCシステムの本格化により出店スピードを高め，2000年度には店舗数規模20.8%，売上規模22.9%という高い成長率を記録し，Ｖ字回復に成功した。2001年度には，店舗数規模36.9%，売上規模45.8%の成長率を記録することによって，CVS業態は韓国における小売業態のなかで最も高い成長率を実現した。

40%を超える高い成長は2002年度をピークに終わりを告げたものの，その後も10%を超える成長が続いた。2007年度についに1万店を突破し，高い加盟需要に支えられながら第2高度成長期を実現していると評された。

こうした状況のなかで2010年度の売上高におけるビッグ・フォーのうち，第2位のGS25以外はすべて日系CVSであることに注目すべきである。日本のCVSはほとんどの市場でストレート・フランチャイジングを採用せず，直接投資方式をとっている。川端（2010）によると，日系CVSの国際フランチャイジングは，100%子会社か合弁会社を現地に設立し，そこを相手にマスターFC契約を結ぶ形で進出するケース，すなわち，直接投資で進出するのがほとんどであるといわれている。

これに対して，アメリカ発祥のセブン-イレブンの海外進出をみると，投資は一切行わず，すべて現地の運営会社を相手に直接契約を結ぶストレート・フランチャイジング方式を選択している。セブンの韓国への進出方式もストレート・フランチャイジングであった。

韓国では，アメリカのセブン-イレブンが1989年に，日系のファミリーマートとミニストップが1990年に同時進出を果たした。当時の韓国は外資に対して直接投資を禁じていたため，日系企業もアメリカ系企業と同様に現地企業とのストレート・フランチャイジング契約を結んだのである。後に，規制緩和で外資系は合弁や子会社化していくが，日本のミニストップは地元のミウォン（味

元）通商とCVS事業に関する技術援助契約を締結し，2003年には韓国での店舗展開の拡大を目的として，デサン（大象）流通の発行済株式総数の55.3％を取得し[12]，子会社化した。ミニストップの韓国進出においては，その物流情報システムの基盤構築に日本側のリーダーシップが欠かせなかったことが子会社化を余儀なくされた理由と解釈されている[13]。

　日本側が出資を行い，人材を派遣して関与を強めたことは，日本型CVSシステムの基盤強化を狙いとしていたと考えられる[14]。日本のCVSの急成長は，若者や単身者をターゲットに弁当やおにぎりなどの中食市場を開拓し，それらが戦略商品として日本のCVSの収益構造に大きく貢献したからである。

　しかし，韓国のCVSは日本型とは主力商品が異なっている。韓国型CVSは粗利約10％に過ぎないタバコ販売に過度に依存している。深夜の時間帯にタバコ販売をほぼ独占しているCVSにおいて24時間営業はタバコ販売権とともに加盟店開設の必須要件にさえなっている。時間帯での買い物の不便さを補完する形で発展した韓国のCVSの商品構成は，タバコや酒類といった嗜好品が48.2％と半分近く占め，粗利益の大きいファストフードの割合は依然として低いのである。

　一方，韓国におけるファミリーマートは，1990年に日本ファミリーマートが韓国のボガン（普光）との間でエリアFC契約を締結し，同年10月に韓国で初のファミリーマートを開店した。その後，日本ファミリーマートが23.48％を出資し，普光ファミリーマートを1994年12月に設立した。韓国においてミニストップとともに，日系CVSの国際フランチャイジングの特徴である直接投資を行うなど，積極的に出店速度をあげ，これまで韓国内におけるシェアナンバーワンのチェーンストアとして，1号店開店から20周年を迎えた2010年度には5,000店舗を超えるまでに成長した。しかし，2012年6月に韓国側は日本との契約を解消し，ファミリーマートという旧名称を独自の店舗ブランドであるCUに変更した。独立したCUは2018年8月末時点でマスターFC契約を結んだイランとモンゴルでそれぞれ9店舗と6店舗を展開している。

　日系企業であれ，地元企業であれ，韓国CVS各社にはあまり差別化が見られず，1989年初のCVSが登場して30年近く激しい出店競争を繰り返してきたのが現状である。

## 4.2 韓国CVSの店舗開発と社会経済的背景

### 4.2.1 FCシステムを支える早期退職者

　韓国では，大手4社の成長は，日本のように中食市場の開拓・成長によるものではない。むしろ加盟者の事情や意識変化がCVSの成長を支えてきたのである[15]。また，それが韓国CVSの収益構造に大きな影響を及ぼしているという点に注目する必要がある。

　韓国CVSの急成長は以下のような社会経済的背景が大きな要因になっていた。外貨決済に行き詰まり，経済の破産宣言をした韓国政府は，1997年11月にIMFの管理下に入った。多様な業種にわたって大企業が事実上の倒産状態に陥り，その数は1997年10月までに上場企業だけでも28社に達した。IMFの要求に従い，韓国政府は企業の構造調整（リストラ）を図ろうとし，企業は人件費を削り競争力を確保するため，40代後半のサラリーマンに退職を勧告した。

　40代後半の退職者の転職や再就職は難しく，子供の教育費や将来に対する経済的不安のため，なんとか収入を確保する道を探す必要があった。他の選択肢が閉ざされた退職者の多くは，初期投資の少ない小規模飲食店の起業を選択した。しかし，退職後すぐに，小資本で，それほど専門技術を要さないという条件をクリアできる飲食店の起業は，参入しやすいというメリットはあるがゆえに，競争も激しい。それゆえ飲食店を起業したからといって成功するとは限らないのである。

　2018年6月時点で自営業者数は全体経済活動人口（約2,816万人）対比約20.2％の約570万人に上っている。実際，2017年時点で自営業者の比重はOECD上位5位に該当するほど高くなっている。数が増えたことにより，競争に勝ち残ることができず閉店に追い込まれた自営業者が増加しつつある。自営業の将来に不安を感じた人々は，少ない投資負担や，生産性の向上，安定的収入の確保が保証されたCVSのFC契約に魅力を感じたようになったのである。

　初期投資費用を5,000万ウォンぐらいに抑えることができ，また多額の固定費への投資は避けることができる大手CVSの加盟店になれば，店舗を構えても初期の段階から安定的な経営を行うことは十分可能である。その意味で大手CVSとのFC契約は店舗経営において彼らに十分魅力的であった。

企業の早期退職制度を利用して早期退職したサラリーマンが獲得した割増しの退職金を元手に，CVS店長となって店舗経営を行うケースも少なくなかった。40代後半の早期退職者はどちらかといえば将来に不安を感じてなんとかしたいと思っていた積極的な考え方の人々であった。大手CVS企業は退職者を加盟店予備軍として組織化する形で事業化し，システム化すれば，1店当たりの利益は大きいと確信したのであろう。

### 4.2.2 タバコ販売免許と深夜営業

韓国で新規加盟契約を結ぶ際には，24時間営業とタバコ販売免許の取得が必須要件になっていた。上述したように，韓国CVSの商品別売上構成比の最も高い割合を占めているタバコについて，加盟店がタバコを扱えなければ，来店客数は減るため，その打撃は単にタバコの売上減に止まらない。韓国で深夜にタバコを購買できる店はほとんどがCVSでしかないこともあって，CVSにおいて深夜営業とタバコ販売は切ってもきれない関係にある。

しかし，意欲的な加盟希望者にとってタバコ販売免許は，その取得が容易ではなく，店舗開発にも大きな足枷となっている。タバコ販売指定は地方自治体の権限であり，指定基準として距離制限が都市は50m，農村は100mとなっている。営業予定地から50m以内にタバコを販売する店があれば，新規取得は無理である。タバコ販売免許の承継・譲渡もできないため，既存の免許取得者が該当所在地の自治体に廃業届を提出してはじめてタバコ小売業免許の申請手続きが可能となる。公募から申請者を募集するが，免許付与の審査は一切行われず，一定の要件をクリアした申請者のなかから抽選で新規取得者を指定する仕組みとなっている。

既存の免許取得者がCVSに業種転換する場合は問題ないが，脱サラ組が開業する場合は，CVS本部が名義貸しによる取得を斡旋したり，数百万ウォン，多くて数千万ウォンの対価を支払って不正で免許を取得した事例もあり，その加盟条件を巡って本部との調整がつかず，トラブルに発展するケースが多くなっていた。

実際，アンチコンビニというウェブサイト[16]にはタバコ販売免許の不正取得とそれに伴う被害事例が数多く書き込まれている。2006年6月26日付の書き込

みによれば，加盟希望者は「タバコ販売免許があれば有利な店舗経営ができるから，とにかく確保して」と本部の店舗開発担当者に言われ，所在地の向かい側に立地し，免許をもっている食堂にその譲渡の話を持ちかけたという。その結果，食堂の持ち主に「タバコ販売からの日平均利益は1万ウォンで，その対価として2年分で利益金730万ウォンを支払ってくれたら譲渡する」と言われたが，譲渡は法律上認められていないし，しかも高額を支払ってまでして加盟店契約する気はないと，すぐ取りやめたという。最近，本部の要請に対して加盟希望者の抵抗やクレームが大きいことから，セブン-イレブンなどCVS各社はタバコ販売免許がなくても加盟店をオープンできるように加盟条件を修正しつつある。

　次は，深夜営業についてであるが，日本の場合，深夜パートを使い経費負担が大きくなることから，純粋加盟店タイプは本部の粗利益分配分を削減したり，必ずしも24時間営業は強制されなくなっている。以前の2～3倍の業務負担とそれに見合った収入が得られないのであれば，睡眠不足で疲れ果てるまで夫婦とも無理をする必要はなくなったのである。それゆえ，韓国のCVSにおいても本部が加盟店と本気で共存共栄を望んでいるのであれば，加盟契約必須要件としての24時間営業は見直されるべきであろう。最近，最低賃金の急上昇により，加盟店主の人件費の負担が社会的に大きな問題になっており，そのため，CVS各社も24時間営業を強制しない方向に動きつつある。

### 4.2.3　出店を制約する不動産慣行

　韓国では，新築物件以外の店舗を賃貸すると，必ずといっていいほど営業権利金が発生する。普通は，店舗の賃貸借契約を締結する前に借り手同士で営業権利金の契約を締結し，家主との賃貸契約はその次になる。これは営業状況に応じてその権利を主張するもので，もし商売をやめる際に，店の営業状況が以前より悪化する場合には，自分が払った権利金を全額回収できる保証はなく，全く営業権利金を取得できない場合も生じる。それゆえ，営業権利金は法律的に認められていないものの，新規店主は契約に応じる際に営業状況を調べなければならなくなる。営業権利金は店舗の営業状況を測る基準にもなるため，適切な金額がついている店舗は営業リスクが少ないともいえるだろう。現状では

既存店主に営業権利金として大体月純営業利益の12倍程度を支払うのが慣行である[17]。たとえば，CVSの場合，加盟希望者が直前の借り手である既存加盟店主と営業権利金の契約を締結する場合，平均月純利益約168万ウォンの12倍である2,016万ウォンを営業権利金として支払わなければならない。

　もっとも，韓国の不動産慣行として営業権利金以上に大きな影響を与えるのが借り手同士の営業権利金契約後に行われる家主との賃貸借契約である。賃貸借契約は通常3年が多く，CVSの場合，本部との契約が5年であるため，途中で契約が切れて立地を変更しなければならない事態が発生する。また業績が良好だと更新時に家賃が吊り上がり，収益を大きく圧迫する事態も発生するのである[18]。CVSの経営において，2010年度の店舗所有形態構成比率を見ると，店舗所有者が経営者であるのは12％に過ぎず，9割近くが賃借した店舗で経営している。借り手にとって店舗契約時の家賃に加えた営業権利金の存在は韓国特有の不動産慣行で，当然初期投資負担を高めることとなる。

　さらに，実際に経営に占める家賃負担（営業費用全体の構成比率26.2％）は日本より韓国の方が圧倒的に重い。韓国CVSが置かれている社会経済的環境は，加盟店主にとって収益悪化にならざるを得ないが，逆に家主にとっては有利であるといえよう。それゆえ，店舗所有者は収益の見込めないCVSを自分で経営するよりも，家賃収入の方を選ぶことになる。CVSと異なる事業をやっていた店舗所有者がCVSへの転換に消極的である理由はそこにある。タバコ販売免許をもっている場合はなおさらである。なぜなら，タバコ販売免許をもっている場合，契約時に営業権利金が吊り上がり，家賃収入も吊り上がることになる。睡眠時間を削りながら夫婦2人が頑張っても人件費分さえ稼ぐことができないCVS経営より賃貸業の方が高い収入が保証されると考えるからである。

　韓国CVSの強敵としてまちの至る所に「スーパー」と呼ばれる零細なよろず屋がいまだにたくさん存在している。韓国では「スーパー」といっても，革新的なノウハウをもつ近代的な小売業態ではなく，タバコ販売許可をもち，加工食品，飲料，日用雑貨を中心に商売をしている小さくて粗末な店のことである。韓国では半径50m以内に新規のタバコ販売店を出店できないという距離制限を設けているために，CVSと同様の立地条件をもつ「スーパー」は，CVSの店舗開発や売上に大きな影響を与えてきた。しかし，2000年から零細な小売業を

保護するために存在していた「80mの距離規制」が撤廃されたため，「スーパー」とCVSとの競争はもちろん，CVS同士の競争，自社店舗同士の競争がエスカレートした。さらに2010年には，まちの独立小売商にとって大きな脅威であったSSMの出店規制が設けられたが，その規制を逃れようとしたCVS企業はこぞって出店に乗り出すという環境下で自社内のカニバリゼーションさえ起こしている。もっとも，同じ企業内では出店距離を250mに制限しているが，企業間の距離制限はないため，加盟店間のダメージが大きいという不満が噴出した。そのため，最近は，新しい出店制限基準を80mにしようという議論が巻き起こっている[19]。

こうした韓国CVSの出店競争の激化は，出店規制の廃止，新しく整備された規制だけではなく，既存の「スーパー」からCVSへの転換とも関係している。実際，大手3社とも零細な「スーパー」からCVSへの転換比率は前年よりも伸びている。しかし，このデータは店舗の形態が伝統的な「スーパー」から近代的なCVSに変わっただけであって，既存の「スーパー」の経営者が新しくCVSの加盟店主に転換したかどうかまでは語ってくれない。上述したように，零細な「スーパー」の業績が低迷し，CVS加盟店の収益が不安定にならざるを得ない韓国固有の社会経済的環境下で，家主である既存の「スーパー」の経営者は自らCVSに業態転換するよりも新規のCVS加盟希望者を探した方が将来的に有利であると考えるからである。「家族は2階に住み，両親は1階のお店でスーパーを長らくやっていました。母親の入院をきっかけで，もう高齢だし，お店を続けるかどうかを悩んでいた時に，大手CVS本部の店舗開発担当者が何度も訪ねてきました。立地も良く賃借料もかからないから月平均純利益が250〜300万ウォンも出る業績の良いお店だったので，営業権利金と家賃は思ったより吊り上がり，新規CVS加盟希望者と契約を結ぶことができました」[20]。以上のように，韓国CVSにおける店舗開発の仕組みは，日本のそれとは社会経済的に大きく異なっているのである。だが，違いはそれだけではない。

## 4.3　商品別売上構成比率首位のタバコ

図表6-3の商品の売上構成比率をみると，日本との違いが明瞭となる。すでに述べたように，日本では全体で3割を超えるファストフードが韓国では

6.8%しかなく,タバコに占める割合は40.5%でトップを占めている。

こうした売上構成は,収益性にも大きな影響を与えている。**図表6-3**に示されているように,韓国ではファストフードの売上構成比率が低く,むしろ粗利益率が10%にも満たないタバコの売上構成比率が異常に高い。そのため,全体の売上総利益率も26.5%と低くならざるを得ない。買い物客の行動から考えると,タバコはそれ自体の粗利益よりも集客効果の高い商品であるため,韓国のCVSにおいてタバコの取り扱いは最も重要である。

2018年時点でタバコ1箱の価格が4,500ウォンとすると,加盟店主にとって粗利は405ウォン(9%)となる。その405ウォンから加盟店が負担するクレジットカード手数料2.5%(113ウォン)と,本部へ支払うロイヤリティ88ウォンを引くと,実際,タバコ1箱を販売して得られる加盟店の収益は204ウォンに過ぎない[21]。

CVSの発展を支えているFCシステムがうまく機能するためには,個々の加盟店がどれだけ利益を確保できるかが最も重要となる[22]。粗利益分配方式を採用している限り,ファストフードのような粗利益率の高い商品の売上構成比率

**図表6-3** 主要商品の売上構成比と売上利益貢献度 (単位:%)

| 商品種類 | 2009年 | | | 2010年 | | |
|---|---|---|---|---|---|---|
| | 順位 | 売上構成 | 売上利益貢献度 | 順位 | 売上構成 | 売上利益貢献度 |
| タバコ | 1 | 42.0 | 7.60 | 1 | 40.5 | 7.41 |
| 加工食品 | 2 | 17.5 | 5.04 | 2 | 16.9 | 5.20 |
| 日配加工食品 | 3 | 12.5 | 4.28 | 3 | 12.9 | 4.05 |
| 酒類 | 4 | 7.5 | 2.55 | 4 | 7.7 | 2.60 |
| ファストフード | 6 | 5.5 | 2.25 | 5 | 6.8 | 2.25 |
| 菓子類 | 5 | 6.3 | 2.30 | 6 | 6.5 | 2.16 |
| 雑貨類 | 7 | 4.9 | 1.79 | 7 | 5.9 | 1.80 |
| 宝くじ | 8 | 2.3 | 0.18 | 8 | 1.4 | 0.19 |
| 日配生食品 | 9 | 0.7 | 0.20 | 9 | 0.6 | 0.17 |
| 文具・玩具 | 10 | 0.5 | 0.24 | 10 | 0.5 | 0.13 |
| 書籍・雑誌 | 11 | 0.3 | 0.07 | 11 | 0.3 | 0.07 |
| 全体 | | 100.0 | 26.5 | | 100.0 | 26.5 |

出所:『CVS運営動向 2011』(2011年5月),韓国CVS協会,97頁より引用。

を高めなければならない。最近，アルバイトやパートの最低賃金の引き上げにより一般食堂のメニューが値上げしたこともあって，会社員や学生を中心に手頃な値段で気軽に購入できるCVSの弁当の需要が増えている。

しかし，ファストフードの需要の拡大が個々の加盟店の収益拡大につながるのであろうか。2017年1月に最低賃金が16.4％も引き上げられ，時給7,530ウォンになった。2018年1月には8,350ウォン（上昇率10.9％）に跳ね上がった。ここ5年間の平均7.4％を大幅に上回る上昇率は，まちの食堂やCVS，商店などの自営業者にとって大きな負担になった。

人件費の上昇を吸収するには値上げするか，従業員を減らすしかなく，韓国CVSの加盟店主の大半はアルバイトを減らし自らが長時間労働することで現状を維持しようとしている。しかし，経営環境はさらに悪化する一方である[23]。

FCシステムを維持するためには，加盟店主の収益確保が至上命題である。韓国のCVSの発展は，ブランド力のある財閥系企業がCVSチェーン本部を運営しているため，その加盟店主になること自体がブランドの恩恵を受けるようで，投資を決めやすくしたのである[24]。しかも，CVSのFCの導入期には，店舗選定から契約，開店までの手続きが早ければ15日未満で行われたため，加盟店主は契約書をきちんと読まずに契約を締結し，その契約書さえ本部で一括保管することが頻繁に行われていたという[25]。最初の説明会から開店まで3カ月から6カ月以上かかるSEJのやり方と好対照である[26]。

## 4.4．FC契約内容

現在，韓国CVSのフランチャイズ契約は，どのような内容をもっているのであろうか。韓国CVS業界の元祖であるセブンの加盟契約内容と投資金額を**図表6-4**のように整理してみた。

次は，本部と加盟店の信頼関係を築く上で大きな役割を果たし，加盟店事業の成功の大きな要因となる収益分配について見てみよう。収益分配とは，加盟店の売上総利益を本部と加盟店とが分け合う方式である。そのため，本部と加盟店はしばしば運命共同体と言われており，これには本部と加盟店は経営責任を分担するという考え方が前提になっている。

本部と加盟店との間の分配比率は，建物の所有の有無と賃貸方式に応じて，

第6章 日本型CVSと韓国型CVSの生成・発展プロセス

図表6-4 セブン-イレブンの加盟契約内容の日韓比較

| 区分 | 委託加盟型（韓国） | Cタイプ（日本） | 完全加盟型（韓国） | Aタイプ（日本） |
|---|---|---|---|---|
| 特徴 | 店の土地・建物は本部が用意 | | ・店の土地・建物はオーナーが用意<br>・販売什器やコンピュータなどのみを本部が用意 | |
| 契約期間 | 5, 7, 10年のうちからの選択 | 15年 | 5, 7, 10年のうちからの選択 | 15年 |
| 収益分配<br>（韓国の場合，オーナー収益，日本の場合，本部手数料） | 売上総利益の最大40%（売上総利益別分配率が異なる） | 売上総利益に対してスライドチャージ率を乗じた金額<br>＊5年経過後，条件によりチャージ率が減少 | 売上総利益の最低65%（売上総利益別分配率が異なる） | 売上総利益に43％の率を乗じた金額<br>＊5年経過後，条件によりチャージ率が減少 |
| オーナーの費用 | 4,270万ウォン（内訳）<br>・加盟加入費770万ウォン（税込）<br>・商品補助金1,400万ウォン<br>・消耗品準備金100万ウォン<br>・加盟補助金2,000万ウォン以上 | 250万円（内訳）<br>・研修費50万円（税抜き）＊<br>・開業準備手数料50万円＊<br>・開業時出資金150万円＊＊<br>＊別途契約日時点での消費税相当額が必要<br>＊＊消費税がかからない | 2,270万ウォン（内訳）<br>・加盟加入費770万ウォン（税込）<br>・商品補助金1,400万ウォン<br>・消耗品準備金100万ウォン<br>＋賃料 | 300万円（内訳）<br>・研修費50万円（税抜き）＊<br>・開業準備手数料100万円<br>・開業時出資金150万円＊＊<br>＊別途契約日時点での消費税相当額が必要<br>＊＊消費税がかからない<br>＋工事費＋賃料 |
| 本部支援および最低保証 | 本部支援<br>・電気代24時間営業時50％<br>・20％廃棄支援（新規オープンの場合，追加支援）<br>・常温／チルド商品の廃棄支援金<br>・各種奨励金（発注奨励金，欠品補償金など）<br>営業支援<br>・24時間営業時375万ウォン<br>・24時間未営業時275万ウォン | 本部支援<br>・水道光熱費80％<br>・不良品原価の15％<br>最低保証<br>オーナー総収入2,000万円（24時間営業/年間）＊<br>＊オーナー総収＝売上総利益－セブン-イレブン・チャージ | 本部支援<br>・電気代24時間営業時50％<br>・20％廃棄支援（新規オープンの場合，追加支援）<br>・常温／チルド商品の廃棄支援金<br>・各種奨励金（発注奨励金，欠品補償金など）<br>営業支援<br>・24時間営業時500万ウォン<br>・24時間未営業時400万ウォン | 本部支援<br>・水道光熱費80％<br>・不良品原価の15％<br>最低保証<br>オーナー総収入2,200万円（24時間営業/年間） |

出所：http://www.7-eleven.co.kr/franchise/guide/condition.asp（2018年8月9日閲覧）と http://www.sej.co.jp/owner/keiyaku/type/（2018年8月13日閲覧）より引用。

韓国の場合は4つのタイプに分かれる。本章では日本との比較のため，日本と同様に，加盟店が店舗賃貸権をもつＡタイプ（＝完全加盟型）と本部が店舗賃貸権をもつＣタイプ（＝委託加盟型）の2つを取り上げた。まず，土地と店舗をオーナーが用意しているＡタイプについて，韓国の場合，売上総利益の最大35％を，日本の場合は43％を本部にロイヤルティ（セブン-イレブン・チャージと呼ぶ）として支払わなければならない。店舗開発のほとんどを本部が投資し，それを賃借し運営のみを行うＣタイプのオーナーは，Ａタイプに比べリスクも収益も少ない。SEJの場合，CVS業態の導入期には完全加盟型のＡタイプの比率が高かったが，2017年2月末時点で23.8％と低下し，Ｃタイプの比率の方が高くなっている[27]。それは加盟店主に店舗の賃料など初期投資費用の負担や経営リスクを軽減させることで，店舗運営に専念できる事業環境を造るためと考えられる。本部がオーナーを単なる収入源として捉えるのではなく，あくまでも事業パートナーとして捉え，共存共栄の関係を維持しようとしていることがうかがえる。

　図表6-4をみると，韓国の加盟店の方が日本の加盟店より低いロイヤルティを支払うことになっている。日韓の電気代を比較してみても，韓国の方が日本の半分以下になっており，パートへの時給も2018年8月時点で東京都の932円に対し，韓国の方が7,530ウォンと低い[28]。家賃以外の人件費，電気代などオーナーの負担すべき費用が日本より低いということで，韓国加盟店の経営条件の方が良いようにみえる。

　にもかかわらず，なぜ収益率が低いのか。両国セブンの営業利益を比較すると，SEJの2017年度の営業利益は2,441億円（2018年6月末時点の店舗数20,392店）で，コリアセブンの方は418億3,122万ウォン（同時点の店舗数9,404店）である[29]。単純に計算してみても，韓国に比べ日本の店舗数が2倍強であるが，営業利益は58倍も多いことがわかる。

　その理由を韓国CVS市場における激しい出店競争に求め，いち早く売上増大競争に転換すべきだという指摘もある[30]。加盟店主の収益確保がCVSの至上命題だとすれば，そこで看過してはいけないのが収益貢献度の高い商品開発による売上増大であろう。

　本部と加盟店との契約年数をみると，日本では15年間の契約が結ばれるが，

韓国ではより短期間である5・7・10年のうちからの選択となっている。韓国でのCVS経営が短期的である理由は，韓国の職業観と不動産慣行に関係している[31]との指摘もあるが，その背後にはCVS市場全体の高い業績に惑われて，各CVSチェーン本部が店舗開発力を過信し，出店競争に明け暮れてきたからではないだろうか。

## 5．おわりに

　冒頭でも触れたように，日本におけるCVS業態の開発が本格化した背景には，当時，総合スーパーの出店をめぐって地元の商店街の中小小売商との対立が頻繁に生じ，大型店の出店を規制するための大規模小売店舗法が施行されていた。その流れのなか，政府も独立小売商の近代化の一環としてCVSの導入を促進していた。
　それに対して，韓国の場合はどうだったのであろうか。不況による失業者の大量発生は，加盟店になろうとしている人々がCVSチェーンに押しかけて，その加盟希望者の急増がCVS市場の拡大を支えてきたのである。
　加盟店主の予備軍である脱サラ組の存在，「スーパー」と呼ばれる自営業者の伸び悩み，競合者であるSSMに対する出店規制などによって量的拡大を続けてきたが，それが決して恒常的なものではないという兆しがすでに見えている。
　また韓国固有の社会経済的事情としてはタバコ販売免許と営業権利金という不動産慣行があり，それがCVS経営を歪めてきた。現在もFCシステムおよび本部の支援機能が弱く，加盟者とのトラブルが後を絶たない。加盟店主の収益が確保されないなか，最低賃金の引き上げによる人件費の負担が本部への不満を募らせている。
　日本とは違って，CVS経営が短期的にしか行われない理由は，川端（2006）の指摘のように，不動産慣行の縛りの強さにあった。韓国CVS大手各社は不動産慣行の縛りが強いゆえに改善すべき収益構造の改善が後回しにされてきたのである。実際，その点が看過されたまま店舗開発の方に力が注がれてきたのではなかろうか。

事業単位としてのCVSはあくまでも収益拡大という究極的な目的を忘れてはならない。収益貢献度の高いファストフード類の開発や販売に関するSEJならではの商品戦略が本部と加盟店間の長期継続的な関係維持にも大きく貢献したことを想起すべきであろう。

　韓国CVS業態が健全に成長していくためには，それが置かれている社会経済的システムの理解だけではなく，品揃えの充実，効率的なサプライチェーンの構築，本部と加盟店の共通の経営目標を一致させるFCパッケージを確立することが求められているのである。

　現地新生小売企業から先端国際小売企業へと生まれ変わったSEJは，1970年代にアメリカからCVS業態を取り込んできて，日本独自の環境に連続適応しながら日本型CVSを生み出した。本家のセブンが経営破綻に陥った際には逆移転型国際移転に成功し，世界CVSのスタンダートに近づいていった。SEJはグローバル・イノベーション・サイクルの第2ステージに向けられていたが，業態特性上，持ち込み型国際移転に制約性をもつCVS業態は，台湾や韓国のような近隣諸国の現地企業から取り込まれ，現地環境に適応されていった。

　本章では主に韓国市場への取り込み型国際移転を取り上げながら，新業態の導入・発展において直面すべき韓国ならではの環境要因とのかかわりについて詳細な分析が行われた。他の業態とは違って，CVS市場では日系CVS各社と現地新生小売企業との出店競争が激化していた。とりわけ韓国ファミリーマートの運営会社は日本とFC契約を締結して22年で解消し，独自の店舗ブランドをもつことになった。その理由は，収益が限定的で，潜在的なライバルを育てる危険性が高いというFCシステムの欠点にあった。つまり，韓国ファミリーマートの運営会社は本家に支払うべきロイヤルティの負担から逃れ，22年間のコンビニ事業の経験および学習を通じて蓄積されたノウハウを生かすのに自信をつけたのである。このように成長した現地新生小売企業はイランとモンゴルへの進出を果たし，新生の先端国際小売企業へと生まれ変わろうとしている。

　以上のように，韓国のCVS市場においても現地新生小売企業の成長の好循環サイクルはうまく回っているといえよう。しかし，韓国独自の環境にマッチングしながら，国内のCVS市場で通用できる韓国型CVSのスタンダードは依然として完成されていない。それが完成されてはじめて，韓国発CVS業態のグ

ローバル・イノベーション・サイクルがうまく回ることになるだろう。

### 注

1 田村（2014），79-81頁より引用。
2 『日経流通新聞』1999年9月14日付より引用。
3 『日本経済新聞（夕刊）』1992年10月21日付より引用。
4 『日本経済新聞』1992年9月15日付より引用。
5 『日本経済新聞（夕刊）』1992年10月21日付より引用。
6 『日経流通新聞』1992年9月15日付より引用。
7 『LOGI-BIZ』2003年8月号，60-61頁より引用。
8 同上。
9 『日経流通新聞』1992年9月15日付より引用。
10 『日本経済新聞（夕刊）』1992年10月21日付より引用。
11 『日経ビジネス』2000年8月28日号，14頁より引用。
12 ミニストップの有価証券報告書【第31期】より引用。
13 川端（2010），149頁より引用。
14 川端（2010），149頁より引用。
15 川端（2006），78頁より引用。
16 韓国のブログ『アンチCVS』（http://cafe.daum.net/anticonvenient，2011年8月30日閲覧）より引用。
17 『아시아경제』オンライン記事（http://er.asiae.co.kr/erview_print.htm?idxno=2011122321520724413&type=print，2011年12月23日閲覧）より引用。
18 川端（2006），82-84頁より引用。
19 『매일경제』2018年8月17日付より引用。
20 2011年9月16日，日系CVS本部店舗開発担当者からの証言。
21 『매일경제』2018年7月30日付より引用。
22 김（2010），36頁より引用。
23 『日本経済新聞（電子版，有料会員限定）』2018年3月8日付（https://www.nikkei.com/article/DGXMZO27851180Y8A300C1FFE000/，2018年8月9日閲覧）より引用。
24 최（1995.9.21）より引用。
25 同上。
26 SEJのホームページ（http://www.sej.co.jp/owner/keiyaku/type/，2018年8月9日閲覧）より引用。
27 『매경이코노미』オンライン記事（http://news.mk.co.kr/v2/economy/view.php?sc=50000004&year=2017&no=681070&relatedcode=，2018年8月14日閲覧）より引用。
28 韓国の雇用労働部発表資料および東京労働局の発表資料より引用。

29 韓国統計庁のポータルサイト（dart.fss.or.kr/dsaf001/main.do?rcpNo=20180328000985，2018年8月14日閲覧）と，SEJのホームページ（http://www.sej.co.jp/library/common/pdf/2018/2018_05.pdf & http://www.sej.co.jp/company/tenpo.html，2018年8月14日閲覧）より引用。
30 『매경이코노미』オンライン記事（http://news.mk.co.kr/v2/economy/view.php?sc=50000004&year=2017&no=681070&relatedcode=，2018年8月14日閲覧）より引用。
31 川端（2006），82-84頁より引用。

# 第7章 アジアにおけるセブン-イレブンの創造的適応

## 1. はじめに

　アメリカ生まれのCVS業態が日本で独自の発展を遂げ，それを糧に台湾や中国，東南アジアで新しい展開を見せている。日本のCVSが個人商店を加盟店にすることで出店速度を上げ，急成長したという背景を考慮すると，CVSに対する規制強化が強まる東南アジア諸国でも日本型CVSの運営メリットを現地のパートナー企業や個人商店に訴え，反発を抑えながら浸透させていくことが重要であると言えよう。

　東南アジア諸国で最大規模であるタイのセブン-イレブンに比べると，インドネシアではインドマレットやアルファマートのような地元型CVS，MM業態が存在感を見せている。

　**図表7-1**からすると，東南アジアにおけるCVSの店舗網の急速な拡大が改めて浮き彫りになっている。セブンがタイ，マレーシア，フィリピン，シンガポールで店舗数で首位となるなか，日系CVSチェーンが存在感を示している。

　東南アジアでは同じセブン-イレブンでも国ごとに店舗モデルが日本型とは異なっている。たとえば，ファミリーレストランおよびカフェの代わりや屋台と同居するなど国ごとにCVSのあるべき姿を追求している。タイのセブンでは，屋台の店主や店員を常連客に取り込むため，調味料や食材，洗剤などのカテゴリーの商品を多く取り揃えている。

　店舗数からすると，タイのセブンは毎年平均500〜600店を出店しており，世

**図表7-1　東南アジアの主要小売業チェーンと店舗数（2015年10月）**

|   | タイ | マレーシア | シンガポール | ベトナム | インドネシア | フィリピン |
|---|---|---|---|---|---|---|
| 1 | セブン-イレブン (8,500) | セブン-イレブン (1,879) | セブン-イレブン (500) | ショップ&ゴー (125) | インドマレット (11,250) | セブン-イレブン (1,479) |
| 2 | ファミリーマート (1,145) | 99スピード・マート (600) | NTUCフェアプライス (156) | コープ・マート (72) | アルファマート (9,700) | マーキュリー・ドラッグ (1,000) |
| 3 | ミニ・ビッグC (375) | ワトソンズ (350) | チアーズ (149) | サークルK (70) | サークルK (500) | ミニストップ (428) |
| 4 | ワトソンズ (375) | マイニュース.com (202) | ワトソンズ (112) | ファミリーマート (60) | ワトソンズ (309) | ワトソンズ (309) |
| 5 | ブーツ (250) | KKスーパーマーケット (195) | ジャイアント (66) | ビッグC (31) | ヨーマート・ミニマーケット (300) | ピュアゴールド (214) |

出所：『日本経済新聞（朝刊）』2015年10月23日付より筆者加筆修正。

界的にも日米に次ぐ第3位にランクされている（2018年6月末時点で10,760店）。店舗数が1,500に満たないフィリピンでは，現地の中間層が求めるCVS像を実現する標準モデルを目指して試行錯誤の段階にある。

　これまで海外のセブン-イレブン店は，その基本コンセプトは変えずに，各国の運営会社によって独自ノウハウで店舗展開が行われてきた。中国（北京・天津）以外の大半の海外店舗はSEJと資本関係がなく，同じ看板を掲げながらも品揃えや配送回数などが日本とは異なる運営が行われている。

　そこでSEJは資本関係のない海外のセブン-イレブンに対しても人材教育，商品開発，物流，店舗運営，情報システムなど日本型モデルを供与してきた。たとえば，**図表7-2**に示されるように，2012年にグローバル推進部を設けたSEJは韓国の店舗運営支援に乗り出し，2015年に初出店するドバイの運営会社には日本から立ち上げ要員4人を送り込むなど，日本型モデルの移転により海外店舗のテコ入れを狙った。

　SEJ主導の出店は2004年4月のセブン-イレブン北京にさかのぼる。2005年にはアメリカの親会社を完全子会社化し，その米子会社が商標などの使用を許可

図表7-2　SEJによる主要な国際展開

| 年度 | 事項 |
| --- | --- |
| 2004 | SEJによる中国本土（北京）への本格的な進出 |
| 2007 | SEが小売業として世界最大のチェーン店舗数を達成 |
| 2008 | 中国SEの設立，事業開始，中国におけるSEのライセンスを供与 |
| 2008 | 台湾SEを手掛けている統一グループ（Uni-president社）はSECを通じて上海におけるSEのライセンスを獲得 |
| 2009 | インドネシアで事業開始 |
| 2010 | 世界のSE出店数が40,000店舗を突破，成都で事業開始 |
| 2012 | 日本型を導入した韓国SEとタイSEに支援開始 |
| 2013 | 中国の重慶市で事業開始 |
| 2015 | アラブ首長国連邦で事業開始 |

出所：セブン-イレブン『有価証券報告書』ならびにホームページのニュース・リリースを用いて筆者作成。

し，各国・地域の企業が独自に運営する方法で海外展開を進めてきた。その後，成長市場の中国を中核市場と位置づけながら，米子会社と各運営会社がライセンス契約を締結する形態が，2008年に設立されたセブン-イレブン・チャイナ（以下，SECと略称）の設立によって一部変更された。

中国国内ではこれまでの米子会社主導ではなく，SECがライセンスを供与する形に変更された。2009年4月に台湾の大手流通グループ，統一集団傘下の統一超商便利にライセンスが供与され上海への初出店が行われた。これまで米子会社主導で展開されてきた香港と深圳の店舗も日本本社主導に転換された。つまり，北京など中国の一部都市へのライセンス供与はSECとの契約によるものであった（**図表7-2**）。

SEJは2012年9月よりアメリカのセブン-イレブン・インク（以下，SEIと略称）に任せてきた体制を改めて，同社とSEIの海外事業担当者で構成するチームを立ち上げ，候補地選定から市場調査や現地パートナー候補企業との交渉を進めている[1]。進出済みの海外市場もSEJが主導し，1店1日当たり売上高が日本の4分の1未満である地域についてはその収益力の格差を解消するため，日本で培ってきた商品の開発・製造や配送などのノウハウを提供した。SEJは工場から物流まで一貫したサプライチェーン・システムを独自のビジネスモデ

ルを柱に構築し，取引先との商品共同開発，品質を全国で均一化する一方，地域ごとの嗜好に合わせて味付けを変え，温度帯共同配送，専用の物流センターを整備するなど，異なるカテゴリー，異なるメーカーの商品の一括配送を実現してきた。そうしたなかでSEIは引き続き海外でのブランド管理や法務などを担当することになった。

運営会社ロッテグループによる韓国のセブンが2012年，ソウル市内の既存店を改装し，日本型モデル店を開設した。モデル店では，専用の弁当やおにぎりなどを企画販売し，品質を維持するため，20度で温度管理した配送体制も初導入した[2]。日本のセブンに比べ，商品単価が低く，1店舗当たりの売上高が日本の7分の1程度にとどまっているため，日本の運営ノウハウを韓国のセブンにそのまま導入することで商品単価を倍増させようとしたのである[3]。

CPオールが運営するタイのセブンでも弁当などの商品開発など，韓国と同様な支援を行ったことがある。SEJは日本で弁当の製造を委託している有力メーカー，わらべや日洋を中国・北京に誘致し，日本と同様に鮮度の高いサンドイッチを一括生産し，売上を伸ばしている[4]。

図表7-3で示されているように，アメリカの親会社から独立したSEJが大きく成長し，結局，衰退した親会社を全面的に支援することになっただけでなく，新しく中国のセブン-イレブンまで抱えることになった。SEJは直接投資は一切行わず，すべて現地の運営会社を相手に直接契約を結ぶストレート・フランチャイジング方式を選択した。

1980年代に進出した台湾，韓国を含む東アジアへの進出方式もストレート・フランチャイジングを堅持した。そこで注目したいのは，フィリピンと上海のケースである。日本側の出資を一切行わず，現地の地元企業による運営でもない，第3者としての台湾の運営会社による展開であった。つまり，中国上海およびフィリピンへの進出においては日本のセブンではなく，台湾セブンが運営会社として多大な役割を果たしたのである。第2節では，台湾における現地化の経験が，その後の国際展開にどのように活かされていったのかについて検討する。

CVS業態のグローバル・スタンダードになっているセブンの日本型モデルを受け継いでいるが，それ以外はSEJの子会社となっている中国の北京・天津・

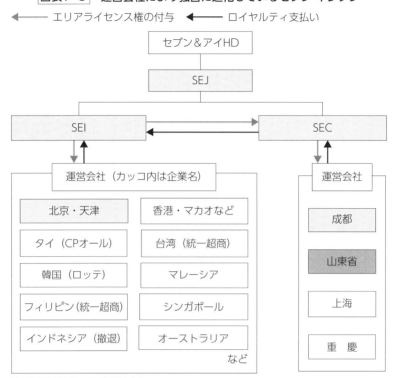

図表7-3　運営会社により独自に進化しているセブン-イレブン

出所：『日本経済新聞（朝刊）』2014年8月2日付より筆者加筆修正。

　成都のセブンは，SEJが現地パートナーと合弁会社を設立し，そこを相手にマスターFC契約を結ぶ形で進出した珍しいケースである。セブンの中国進出において，日本型CVSの基盤構築に日本側のリーダーシップが欠かせなかったために子会社での進出を余儀なくされたと解釈できる。そのプロセスを第3節で考察していくことにする。

　第4節では，日米に次いで店舗数の多いタイのセブン-イレブンの国際移転プロセスに注目する。タイのセブンを運営している地元の代表的華人財閥CPグループは，アジア通貨危機による景気後退期でも増収増益を続けていた。CPグループはCVS事業を農業・食品，通信と並ぶ経営の柱に育ててきた[5]。

　近年，東南アジア諸国においては外資に対する参入障壁としての厳しい小売

規制,不安な国内情勢,中間層の伸び悩みなどの問題もあってCVS業態の成長が限界を見せている。そうしたなか,なぜ,タイのセブンはCVS事業で競争上優位に立つことができたのか。また,タイのセブンは日本型モデルを現地環境にうまく適応させたノウハウを活かして新しいタイ型CVSを創り出し,それを海外にまで拡大させている。次節ではローカル事業をグローバル事業にまで成長させた国際化プロセスを検討することにしよう。

## 2．台湾におけるセブン-イレブン

### 2.1　日本型モデルの現地化

　台湾のセブン-イレブンは,即席めんなどを手掛ける台湾の食品最大手,統一企業グループの流通部門として展開されてきた。同社はアメリカのサウスランド社と提携後,わずか10年も経たない時点（1990年12月期）で遠東百貨店を抜いて台湾小売業界の頂点に躍り出た[6]。台湾セブン-イレブンは,国内最大の流通グループとして巨大な資金力を活用し,経営方針が徹底できる直営方式で出店を加速した。1991年からは運営効率を高めるため,軌道に乗った直営店舗を委託経営に切り替え始めた。

　台湾CVS業界では統一超商のセブン-イレブンのほか,日本ファミリーマート系の全家便利商店が存在している。そうしたなかで,統一超商はなぜ日本型モデルをいち早く定着させることができたのであろうか。

　セブン-イレブンの日本型モデルの特徴の1つが効率的で高度な商品調達であり,それを支える物流システムで武装した卸売業者の役割である。台湾では日本のような有力卸売業者が存在せず,それが商品調達および配送の効率化を進める上で足枷になっていた。有力な卸売業者の不在がシステム産業といわれるCVS業態の成長を阻んでいると考えた統一超商は,1990年に三菱商事,菱食との合弁で卸売会社を設立した。その卸売会社がもつべきものは生活必需品の食品を川上から川下まで一貫しで結ぶシステムのノウハウであった。それは中国大陸進出だけではなく,東南アジアでも活用されたという意味で,統一企業グループの海外進出戦略に大いに役立った。

台湾セブン向けの合弁卸売会社，捷盟行鎖には日本の三菱商事グループがもつ卸売業のノウハウや物流情報システムが全面提供された。セブンからの受注，商品の小分け，鮮度管理，値札付け，配送などすべての工程をコンピュータで管理でき，そのことによって効率的な在庫管理と迅速な配送，ニーズに合った品揃えが提供できるようになったのである[7]。

　日本型モデルのもう１つの特徴は粗利益の高い弁当やファストフードなど日配食品の売上高の構成比率が高いことであり，台湾セブンでも３割近くに達した。現在ではコンビニ弁当で昼食を済ませるサラリーマンが増えているが，台湾のCVSに弁当が本格的に登場した2000年頃は冷たい食事にまだ違和感を抱く人が多い時代であった。

　「御便当」の名称で日本風の弁当が投入されたが，それは冷蔵保管した弁当とは違う台湾人好みの温度帯のものであり，日本から導入された温度を18度に保つ輸送方式によって可能となった[8]。しかし，この御便当は日本風の味付けが台湾の消費者に受け入れられなかった。

　セブンは台湾でコンビニ弁当を定着させるため2001年12月末，台湾人の好物である味付けたまごや豚肉の焼肉，ソーセージなどを詰め込んだ「国民便当」を一気に価格を２割以上引き下げて販売した。それに刺激された競合他社も格安便当に参入し，コンビニ弁当の売上高増に貢献した[9]。

　台湾は温かい食べ物を安く提供する屋台が発達しているため，粗利の大きい米飯商品や日配食品の売上高比率が日本の３分の１ぐらいでしかない[10]。それでも台湾でCVSが普及してきた理由はどこにあるのか。

　それはCVSに買い物の便利さだけではなく娯楽を求めている台湾の消費者行動パターンから説明できよう。台湾のセブンは2005年にハローキティの磁石プレートを配る販促で１日２〜３回CVSに来店する消費者を育成してきた。その後，日本の人気キャラクターを続々と販売促進に起用し，それが台湾でCVSが普及した大きな理由の１つであったと統一超商総経理は指摘している[11]。

　人口当たりの店舗密度が世界一と言われてきた台湾のCVS市場は飽和感が強まっているが，そのなかでも消費者を満足させる新たな商品とサービスを工夫することで発展の余地が模索されている。たとえば，台湾のCVSでは交通違反の罰金や学費などの代行収納など物販以外のサービスが日本より充実してい

る。また，台湾式のお節料理である「年菜」の提供をセブンが始め，各CVSがそれを一斉に扱ってブームを呼んだ事例もある。

それ以外にも，出勤前の若い会社員には「日式おにぎり」を提供していたが[12]，具に「ロウソン（肉松）」と呼ばれる中華風そぼろを融合することで台湾の独自色を加えた商品開発も行われた[13]。

台湾のセブンの成功は台湾内だけに止まらなかった。中国大陸沿岸の経済開放区で小売外資の参入を認可する動きが見られるや，中国上海にも進出し，その成功を東南アジアに広げた。次は台湾の市場環境に合わせて創出されたCVS業態をフィリピン市場でいかに展開していったのか，その成長の阻害要因を台湾セブンの運営会社の国際行動から明らかにすることにしよう。

## 2.2 フィリピンのセブン-イレブン

豊富な労働力，人件費の安さ，英語を話せる人材などのメリットを活かしながら，フィリピン市場は業務委託産業を中心に外資企業の進出が相次いでいる。フィリピンはコールセンターを中心とした「ボイス系BPO」分野でもグローバルサービス・デリバリーの拠点として世界第2位に躍進している[14]。

フィリピンにおいてCVS業態の成長が目立ったのは，中間所得者層のBPO（business process outsourcing）の従事者が増えたことが大きな理由の1つである。BPOの本社が多いアメリカの昼の時間帯がフィリピンでは夜に当たるため，夜の時間帯にBPO従事者がCVSを利用する機会が増えた。特に店内で食事ができるイートインコーナーが好評であるという[15]。IT BPOの従事者が多いマニラ首都圏の商業地区には，夜間勤務者向けのCVSが進出し，競争が激しくなっている。

実際に，台湾系のセブン-イレブンや，ミニストップ，ファミリーマート等日系のCVSが目立っている。1日に4～5回とこまめに分けて食事をとるフィリピン人の生活習慣に目をつけたミニストップは全店にイートインコーナーを完備し，フライドチキンなどのファストフード商品を全面的に提供することで朝食と昼食，昼食と夕食の間の小腹を満たす役割を担っている[16]。また，ファミリーマートは伊藤忠商事，地元資本との合弁会社を通じて2013年4月に1号店を開店し，イートインの客席を多くしたインドネシア版のカフェコンビニを

採用した。

しかし，台湾系のセブン-イレブン以外の日系CVS各社は業績悪化を理由に都市部での出店をすでに凍結している。近代的小売業のなかでも比較的新しい業態として都市部のショッピングモールが先行していたが，最近，業績を伸ばしているMM業態との競争によりその業績好転が難しくなっている。

一般的に，CVSに対する消費者ニーズは所得水準の増加とともに，都市化や家族形態の変化のなかで発生する。社会インフラ（情報・物流システム）の整備が伴ってはじめてその利便性がうまく機能するようになるが，フィリピンにおけるインフラの未整備はCVS業態の成長にとって大きな阻害要因となっている。とりわけ高速道路へのアクセス道路の未整備のため，市内の交通渋滞は

図表7-4　フィリピンにおけるCVS各社の市場シェアの推移

| 企業名 | 店舗数 | | | 市場シェア（%） | | |
|---|---|---|---|---|---|---|
| | 2015 | 2016 | 2017 | 2015 | 2016 | 2017 |
| セブン-イレブン | 1,602 | 1,995 | 2,285 | 50 | 63 | 64 |
| ミニストップ | 532 | 499 | 489 | 16 | 16 | 14 |
| ファミリーマート | 114 | 100 | 66 | 4 | 3 | |
| サンミゲルフードアベニュー（San Miguel Food Avenue） | 86 | 58 | 55 | 81 | 2 | 3 |
| アルファマート（Alfamart） | 81 | 130 | 296 | 2 | 4 | 8 |
| ローソン（Lawson） | − | 27 | 33 | − | 1 | 1 |
| サークルK（Circle K） | 4 | 8 | 23 | 0 | 0 | 1 |
| マンステリフィック（Munsterific） | − | 25 | 20 | − | 1 | 0 |
| クィックスマート（Quixmart） | − | 24 | 25 | − | 1 | 1 |
| アイマート（i−Mart） | − | 39 | 16 | − | 1 | 0 |
| ダバオセントラルコンビニエンスストア（Davao Central Convenience Store） | − | 107 | 97 | − | 3 | 3 |
| エイチビワン（HB1） | − | 29 | 42 | − | 1 | 1 |
| マーキュリードラッグ（Mercury Drug, 24時間営業） | 816 | 111 | 114 | 25 | 4 | 3 |
| 合計 | 3,235 | 3,152 | 3,561 | 100 | | |

出所：セブン-イレブン・フィリピン*Annual Report*（2015-16＆2017），www.7-eleven.ph//corporate/company-disclosure/sec-filings/annual-reports（2017年6月28日＆2018年8月19日閲覧）に基づき筆者加筆修正。

深刻である。それを解決するために2014年2月より日中のマニラ市内および港頭地区でトラックが全面通行禁止となった。それは荷物の遅延を生じさせ，物流面でも混乱を招いた。都市部への出店にこだわらず，情報・物流システムが整備された地方への出店拡大がCVSの発展になると考えられる。

図表7-4でわかるように，CVS業界に新規参入した企業数は増えているものの，業界全体の店舗数は2015年末時点で3,235店であったが，2016年にはむしろ3,152店に減少している。現在に至るまでほとんどの企業が店舗数を減らしているのに対し，セブン-イレブンとアルファマートだけが店舗数を大幅に増やしている。特に，アルファマートには2017年末時点の店舗数が前年対比2倍以上の増加率となった。

CVS業態は他業態よりも競争が激しいが，その発展にフィリピン国民1人当たりの所得の伸びがついていけない状況である。そのため，CVS各社は売上が不振な店舗を整理するなどテコ入れも行われている。こうした状況で注目すべき点はCVS業態に強い日米系ではなく，インドネシア企業のアルファマートの躍進である。

## 2.3 ASEANにおけるMM業態の存在

アルファマートを運営するスンブル・アルファリア・ドリジャヤ（PT Sumber Alfaria Trijaya Tbk，以下，SAT）はFCで伝統的な中小零細店を取り込み，便利な小売店が存在しない地方においても店舗網を拡大しており，出店速度は1日約3店舗に達しているという[17]。

同社は地形的にも共通点が多く本国の強みを十分生かすこともできるフィリピンでの事業を始めることとし，2014年にフィリピン地元の小売業界最大手SMインベストメンツ（Shoe Mart Investments）と35％を出資して合弁会社を設立した。合併会社は従来のCVSより小規模で生活必需品を取り扱うMMという業態で差別化を図っており，2016年末時点で210店舗を展開している[18]。

ASEAN諸国ではセブン-イレブンが圧倒的な存在感を見せているものの，インドネシアのCVS市場は異なる特徴をもっている。それはセブン-イレブンが先発的優位性を発揮できず200店を下回る状況のなか，1万店舗近くを展開している地元系のCVS，MMのアルファマートやインドマレットの成長ぶりであ

る。

　高度な情報・物流システムの構築はCVS業態が発展するための前提条件であり，そこにインフラの整備は欠かせない。だが，インドネシアの交通インフラの脆弱さおよび慢性的な交通渋滞はCVSの成長を阻害した。そこに事業チャンスを見出したのが地元系のMMであった。

　MMとは，日本型CVSと同じように売場面積100㎡程度の小型店舗であり，少量の加工食品や日用品を低価格で提供する小商圏型の店舗のことである。店舗が立地する周辺の中小サプライヤーとの協力関係を築き，共同でPBを開発するなどにより低価格販売を可能にしている[19]。弁当や総菜，雑誌などの商品は取り扱っていないものの，米や砂糖などの普段CVSでは販売していない食料品が充実している[20]。現在，MMは，消費者の所得向上および消費拡大という状況のなかで，食料品を中心に伝統的小売からの需要シフトの恩恵を受けているのである。

　一方で，収益性の高いMMの店舗を数多く確保している地元のアルファマートは，今後インフラが整備され，消費が拡大すると，MMから日本型CVSへの需要シフトが予想されることを見込んで，ローソンと組んで最大手のインドマレットとの競争に備えていた。

　しかし，インドネシアでは既にローソンがバリ島から撤退し，ミニストップが店舗を閉鎖するなかで，セブン-イレブンさえ2017年6月末で全店を閉店した。日系CVS各社にとって厳しい市場であったことがうかがえる[21]。

　インドネシアのセブンの運営会社モダン・プトラ・インドネシア（PT. Modern Putra Indonesia）は，地元型CVSであるMMとの競争激化に加え，2015年にCVSでの酒類販売が規制されたことで業績が低迷した。タイでセブン-イレブンを運営しているCPグループのノウハウを取り込み，再建を目指したが，失敗に終わり，完全撤退することになった[22]。カフェ型CVSの元祖といわれたインドネシアの日系CVSはプロトタイプを見い出すことができず，地元型CVS，MMの勢いに押され姿を消してしまったのである。

　フィリピンの小売市場における最大手のSMインベストメンツは，競合他社がいち早く日系CVS企業と手を組んで日本型CVSを展開したなか，CVS市場には参入しなかった。フィリピンはインドネシアのCVS市場と同じように，

CVS業態の成長する余地はあるものの，環境条件の制約のため期待されたほど成長できなかった。日本型CVSがそのままフィリピン市場環境に適応することはできないと判断したSMインベストメンツは，アルファマートを通じてインドネシア型CVSを導入した。MMにおいてはアッパーミドルの需要層を開拓することで棲み分けを行った。

フィリピンでは所得の多寡を問わず海外就労者からの送金を含め手元にある金をほとんど消費に回す傾向が強い。それを事業チャンスと捉え，低所得者向けの業態および販売方法の開発に取り組む可能性がある。そこに外資がフィリピン小売市場に参入できる余地がある。インドネシアのMM業態をフィリピン市場に持ち込んだのは，まさにそれを狙ってのことであった。

## 2.4 台湾系セブン-イレブンだけが成功した理由

フィリピンのCVS市場において首位のセブン-イレブンは，台湾セブンの運営会社が52.22％（2017年12末時点）を所有するフィリピン・セブン（Philippines Seven Corp.，以下，PSCと略称）によって運営されている。PSCは1982年11月に設立され，1984年2月にケソン（Quezon）市エドサ（Edsa）通り沿いに第1号店を出店した。当初はアメリカのサウスランド社からのエリアライセンスの獲得によるものであった。1998年にPSCはフィリピン・セブンへの商品調達のための物流会社（Convenience Distribution Inc.）を設立した。

2000年に施行された小売事業化法（Retail Trade Liberalization Act）により外資系小売企業の参入が本格化し，PSCは台湾統一超商（President Chain Store Corporation）の子会社，Philippines Chain Store（Lubuan）Holdings Ltd.（以下，PCSLと略称）と資本提携を行った。PCSLは2007年に新しく20年間のエリアライセンスを獲得し，PSCの組織構造や運営システムを強化するため技術的支援を提供した。

2016年以降，他の日系CVS各社が出店を凍結したり，閉店するなか，フィリピン・セブンの店舗数は順調に増加し，2017年末で2,285店となった。前年末の1,995店から14.5％増加したのである（**図表7-4**）。2017年末のセブン2,285店のうち，直営店が1,061店（46％），その残り1,224店（54％）がフランチャイズ店（5年契約）であった。同社は2017年末時点でフィリピンでの24時間営業の

CVS店舗のうち64％のシェアを誇っている。

　年次報告書によると，PSCの2017年度の総売上高（system wide sales）は前年比18.2％増で375億3,075万ペソ，商品売上高（Revenue from merchandise sales）は同13.2％増の320億8,844万ペソに達した。粗利益率も前年の24.7％から25.9％へと増加し，純利益（Net income）も同12.1％増の13億1,790万ペソとなった。年間ベースの純利益は順調に増加し，増収増益を達成している。

　セブンがフィリピンのCVS市場で第2位のミニストップに大きく水をあけ，圧倒的競争力をもつようになったのはなぜなのか。セブンが不動の首位を維持している台湾と同じように，統一グループが筆頭株主であるPSCがフィリピンでも成功した理由はどこにあるのだろうか。

　フィリピンの流通構造は，日本のように高度な物流機能を有する大規模卸売業者が存在しておらず，メーカーとの仕入れに関する交渉や物流機能まで全て自社で行わなければならない。そのため，将来の多店舗展開を見据えて自社で調達・物流網を構築しない限り，外資にとって参入障壁の高い市場である。巨大な資本力をもち，既に同じような経験や知識を学習してきた台湾のコングロマリットとの提携は，先発者としての優位性を発揮しながら迅速に店舗網を構築するうえで重要な意味があった。世界標準のCVSを展開している日系CVS企業でも，中間流通が機能していない国では製配販一体型のコングロマリット企業でなければ長時間・高費用の運営を余儀なくされる。

　フィリピンで初のCVS事業を展開する際，統一グループは中国を含む東南アジア諸国での海外進出経験はもちろん，何より本国台湾で初のCVS事業を成功させた経験を活かすことができた。また，大規模卸売企業の不在，CVSを運営していくうえでの後方システムの未整備などに直面しながら，本部としてそれらの問題をどのように管理・統制していくかを学習していたことが，PSCと他の日系CVS各社との実績の違いとして現れたと考えられる。

　従来の研究が指摘しているように，フィリピン市場への外資参入においての規制強化，中間層の伸び悩み，前近代的な流通構造など企業の外部要因に起因する問題も大きいが，そのなかでインドネシアからMM業態を同市場に持ち込んできたアルファマートの存在は特異である。競争の激しいCVS業界で先端的技術を有する日米系の競合他社とは逆に，新興国出身の新生企業が店舗数を増

やしているからである。現地パートナーであるSMインベストメンツの協力なしでは不可能であったとしても，アルファマートは本国のインドネシアで培ってきた知識やノウハウを共通性の高いフィリピン市場で発揮することができたのである。

つまり，先進国で生み出された先端的技術やノウハウが強みとして発揮しにくい新興国の環境条件の下では，類似した消費性向や流通構造の問題を有している同じ新興国出身のコングロマリットの方が競争優位性を獲得しやすくなると言えるのではなかろうか。

## 3．中国におけるセブン-イレブン

2016年において，人口100万人当たりのCVS店舗数をみると，韓国は667店，日本は388店，台湾は425店であるが，中国大陸都市部は平均54店と成長余地が存在する[23]。**図表7-5**に示されているように，中国セブンを含む外資系CVSの特徴は，オフィスビル，学校，病院など人が集中するエリアに出店し，先進的な経営方式によってFC経営を展開し，ホワイトカラー層をターゲットとしていることである。外資系といってもほとんどが日系CVSであるが，そのFCの割合は90％をはるかに超えている。加えて，外資系CVSの加盟店に対する要求は厳格であり，集中化・標準化した商品供給や物流管理を有していることか

**図表7-5　中国CVS業態の特徴**

|  | 外資系 | 地元系 |
| --- | --- | --- |
| 出店戦略 | 二線都市に集中出店 | 地元に特化した集中出店 |
| 商圏特性 | オフィスビル，学校，病院など人通りの多い商圏 | 住宅街 |
| ビジネスモデル | FC店が9割以上 | 直営とFCが半々，スーパー機能を代替する |
| ターゲット | ホワイトカラー | 地元の大衆消費者 |
| 商品構成 | ファストフード，半調理食品，自社ブランドの割合が高い | ファストフード，半調理食品，自社ブランドの割合が低い |

出所：『BTMU（China）経済週報』2017年7月12日 第356期（https://reports.btmuc.com/File/pdf_file/info001/info001_20170712_001.pdf，2018年8月24日閲覧），6頁に基づき筆者作成。

ら，集客力も高くなっている。

インドネシアとフィリピンでみられたように，中国地元系のCVSもMMと類似している特徴を有しており，外資系CVSと棲み分けをしている。

中国への初進出はSEJ自身による中国市場への進出ではなく，1992年アメリカのサウスランド社（現，SEI）からのライセンシングによる進出であった。SEIは2005年に日本のセブン＆アイ・ホールディングスの完全子会社となり，それ以降の海外進出は日本側の意思決定が強く反映されてはいるが，純粋にSEJによる中国進出は，2004年のセブン-イレブン北京の設立が始まりである。

ところが，SEJによる中国への進出形態は，すべてが完全子会社という形で展開されるわけではなく，合弁やライセンス供与の方式も採用された。北京や天津，成都での展開では，SEJ自身がセブン-イレブン北京を通じて経営の主導権を握り，店舗を直営から徐々にFC方式を加えて運営している。中国全土へ事業を展開していくことを見据え，北京において他の地域でも適用可能な中国型モデルを構築することを狙っていると言えよう。

一方で上海では，台湾におけるセブン-イレブンを運営している統一グループにライセンシングを供与する方式を採用した。中国全土のなかでも上海市場はCVSの競争が最も激しい地域であり，すでに日系CVS大手のローソンとファミリーマートが進出していた。その状況下で，日本型モデルの現地化に成功を収めた実績もあり，また中国語や中国文化に対する理解も深い台湾の統一超商に上海での店舗展開に権限と責任をもつエリア・フランチャイザーとしての運営権を供与したのである。中国の消費者に同じイメージをもってもらうためにも，2004年に進出した北京と同じ方法を上海に持ち込んだといえよう。

SEJと同じように，中国北京においてもファストフード商品が戦略商品と位置づけられたが，5年後の出店となった上海においても変わりはなかった。開店から5年が経過した北京の店舗では，ファストフード類の売上高構成比は年々増加し，全売上高の52～53％を占めるようになった[24]。

最後に3つ目の進出形態は，現地に設立した合弁企業によるものである。重慶市と青島市での事業展開はそれぞれ地元企業と合弁企業を設立し，主導権を合弁会社に譲り，地方大都市への進出を確保する戦略をとった。現地企業と資本提携して共同で事業を経営するのは，地域社会や文化に対する理解，行政機

関との人的ネットワークがなければ，現地特有の規制や慣行に対応することが困難となるからである。

　中国においても米飯商品がセブン-イレブンの主力商品となっているが，食生活が異なる分それに合わせて改良が行われている。たとえば，中国人はできたての温かい食べ物を好むために，つくり置きの弁当よりも店内調理弁当や，女性に人気の「ヘルシーな朝食」としてのおでんなどを品揃えに加えている[25]。日本のようにメーカーとの連携による商品開発にも力を入れており，現地で製造されたおにぎりやサンドイッチなどを2012年1月から北京市内の店舗に並べるようになった[26]。それが可能となったのは2011年に日本で商品を製造・供給しているわらべや日洋が台湾系の中国食品大手ワンワン（旺旺）グループの栄旺控股有限公司をパートナーとして合弁会社を設立してからである。

　しかし，セブン-イレブンが北京進出当時，計画通りに出店速度を上げることができなかった理由は，SEJが実現してきたような形でのFC化の許認可が当分降りなかったからである。もっとも2005年以降は中国国内で直営店を2店舗以上，1年以上運営した実績があれば，FC方式での多店舗展開が可能となった[27]。しかしFC展開が解禁されたものの，許認可に時間がかかることや審査が他社と比べ厳しい条件が設定されていたことから出店を加速できなかったのである[28]。加盟店オーナーが店舗の土地・建物を用意して運営する形態と，運営のみを委託する形態での店舗展開が行われたが[29]，依然としてFC化が進まなかった。日本では加盟店の電気代の一部を本部が負担する契約が一般的であるのに対し，中国では本部から加盟店に支払われる電力費補助に5％の営業税が課され，加盟店主の負担が増えるからである[30]。また，オーナーの判断で別ルートから商品を仕入れたり，本部から指定された価格を無視して販売するなど，FCのルールが順守されない場合もあった。そのうえ，上海や北京では初期投資費や運営コストが高く，良い立地を確保しづらいため，出店速度が緩やかにならざるを得なかった。そういった事情から，セブン-イレブン北京は加盟店がセブン-イレブンというブランドを傷つけないように，FC展開を慎重に行ったのである。

　2012年以降セブン-イレブン成都のような地方都市においてもFC化に取り組むようになった[31]。2017年時点で中国セブンのFC経営の割合は98％にも達して

いる³²。このようにCVSシステムの要であるフランチャイジングが中国市場で安定化するなかで，CVS拡大への期待が高まっている。

## 4．タイのセブン-イレブン

### 4.1　セブン-イレブンの競争優位性

　1989年に，外国人観光客が集まるバンコク中心部のパッポン（Phat Pong）にセブン-イレブン・タイ1号店が開店された。その頃，タイの1人当たりの国内総生産は約1,000ドル程度で，CVS業態の展開はまだ早いと見られていた。そこでタイ・セブンの運営会社，チャロン・ポカパン（以下，CPと略称）オールのCEO，タニン・チャラワノン（Dhanin Chearavanont）は，アメリカのサウスランド社のCEO，トンプソン（Thompson）兄弟をタイに招き現場を見たうえ納得してもらうように努めた。氏によると，消費者の購入額は低くても，土地代や人件費が安く，そのうえ，1店当たりの顧客数をアメリカの15倍に増やすことができるという自信があったという³³。

　セブン-イレブンがタイのCVS市場シェアの65%を占めるようになった理由の1つとして，伝統的屋台をあえて軒先に出店させ，集客力を高めたことが大きいと指摘されている³⁴。セブンの戦略商品であるファストフードの競争相手として警戒すべき屋台と共存共栄の関係を築き，成長したのである。消費者は屋台では出き立ての料理を，セブンでは飲料やデザートを購入し，屋台の店主も食材がなくなれば，CVSで仕入れることもできるというように，品揃え面で相互補完関係を築くことで共存共栄を図ったといえる³⁵。そのため，屋台と同居しているタイのセブンでは，洗剤やティッシュペーパーなど屋台でも利用する日用品が売上高に占める割合は2割以上と日本の倍に高まっている³⁶。

　一方，屋台と共存しているセブンと違って，日系CVSのなかで最後発（2013年）の参入者であったローソンは，「屋台にない日本の味」というコンセプトで差別化を図った³⁷。実は，ローソンより先に日本独自のCVSというコンセプトを訴求したのはファミリーマートであった。同社は本国での定番ホットスナックのファミチキやおでんなどを日本ならではの中食として前面に押し出し

た[38]。また店内の一角を山崎製パンに賃貸し，共同出店という形で働く女性や若者に人気の高い焼き立てパンを販売しながら，タイのCVS市場で差別化を図ったのである[39]。

　他方で，タイのセブンでは人気メニューとしてグループ傘下の食品加工会社CPフーズと共同で製造する「冷凍日本食シリーズ」を開発・販売するようになっている[40]。それはアジア食文化を活かしたタイ発の調理済み冷凍食品を世界へ広げようとしている専用メーカーCPフーズの支援もあって可能となっている[41]。タイのセブンは2,500品目を平均店舗面積の80㎡に置いているが，最近，日本並みの120～130㎡の店舗を増やしているのも[42]商品開発に注力しているためであると言うこともできよう。

　実を言うと，タイのCVS各社は同業態間競争より激しい異業態間競争にされされている。スーパー系の小型店は駐車場を併設するなどCVSと差別化できる利便性を提供しようとしており，なかでもミニ・ビッグCやテスコ・ロータスが存在感を増している。この動きを受けてセブンは駐車場併設の実験店を展開するようになっている[43]。CVSを含め食品や日用品を取り扱う小型店の競争が激しくなるなか，セブンはグループの食品会社と共同開発した商品の投入，公園の入場券販売，車のナンバープレート登録などの窓口サービスを提供することで特徴を出しながら，店舗を増やしている[44]。

　また経済成長に伴い，衛生に関する認識が変わってきており，清潔な店舗で購入したいという消費者意識も高まっている。そうした状況のなか，店舗運営や商品開発，情報および物流に関してSEJに対する支援要請が高まっており[45]，現地市場における日本型CVSシステムの徹底が図られている。日本のように中食の独自商品の開発も取り組まれ，CPグループが展開しているベーカリーやケーキも店内あるいは店舗近くに設け，煎れ立てコーヒーとともにCVSのカフェ化が進められている。

　東南アジア諸国でよく見られるように，タイでは交通渋滞がひどいため，都心部へのトラックの進入規制が行われている。日本型モデルを移転する場合，不可避的に商品調達および在庫管理問題がつきまとうが，垂直的統合システムのCPグループの力を借りて柔軟な対応が可能となる[46]。ファストフード，冷凍食品といった日配商品を拡大し，1日1回の配送を日本並みの2～3回に順

次増やし,温度管理の必要な日配食品の品質を維持するために,専用の物流センターを現在の7カ所から17年までに14カ所に倍増させる必要がある[47]。

日本のように効率の高いCVSの運営方式は十分浸透していないが,セブンの運営会社はCVS業態の取り込み型国際移転を自国の事情に合わせた独自のノウハウを磨き,ローカル企業からグローバル企業への脱皮を目指すための試金石にしている。最近,交通渋滞を避けて消費者が自宅近くで買い物を済ませる志向を強めているなか,タイ市場におけるCVS業態の競争優位性はますます高まっていくことが期待される。

## 4.2　運営会社のグローバル志向と創造的適応

2013年にCPオールにより買収されたMWCのサイアム・マクロは,もともとタイでセブン-イレブンを展開していたタイ最大財閥グループ傘下のCPオールのもう1つの中核事業である。オランダ企業との合弁事業として1988年にタイ1号店を開業したが,1997年にタイを襲ったアジア通貨危機により,CPオールはその保有株を一旦手放すことになった。

事業再建を果たし,2013年には6,000億円超を投じて再びサイアム・マクロを傘下に収めたCPは,飼料や食肉,加工食品といった川上事業のネットワークを活かしてグループとしての相乗効果を狙っていた。同グループは華人財閥コングロマリットで,国境を越えて広がるネットワークが強みであり,それに乗って域内の商圏を拡大しようとした。実際に,CPグループ全体の売上構成比はタイ国内と海外がほぼ半々であり,国境を越えたビジネスに熱心に取り組んだ成果がうかがえる[48]。

本来ならば,CPグループの中核事業として大成功を収めたセブン-イレブンの強いブランド力や蓄積したノウハウを活かし,事業を海外に拡大する計画があっておかしくない。しかし,タイ以外の国で事業展開する計画はあるのかという質問に対して,当時,CPオールのピッタヤ・ジャラウィシットクン副最高経営責任者は「ベトナム,ラオス,カンボジア,ミャンマーなどでの事業展開に興味はもっているが,それは米国のセブンが決めること」であると述べていた[49]。アメリカのサウスランド社とのライセンス契約はタイ国内に限定され,タイ以外の国で出店するにはSEIの許可が必要であり,SEIはSEJの子会社と

なっていたため，日本側の意向も影響したと考えられる[50]。

そのいわば代役がライセンス制約のないマクロであり，その買収発表時にもマクロを東南アジア周辺諸国の域内流通網の拡大に活用すると明言した[51]。実は，マクロのような大型店より小型店のほうがきめ細かな出店が可能であり，機動性も高く，消費者への浸透力もあることから，CPグループは2大中核小売事業をミックスした形の新業態「フレッシュマート」を開発するようになった。

「CP」ロゴをつけた冷凍食品や卵などが並ぶ小型業務スーパー，フレッシュマートは「地域の冷蔵庫」をコンセプトに，2006年にCPフーズによって開発された[52]。CVSのような小型店でありながら，商品のロットサイズはホールセールクラブ用の大容量であった。また品揃えのほとんどが食品メーカーCPフーズの自社製品あるいはPB商品であるため，CPグループ全体としては自社製品の規模拡大につながり，品質の良い商品を安く安定的に供給可能であった。CPフーズはSEJと組んで，唐揚げなど鶏肉を用いたPBや欧米の先端国際小売企業向けのPBを製造してきた実績や経験が豊富であるため，そこで培ったPB商品の開発力は抜群であった[53]。

フレッシュマートは大型店が浸透していない住宅街の住民およびまちのなかの屋台や飲食店を対象に，店によっては営業をかけ，配達サービスも提供して囲い込みを図った。これまで展開してきた小売業態のノウハウを凝縮した独自の小売業態を創り出し，2011年には海外第1号店をミャンマーに出店し，その後，トルコやベトナム，マレーシアにまで出店範囲を拡大することに成功した[54]。こうしてフレッシュマートはタイのCVS業界として初めて海外進出に踏み出したのである。

日系のCVSと異なり，タイで誕生した独自のCVS型業態であることが成功の一因であり，海外進出に対して組織的な制約を受けることなく，まずは域内における有望な市場，海外では経済発展水準が同等な市場において自由に国際化行動に乗り出すことができたのである。物流などインフラが整っていない国・地域で，市場(いちば)，パパママストア，CVS，業務スーパーなどの代役としての新業態を開発した意味は大きかったといえよう。

CPグループは東南アジア諸国に独自のネットワークを張り巡らす華人企業

であり，その経済に大きな影響力をもっている[55]。その活動拠点が新興国市場だけではなく，中国，香港，シンガポール，マレーシアなどアジア主要国に及んでいるため，新業態をもってそれら国・地域へ進出することも期待できる。これまで華僑・華人社会で築き上げた人的ネットワークや域内市場での素早い事業展開力に注目した欧米の先端国際小売企業は，CPとの提携を望んでいる。その意味でもCPグループのグローバル化はますます強化されていくだろう。

　初期投資を節約しながら，出店の機動力を高めることができたCPグループ独自の小売業態の開発と進化は，先端国際小売企業に触媒された現地新生小売企業ならではの学習効果の産物といえるのではなかろうか。

## 5．おわりに

　当初の進出先国におけるセブンの店舗展開は，資本関係の有無にかかわらず，日本で構築された日本型モデルをスタンダードとし，それを現地の環境条件に適応する形で売場面積，品揃えなどの修正を行ってきた。日本以外のアジア市場で共通してみられるのは，カフェのように軽食ができるイートインコーナーの設置であり，店舗面積の制約で店内に設置できない場合は店外に簡易テーブルなどを設けたりして，とにかく飲食コーナーを重視することが確認された。

　商品カテゴリー別の売上貢献度からすると，中国以外に韓国および台湾ではファストフードのような収益貢献度の高い日配食品の売上が1割ぐらいと低く，収益貢献度の低いタバコなどの売上が最も高いことである。しかし，収益貢献度の高い日配食品の売上が依然として低いものの，いかなる進出先国のセブンにおいても戦略商品としての認識は高く，常にファストフード商品の開発および販売に注力している。

　また，日本では売場面積の制約から取扱い品目数に比べて一定の取扱い品目を確保するために単品ごとの在庫水準を引き下げてきたが，そのために売り切れ問題が発生した。それを克服するために，日本型CVSに欠かせないのが情報および物流システムである。高度な情報・物流システムをもつ有力な卸売業者が存在しない台湾では日本のような卸売機能を有する卸売会社を設立した。韓国のセブンも同じく，自前の物流センターを建設することで日本並みの商品調

達供給体制の強化に努めた。ただし，それは現地の運営会社が巨大な資金力を背景に川上から川下まで統合したコングロマリットの中核企業であるから可能となったと言うべきであろう。

　CVSが近代的な新業態として既存の零細自営業者にとって脅威と見られないように，タイのセブンは外部経済を利用し，共存していく形をとったのである[56]。このことは日本のセブンが中小小売商をFCの加盟店として参加させ，そのことによって驚異的な店舗展開を可能としたことと共通点がある。

　フィリピンやインドネシアでの経験からすると，交通や情報通信などにかかわる社会経済的な基盤や消費者の特性など進出先国の環境条件が十分に整備されていない場合でも，CVS業態はまったく成長できないわけではない。両国におけるCVS業態は，そうした問題に対応しながら，創造的適応を行いMMという異なる形態を開発し発展したからである。進出先国の諸事情によって適応・修正された現地型モデルの創造は，タイのセブンを運営するCPグループのフレッシュマートの事例からも確認された。現地型モデルは，今度は域内市場でさらに新しい形態として進化していくことになる。

　この章では，CVS業態を新興国市場に持ち込んだ日米系の先端国際小売企業と現地のコングロマリットとの相互作用的競争プロセスを取り上げた。それを通して現地型モデルを創り出した現地新生小売企業は，今度は域内市場への外なるグローバリゼーションに挑み，やがて新生の先端国際小売企業として成長していく小売国際化プロセスが考察された。アメリカで生み出され，日本によって取り込まれたCVS業態は日本独自の環境に合わせて変容され，台湾，中国などの域内市場で新しい形態として進化していった。今度は東南アジア市場にも持ち込まれ，現地環境に適応された，さらに新しいCVSが創造された。これこそが小売国際化プロセスを通じたグローバル・イノベーションの好循環サイクルなのである。

注

1　『日本経済新聞（朝刊）』2012年9月12日付より引用。
2　『日本経済新聞（電子版，有料会員限定）』2012年1月24日付（https://www.nikkei.com/article/DGXNZO38240820T20C12A1TJ2000/，2018年8月9日閲覧）

より引用。
3 同上。
4 『日本経済新聞（朝刊）』2012年9月12日付より引用。
5 『日本経済新聞（朝刊）』1999年5月10日付より引用。
6 『日経流通新聞』1991年6月25日付より引用。
7 『日本経済新聞（朝刊）』1990年4月11日付より引用。
8 『日経MJ』2002年2月19日付より引用。
9 『日経MJ』2002年2月19日付より引用。
10 『日経MJ』2007年3月16日付より引用。
11 『日経MJ』2007年3月16日付と『日本経済新聞（夕刊）』2007年2月19日より引用。
12 『日本経済新聞（夕刊）』2007年2月19日付より引用。
13 『日本経済新聞（夕刊）』2007年2月19日付より引用。
14 ジェトロ（2017），55頁より引用。
15 主に『日経ビジネス』オンライ記事（http://special.nikkeibp.co.jp/as/201407/philippine/index.html，2017年1月16日閲覧）に基づいている。
16 『日本経済新聞（朝刊）』2013年7月10日付より引用。
17 『日本経済新聞（朝刊）』2015年10月23日付より引用。
18 『日経産業新聞』2017年5月24日付より引用。
19 佐原（2015），127頁より引用。
20 みずほコーポレート銀行産業調査部藤野裕司，「インドネシアの食品流通」食品産業海外事業活動支援センターの報告書（http://shokusann-sien.jp/sys/upload/275pdf3.pdf，2017年6月7日閲覧），34頁より引用。
21 『日本経済新聞（朝刊）』2017年6月23日付より引用。
22 『日本経済新聞（電子版，有料会員限定）』2017年6月5日付（https://www.nikkei.com/article/DGXLASGM05H7H_V00C17A6FFE000/，2018年8月20日閲覧）より引用。
23 東京三菱UFJ銀行中国投資銀行部中国調査室，『BTMU（China）経済週報』2017年7月12日第356期（https://reports.btmuc.com/File/pdf_file/info001/info001_20170712_001.pdf，2018年8月23日閲覧）8頁と，韓国統計庁のホームページより引用。
24 『日経ビジネス』2009年5月4日号，35頁より引用。
25 『日経ビジネス』2011年8月22日号，31頁より引用。
26 『日経ビジネス』2011年8月22日号，30頁より引用。
27 『日経ビジネス』2009年5月4日号，40頁より引用。
28 寒（2016），52頁より引用。
29 『日経ビジネス』2011年8月22日号，31頁より引用。
30 『日経ビジネス』2009年5月4日号，40頁より引用。
31 『日経ビジネス』2011年8月22日，31頁より引用。
32 東京三菱UFJ銀行中国投資銀行部中国調査室，『BTMU(China) 経済週報』2017

年 7 月12日第356期（https://reports.btmuc.com/File/pdf_file/info001/info001_20170712_001.pdf，2018年 8 月23日閲覧） 7 頁より引用。
33 『日本経済新聞（朝刊）』2016年 7 月24日付より引用。
34 『日本経済新聞（朝刊）』2015年10月23日付より引用。
35 『日本経済新聞（朝刊）』2014年 8 月 2 日付より引用。
36 『日本経済新聞（朝刊）』2013年 7 月10日付より引用。
37 『日経MJ』2013年 8 月 2 日付より引用。
38 『日経MJ』2010年10月 1 日付より引用。
39 『日経MJ』2010年 4 月23日付より引用。
40 『日本経済新聞（朝刊）』2009年 8 月28日付より引用。
41 『日本産業新聞』2009年 8 月24日付より引用。
42 『日経MJ』2013年 8 月 2 日付より引用。
43 『日経MJ』2013年 5 月24日付より引用。
43 『日本経済新聞（夕刊）』2013年 3 月18日付より引用。
45 『日経MJ』2013年 8 月 2 日付より引用。
46 『日本経済新聞（朝刊）』2014年 8 月 2 日付より引用。
47 『日本経済新聞（朝刊）』2014年 4 月 4 日付より引用。
48 『日本経済新聞（朝刊）』2014年 7 月25日付より引用。
49 『日経MJ』2013年 8 月 2 日付より引用。
50 『日本経済新聞（朝刊）』2014年 4 月 4 日付より引用。
51 『日経産業新聞』2014年12月15日付より引用。
52 『日本経済新聞（朝刊）』2014年11月22日付より引用。
53 『日経MJ』2008年 6 月30日付より引用。
54 『日経産業新聞』2012年 8 月 9 日付より引用。
55 『日経流通新聞』1995年 1 月 1 日付より引用。
56 田村（2014），66頁より引用。

# 第8章
## イケアの日本進出と
## ホームファニシング業態

## 1．はじめに

　矢野経済研究所によると，2016年のホームファッション小売市場規模は前年比97.7％の3兆4,264億円とマイナス成長を記録した。そのホームファッション市場は，ベッドリネン・寝具，タオル製品，ナイトウェア・ホームウェア，ホームファニチャー，インテリアファブリックス，ホームライティング，キッチン・テーブルウェアの7分野が調査対象となっている。

　そもそもホームファッションという言葉は，1995年にニューヨークタイムズ紙で初めて登場した。ホームファニシング関連商品のコレクションをファッション化するという意味であるが，そのような現象は1980年代頃からラルフローレンやローラアシュレイのようなデザイナーによりすでに起きていた[1]。

　日本のホームファニシング産業を先導していたニトリが1985年に店名を「ホームファニシングニトリ」に変更したのも，その後（1998年）再び店名を「ホームファッションニトリ」と変更した[2]のも，以上のような世界のトレンドに合わせたためと推測できる。

　ニトリが31期連続の増収増益の強さを見せながら完成した日本型ホームファニシング業態とは，「ソファ，ダイニングテーブル，食器棚やベッドなどの大型家具から，カーテン，カーペット，寝装品や食器・家庭用品などの暮らしを彩るインテリア用品まで，より楽しく快適な住まいづくりのための商品が一箇所で揃えられる店舗」である[3]。要するに，ニトリの看板に刻まれているホー

ムファッションとは，ホームファニシング関連商品のコレクションで部屋全体をトータルコーディネートするところにファッション性がより活かされていると理解できる。

　アメリカで生まれたホームファニシング業態が日本ではニトリによって安定成長期に入るなか，世界最大手のイケアが本家のスウェーデン型モデルを持ち込んで日本市場に参入してきた。ホームファニシング業態の本家イケアの日本進出に加え，量産体制の低価格家具製造小売の競争はより激しくなっている。このような厳しい競争状況のなか，大きな成功を収めている現地企業ニトリが日本型ホームファニシング業態を創造し，それをもって先端国際小売企業としての力をつけていくプロセスを分析対象にする。

　日本の家具市場は諸外国と異なる日本的な住生活の特殊性が色濃く反映されており，そのために日本的な住生活環境のなかで培われてきた日本的生産・流通システムが存在してきた。こうした状況のなか，2006年，日本市場に再参入したスウェーデンのイケアは本来もっている強みを発揮できるのであろうか。1974年に日本市場に参入したイケアは，定着できず撤退を決断せざるを得なかったのであり，そのことは，欧米とは異なる日本のホームファッション市場の特殊性を改めて浮き彫りにしたからである。

## 2．日本の家具市場における競争

　ニトリは2002年に売上高882億円で日本家具専門店トップに躍り出た。その2年後には売上高1,294億円となり，第2位の大塚家具（688億円）を大きく引き離した。2006年に，世界最大手の家具インテリア専門店イケアが日本に上陸し，競争がさらに激しくなったにもかかわらず，ニトリのその年の売上高は1,861億円と成長した。2018年2月期には31期連続の増収増益を達成し，過去最高益の記録を常に塗りかえ続けている。

　先にも指摘したように，イケアが日本に進出してきたのは二度目である。最初の進出は1974年だったが，このときは経営が不振で撤退している。2006年の再進出に際しては，日本市場向けの焼き魚グリル付きガスコンロや畳ショールームを揃えるなど現地の住生活環境に合わせた現地化を図った。それを迎え

撃つニトリは，イケアに比べて，店舗当たりの平均売場面積が3割程度，取扱い品目数が7割程度と小規模であるが，にもかかわらず競争優位性を持続している。

## 2.1 日本のホームファニシング市場に登場したイケア

世界ホームファニシング業態を牽引してきたイケアは「優れたデザインと機能性を兼ね備えたホームファニッシング製品を幅広く取りそろえ，より多くの方々にご購入いただけるようできる限り手ごろな価格でご提供する」ことをビジネス理念としている[4]。そのビジネス理念を貫きながら，世界各国の人々のためによりよい暮らしを実現したいという願いが好業績に現われている。2017年8月末時点で29カ国に355店舗を運営しているイケアは，総売上高4兆7,667億4,000万円（362億9,500万ユーロ）を達成しており，販売額の大きい5大市場としてドイツ（15％），アメリカ（14％），フランス（8％），イギリス（6％），そして中国（6％）が挙げられる。そこに本国のスウェーデンが位置づけられていないということは，イケアの国際性および海外市場でのパフォーマンスの高さをうかがわせる。

イケアの競争力は，デザイナーによる商品づくりと低価格販売など本物の住空間をトータルに提案できるコンセプトそのものにある。その競争力を日本市場においても発揮するためには，商品開発力およびグローバルな商品調達力が欠かせない。

日本市場進出前のイケアの2005年の総売上高は2兆円で，総売上高のうち本国スウェーデンはわずか8％に過ぎず，全体の92％は海外での売上で占められていた。とりわけ，欧州最大の家具市場であるドイツでは，イケアの進出後10年で市場占有率30％を達成した。とはいえ，もちろん本国と類似した欧米でのイケアの競争力がそのまま日本で通用するとは考えにくい。

2006年に進出したイケアにとって日本市場はまったく新しい市場ではなかった。1973年に共同出資で日本法人を設立したが，販売不振で1986年に日本市場から撤退を余儀なくされた。当時，日本人に憧れの北欧調家具の高いイメージをそのまま受け継ぎ，組み立て式の家具であるにもかかわらず高級家具として販売しようとしたが，結局，イケアは日本消費者の支持を得ることができな

かった[6]。

 その後，日本の家具市場の規模は減少に転じたものの，脚物家具への需要や住居関連およびインテリア雑貨の需要は順調に伸びていること，また地価の下落，進出済みの先端国際小売企業の成功例に刺激を受けて日本に再進出したのである。

 当初，家具のセルフ持ち帰りおよび組み立てに不慣れな日本の消費者にその方式を定着させることができるかどうかがイケア・ジャパンの成功を規定する重要なファクターとなった。イケアの組み立て家具を完成するためにはかなりの手間暇がかかるため，それを嫌がる日本の消費者のために組み立てサービスや配送サービスを提供することにした。とくにヨーロッパにはない，日本独自の小物宅配サービス「手ぶらdeボックス」は，1,000円で配送料込みの箱（サイズ400×400×300）を購入すると全国どこにでも配送してもらえるサービスで，日本の消費者にも好評であった。

 イケアとニトリは同じカテゴリー商品を扱ってはいるが，商品のサイズ，商品の陳列方法，価格を比較すると，以下のような違いが見られる。まず，商品のサイズにおいて，イケアはグローバルな商品をそのまま持ち込んだだけであって，家具はもとよりグラスなども大き過ぎて，日本の狭いキッチンの収納家具には収まりにくい。また，アジア人の低い身長に合わせて少し低めに製造されたニトリの家具と比べると，イケアの家具は使いにくいという苦情が消費者から寄せられた。要するに，スウェーデン発のイケアとは異なり，ニトリの商品サイズは日本の住宅環境や日本人の住生活により適していたのである。

 次に，商品の陳列方法については，日本のニトリは，イケアのように家具とホームファッション小物を組み合わせて生活空間をイメージしやすいようにショールームに展示するというよりも，商品カテゴリー別に1カ所にまとめて商品を取り揃える方法をとっている。しかし，イケアのショールームでは家具だけではなく，小物などを適切にミックスしながら魅力的な生活空間を提案してはいるが，寝室に服と履物を一緒に収納するような演出はヨーロッパ人の生活習慣をそのまま持ち込んだものであり，日本人には反感を持たれるかもしれない。

 最後に，価格の違いであるが，完成品で比べると，イケアよりニトリの商品

の方が安価である。ニトリは組み立て家具も完成型家具も両方販売しているが，イケアは全商品が組み立て方式で作られ販売されている。イケアの商品自体は安くても，組み立てサービスおよび配送サービスの費用まで含んだ完成型家具の価格を比べるとニトリのそれより決して安くないのである。

## 2.2　世界初ホームファニシング業態を誕生させたイケア

　世界最大手の家具専門店であるイケアの最大の特徴は，低価格のセルフ持ち帰り制および組み立て式家具の製造・販売にある。取扱い商品は，家具やインテリア用品はもちろん，台所用品からリビング用品，オフィス用品，子供の玩具・文具，北欧の加工食品にまで及んでいる。つまり，衣料品を除く食住生活に関連するすべての用品を取り揃えているのである。

　イケアの商品は100％自主企画商品で構成されており，取扱い品目数の9,500品目のうち年間2,500品目が新商品と入れ替わっている[7]。商品分野ごとに設けられた「ビジネス・エリア」と呼ばれる開発チームが世界中の店舗から報告される顧客情報をまとめ，デザイナーに新商品を発注する仕組みをとっている。

　イケアの特徴の1つであるショールームでは，イケアの家具と雑貨ですべてコーディネートされた部屋例として演出されており，最近は家族構成，その家族の事情や仕事，趣味，家の大きさまで具体的な背景に基づいてコーディネートされた家まるごとのショールームも見ることができる。消費者は納得いくまで触ったり座ったりして，商品をじっくり選ぶことができるようになっている[8]。ショールームのレイアウトは季節やトレンドに合わせて不定期ではあるが入れ替えられている。

　1970年代に日本人初のイケアデザイナーとして「ポエング」をデザインした中村昇氏の証言からもイケアの商品開発の厳しさが伝わってくる。「6年間在籍したイケアでは，110点のデザイン案を出して，製品化されたのは29点。その中にはクリッパン（ソファのブランド＝ロングセラー商品）の原型もある。そして30年を経た現在も淘汰されず，愛されている代表が『ポエング』である。快適さ，コンパクトになるパッケージング，ローコストの前提を踏まえた上で」[9]製品化できるといわれている。また，別のデザイナーの証言によると，デザインを開始してから，店頭に並ぶまで1〜3年かかり，そのなかには社内の

多くの企画会議や厳格な品質検査をくぐり抜けないと商品化されないと言う。そうした厳しい商品開発の頂点として，「イケアが展開する商品シリーズの中でも，特にデザイン性に富んだ商品群で構成されたラインアップ」[10]の「IKEA PS collection」が存在している。

イケアは世界でフリーの家具デザイナーと契約しているが，核となるのはイケアの商品開発本部IOS（Ikea of Sweden）に所属するデザイナーである。彼らの役目は単にデザインを提供するだけでなく，全工程に関与し，コスト削減にも重大な責任をもっている[11]。

世界中の生産委託先の工場にもデザイナー自らが足を運び，交渉を行う。常にコストを考えたうえでのデザインやものづくりを基本としているため，「物流担当者が『この食器の高さを5ミリ削れば，輸送時の積載効率が良くなる』といってきた場合」[12]は，商品価格に連動する物流コストが優先され，デザインの変更が行われたりする。なぜならば，物流コストは商品価格に上乗せされるからである。多くのデザインのなかから製品化されるのは極めて少なく，「低価格もデザインの一部」をモットーにしていることから，価格を抑えるためにデザイナーの希望と異なる素材を使わざるを得ないこともある[13]。

欠品なしと在庫水準の削減をいかに同時に達成できるかが家具小売店にとっても重要な課題である。なぜ在庫保有に伴うコストを意識せざるを得ないかといえば，商品のサイズが大きいという家具製品の特性から説明できるが，それを完成品として保有しようとすると，在庫スペースが嵩むからである。完成型家具としてではなく，組み立て式家具として在庫ができるようになれば在庫スペースが圧縮され，家具小売店も適正在庫をもてるようになる。

それを可能にしたのがイケアの「フラットパック（Flat Pack）」状態での商品の仕入れである。平らな包装で運送費を節約できただけではなく，イケアにとって悩みの種で深刻な問題だった運送時の家具の損傷も軽減できたのである[14]。また，店舗の陳列や在庫スペースの効率化が進むなど店内の物流においても大幅なコスト削減効果をもたらした。商品をコンパクトに梱包することの効果は，生産地から店舗までの物流，その次の段階の店内の物流の効率化にとどまらない。フラットパック梱包方式は消費者をも物流プロセスに組み込むことで，イケア独自のセルフ・ピックアップやセルフ持ち帰りのコンセプトをよ

り定着させやすくした。イケアの持ち帰り方式と組み立て方式が普及すると，店頭から消費者までの物流においても効率化が進むことになり，低価格販売にもつながるからである。

　以上のような優れた商品開発力と低費用構造をもったイケアであったが，初の日本進出において撤退した理由はどこにあったのだろうか。端的にいえば，それはイケア本来のコンセプトがそのまま日本の消費者に伝わらなかったことにある。イケアのビジネスモデルの基本は「安さ，値ごろ感」であるにもかかわらず，実際には海外高級品として訴求されたことが最初の日本進出における失敗をもたらしたといわれている[15]。日本市場においても世界共通の基本コンセプトを貫きながら，日本の住生活環境に適合したマーチャンダイジングを展開すべきであったと言えるのではなかろうか。

　イケアは日本市場から撤退後，2002年から日本の住宅，家庭と暮らしを調査し，2006年に二度目の進出を図り，2018年8月末時点で8店舗を展開している。イケアの20年ぶりの再進出では，引き出し型の家具，焼き魚グリル付きガスコンロの製造など商品の現地化が図られた[16]。また家具の持ち帰り・組み立てに不慣れな日本の消費者のために，当時海外のイケア店舗では見られなかった日本独自の配送および組み立てサービスも提供されるなど初進出における失敗の教訓が活かされている。

　イケアは何より「家具は一生使うもの」という日本の消費者の固定観念を取り払って，人生の様々な場面で家族の形態が変わり，それに伴って家具も変わることを強調している[17]。その変化に対応した家具やインテリアを提案し，イケアならではのデザインや品質が保持できる範囲内で低価格の商品を提供しながら，日本の2大ホームファニシング・ストアとしての地位を固めつつある。

## 2.3　競争優位を獲得したニトリ

　ニトリは2018年2月期に31期連続の増収増益を続けており，過去最高益の記録を塗りかえているが，何がそれを可能にさせたのか，その原動力はどこにあるのかを以下の5点の側面から検討する。

　第1に，価格政策の側面から，ニトリは景気に応じて値段を自在にコントロールし，値下げしても利益を出す構造を作り上げてきた[18]。生産拠点を海外

においているニトリにおいて，円安と原材料の高騰は当然粗利益率を低下させるが，その場合は積極的な出店の継続と業務システムの合理化によって業績拡大を続けてきた[19]。逆に，1ドルが90円を割る円高局面では，輸入コストが下がり，この相場が続くとすると，年間で100億円前後の為替利益が見込めるという。同社はそれをすべて値下げ原資として消費者に還元しようとしてきた[20]。2008年は三度目の値下げをし，2009年2月下旬には四度目の値下げをするなど，頻繁に「値下げ宣言」をしてきたが[21]，こうしたニトリの逆算経営方式は「不況期ほど力を発揮する」[22]ことを示している。

　第2に，商品構成の側面からすると，ニトリは一般家具類だけではなく，ホームファッション部門[23]を追加することによって日本初の「ホームファニシング・ストア」となった。原材料調達ネットワークを構築し，家具店から変貌を遂げ，今や売上全体の50％を超えるホームファッション部門が急成長の柱となっている。ニトリの商品構成は買い替えサイクルの長い一般家具類だけではなく，季節感とファッション性を追求したホームファッション部門を追加することで需要を創り出してきたと言ってもよい。1987年に売上構成比3割弱であったホームファッション部門が2007年には55.9％に達し，家具部門を上回っている。ニトリの商品政策のなかでホームファッション部門の重要性がいかに高くなっているかがうかがえる。2006年度からは商品数を約2割削減し，売れ筋に集約した結果，在庫状況が改善することによってコストが下がるようになった。しかも，売上の減少はなく，むしろ利益を改善することにつながったという[24]。

　ニトリはイケアと同じように価格破壊力をもってはいるが，売場面積はイケアの3割程度しかなく，取扱い商品品目数の面でもイケアの7割程度しかない[25]。イケアとの競争上ニトリにとって重要なのは，売場スペースや在庫スペースの制約のために，商品の在庫水準を極力引き下げる方法を見つけ出すことであった。

　第3に，生産面からすると，委託工場からの部品調達だけではなく，インドネシアとベトナムの自前工場で家具全体を組み立てることによって商品調達の効率化を図っている[26]。自前工場では製造工程から出てきた端材まで残さずに活用することで年間8,000万円が節約でき，その分低価格販売として日本の消

費者に還元された[27]。しかも，生産工程における品質管理の専門家であるホンダの元生産事業部長杉山氏を中途採用し，ホンダで培った品質管理方法を中国などの部品メーカーに伝授し，改善を求めるようにした。その結果，かつて3.3％であった家具の不良品率が2006年1月には1.5％に半減し，2009年2月の時点で0.7％にまで下がった。また0.5％であったホームファッション商品の不良品率は2006年1月の時点で0.1％に下がるなど，劇的な効果を見せた[28]。

　品質管理は生産面だけではなく，物流面でも実施されていた。日本IBMから2007年にニトリに中途採用された児玉氏は，企業向けの物流・倉庫管理の合理化に長年携わってきた経験があり，そのノウハウをニトリの物流改革に生かした。「店舗で扱う商品すべての大きさを測り直し，最適な置き場所，積み上げる数を導き出した」[29]。その結果，「西日本の商品を一手に保管する関西物流センター（神戸市）では99万㎡という保管面積は変えないまま保管量を15％増やした。このため倉庫の賃借面積が減り，関西での倉庫代も5割減る計算である」[30]という。それは運送業務および店舗の改革にも連動していた。物流センターで既にカテゴリーごとに仕分けされた商品を売場ごとにまとめ，「カゴ車」[31]に入れてトラックに積み込む方式は，トラックの積載効率を上げることができ，納品作業も簡素化することができた。こうした物流改革は国内の物流センターだけではなく，海外の自社物流センターの運営においても行われている。現地で商品をいったん集め，備蓄しておいて必要な分だけコンテナに積んで国内の物流センターに輸送する。それは「従来の国内の大型拠点が担っていた在庫の備蓄機能を中国に移し，コストを削減する」[32]狙いであった。それがニトリの増収増益を可能にさせた第4点目の要因といえる。

　第5に，立地政策の側面からみても，ニトリは顧客が30分前後で来店できるような中商圏型チェーンとして，より広い商圏をカバーしようとしているイケアとの差別化を図っている[33]。単なる8店舗のイケアより競争上優位であることは明らかである。

## 3．日本型ホームファニシング業態の生成と発展

　なぜ，ニトリは日本独自のホームファニシング業態を生み出すことができた

のかをイケアと比較するために，本節ではその歴史を振り返ることにしよう。

## 3.1 創業期の苦難と企業文化の確立

　ニトリの創業者は1970年代にアメリカを視察して，目から鱗が落ちる思いをしたという。その頃は，日本では家具店が食器や寝装具などを取り扱うこと自体が珍しく，顧客も家具店で家具以外の商品を買い求めようとはしなかった。創業からしばらくの間ニトリではタンスや食器棚などの箱物が7割を占めていたが，カーテンや寝装具，そしてテーブルなどの脚物を増やし，ホームファッションとホームファニチャーを足した新しいビジネスモデル，ホームファニシングを掲げるようになった。アメリカで夢見たアメリカ型の商品構成がようやくニトリの店頭に現れてきたのである。

　何度も倒産しそうになった創業期を脱して，2000年に50店超，2003年には100号店を達成した。日本国内最大手の家具インテリア専門店に成長しても，それに満足せず，2007年には台湾に海外初進出を果たし，現在まで全土で27店を展開しているのをはじめ，中国に11店舗，アメリカに5店舗を展開している（2017年3月末時点）。ニトリは逆進出の形でアメリカに進出し，苦戦を強いられているが，それを新たなチャレンジの原点と認識している。

　創業者の似鳥氏がアメリカの家具店の視察で目の当たりにしたのは，アメリカの家具は用途や価格が絞られており，製造から小売段階まで色やデザインが一貫してコーディネートされていたことである。メーカーが作った商品をただ店に並べて売るだけで，そのコーディネートは顧客のセンスに任せるような日本とは好対照であった。そこで，ニトリの創業者は日本でもアメリカのような豊かな住生活が実現できるように貢献できる企業を育てようとしたのである。それを実行するためには少なくとも60年が必要と考えた似鳥氏は，60年の長期計画のなか，最初の10年を店作りにあてることとした。

　1973年，経営が苦しい状況下でようやく3号店の開店に漕ぎ着けた際，米国での経験から「似鳥家具卸センター」という看板を下ろし，派手な色調のデザインの外観で「interior nitori」を強調した（似鳥，2015，128-130頁）。ニトリの知名度を上げるには，もっとも大事なのが安売りであった。当時は，問屋の力が強く，他社より安く仕入れることが難しかった。もっと安い商品を仕入れる

ため，倒産品や資金に困っているメーカーを全国で探し求めた。その結果，「安売りのニトリ」の評判は高まっていくが，さすがにリスクが大きく，計画倒産を仕組むような詐欺集団との付き合いなど次第にトラブルに巻き込まれ，そこから手を引くことを決断した。

結局，問屋からの仕入れを止め，直接取引できる全国のメーカーを探し回ることになった。問屋を省く直接仕入れだったために，問屋からの反発はあったが，店舗数が増えて販売力がついてくると，メーカーから直接を仕入れることも可能となり，全体の仕入れの半分以上をメーカーからの直接買い取りへ変更した（似鳥，2015，144頁）。

古い経営を見直すために，価格戦略にもメスを入れた。売上を増やすために実施していた一般客向けの掛け売りは，代金回収の難しさのため，一切やめることにした。加えてすべての顧客に同じ値段で販売する方法を導入したが，当時業界では珍しく，最初は他店より高いということで返品もあったが，とにかく同一価格で安さを追求することにした。

似鳥氏は，他店と同じことをしては生き残れないと信じ続けていた。その先制主義の姿勢は，チェーンストア研究団体「ペガサスクラブ」の師と仰ぐ渥美俊一氏の教えで，今でもニトリの企業文化の根幹となっている。店作りに集中していた「ニトリ家具」はチェーンストア原理を経営に導入するのに熱心であった。念願の「ペガサスクラブ」に加盟し，渥美氏の教えであった「豊かさを育む経済民主主義の実現というロマンチシズムがあってこそ経営ビジョンが生きる」（似鳥，2015，174頁）ことを実践していった。

## 3.2 ホームファニシング・ニトリの実現

家具の同業者の多くが倒産し取引先も消えていたなかで，ニトリは古い経営を見直した結果，徐々に成長し続けた。出店拡大に伴い，1980年には日本初の家具専用の自動倉庫を完成させた。ニトリの商品構成のうち，家庭用品の構成比率の増加に伴い，家具以外の商品を保管する2階建ての倉庫も建設された。それは「ホームファニシング・ニトリ」という新業態の実現のために，流通企業としてははじめての画期的な設備であった。この自動倉庫の建設により，メーカーからまとめ買いができるようになり，低価格化と出店拡大に大きな力

を発揮したからである。

1981年に札幌市以外の地方第1号店の開店に次いで，1983年の道内地方第2号店の出店は，ニトリの成長の重要な第1の転換点となった。年間売上高も目標の2倍の12億円にのぼり，その成功で経営利益率も5％をはじめて超えることができた。ニトリにとって，チェーンストア経営が定着した時期である。家具の構成比率も7割以下になり，家具と家庭用品を一緒に取り揃えた「ホームファニシング・ニトリ」に変貌していった。この時期に社名を，「ニトリ家具」から「家具」をとって「ニトリ」とした。

ホームファニシングという新しい業態の導入と確立への道は，試行錯誤の連続であった。ひたすら家具ばかり販売していたニトリは，家庭用品の売り方がわからず，当然売れ行きも伸びなかった。たとえばカーテンの場合[34]，柄物ばかり並べられている日本の一般的な売り場と違って，欧米のように無地カーテンも置いてみたところ，まったく売れなかったという。柄物に対して2割だけが無地だった場合，顧客はそれに気づかず残り8割の柄物ばかり売れるため，販売員もあえて無地を売ろうとしないからである。ところが，無地の比率を3割まで増やすと，販売員はそれを売らなければ担当部門の目標額を達成できないために，頑張って販売しようとするモチベーションが生まれ，売れるようになっていくことがわかったという。現在では無地の商品構成比率を4割にしているが，売上高の点では6割を占めている。このようなことを繰り返しながら，ニトリはホームファニシングという業態を根付かせていったのである。

ニトリの成長の重要な第2の転換点は，店名をホームファッション・ニトリに変更した1998年であった（似鳥，2015，238頁）。当時開業した南町田店は売上高がこれまでの繁盛店の2倍となり，ニトリの成長に弾みをつけた（似鳥，2015，239頁）。同店以降は，多少地価が高くても人口が多いエリアで出店した方が，商品さえ支持されれば成功するとの自信を深める機会となったからである。その後は年間10店超のペースで店舗数が拡大していく。

## 3.3　家具製品の寿命の長さと品揃えの再編成

ホームファニシングの新業態が生み出されたきっかけは，家具製品の寿命の長さと関係がある。家具の場合，消費者のなかには一生使うつもりで買う人も

いる。長く使えるのであれば，値段が高くても構わない。そのため，多くの消費者にとって家具は頻繁には買わない商品となる。ところが，販売する側からすれば，次にいつ売れるかがわからない商品でもある。すなわち，家具は買い替え需要の周期が長くなるため，そこに季節ごとに買い替えができるような購買周期の短いホームファッション部門を商品構成に加えることによって，売上の変動を解消することができるのである。

　要するに，ホームファニシング・ニトリという新業態は，カーテンや寝装具などの商品開発や販売に力を入れ，季節ごとに部屋の模様替えをしたいという消費者需要を創造しながら徹底的に囲い込むことによって，家具製品の寿命の長さから発生する問題を解決しようとした。また，部屋全体をトータルコーディネートしたショールームを顧客に見せたり，体験させることによって，ホームファッション商品だけではなく，比較的寿命の長い家具製品もついでに買ってもらえるような効果を発揮したと言えるのではなかろうか。

　以上のように，品揃えの再編成および需要の発生様式についての発想の転換がホームファニシング・ニトリという新業態の生成とその成功を導いたのである。

## 3.4　日本型ホームファニシング業態を支えるバックフォーマット

　1985年，先進5カ国によるいわゆるプラザ合意によって，急速に円高が進行した。安さを前面に押し出して出店拡大を押し進めていたニトリは，これ以降，輸入を本格化させた。当時は，家具の展示会というようなものもなく，自力で海外の仕入れ先を探すしかなかった。現地で，電話帳を頼りに観光ガイドを通訳に仕立て，タクシーでひたすら家具工場を回るという方法であったという[35]。

　輸入する際の海外メーカーへの代金支払い方法さえわからず，地元の銀行も貿易業務についての経験が乏しかったためトラブルも多く，手探りで学んでいき実践していった。こうした試行錯誤が，自前でビジネスを作り上げるというニトリの社風を形作っていったといえる（似鳥，2015，201頁）。

　海外の仕入れ先は主に台湾だったが，湿度が高い台湾では問題ない椅子でも，乾燥しやすい北海道では水分が抜け隙間ができるなど，クレームが多く寄せられた（似鳥，2015，201-202頁）。当時，ニトリはまだ店舗数も仕入れ量も少な

かったため，メーカーには独自の要望は聞いてもらえなかった。それでも断念せず，商品仕入れを海外にまで広げていった。

1990年代後半からは，海外からの輸入比率を3年で1割から5割に増やす方針を掲げ，ホームファニシングの商品を供給できる中国の委託工場を育成していった。当時の中国はまだ，まともに繊維製品を作ることができる工場はなく，日本でミシンまで手配し委託先の社員にその使用方法まで指導した。生産拡大のため委託先企業の資金調達まで支援したことで，ニトリの商品を製造する工場が数百カ所まで拡大した。粗悪品というイメージを払拭することに専念し，「お，ねだん以上。」の商品を作り上げていった結果，今では日本の消費者を十分に満足させることができている。現在，ニトリの取扱い商品の約9割が輸入品で，このうち6割が中国からの商品である。

こうした調達の仕組みを構築するきっかけとなったのが，仕入れで試行錯誤をしている最中の1986年，旭川市近郊の家具メーカーであるマルミツ木工の松倉重仁氏と出会いだった。赤字体質に陥っていた同社は，商社を通さず，素材を米国やロシア，カナダから買い付けて家具を製造する企業だった。マルミツがニトリの傘下に入れば，海外調達先も広がり，経営合理化が進むと判断した似鳥氏は，1987年に同社へ出資した（似鳥，2015，222頁）。当時，北海道産の家具は旭川周辺で生産されるものを中心に人気があった。

ところが，マルミツはニトリの傘下に入った後も，道外の百貨店向けに高価な素材で，大型家具を製造するばかりで，ニトリ向けの安価で小型の家具は製造してくれなかった。結局，ニトリは1989年にシンガポールに現地法人を設立し，タイや中国で扉などの家具部品を作ることにした。マルミツの松倉氏は何とか経営を立て直そうとシンガポールやタイから家具の部品を輸入し，それを旭川近郊で組み立てるという仕組みを作ったが，依然として業績は改善しなかった。取引相手の工場任せにするのではなく，自ら経営権をしっかり握って工場を運営しないとだめだと痛感した似鳥氏は，改めてマルミツを通じた海外での現地生産を提案し，松倉氏をはじめ15人を選抜してインドネシアに派遣し，現地生産法人を設立する準備を進めた（似鳥，2015，227頁）。

ニトリが本州に進出した翌年の1993年に，買収したマルミツ（現在の社名はニトリファニチャー）を通じてインドネシアに現地生産法人とともに工場を建

設した。それまでの旭川近郊の工場は閉鎖し，1996年にインドネシアの工場を本格稼働させた。

　工場を建設したスマトラ島のメダン（Medan）は，横浜から船が出航しており，平均月給も3,000円と首都ジャカルタより2,000円も安いといわれていた（似鳥，2015，228頁）。だが，実は部品や電線などを盗む者が，外部だけではなく身内の社員からも出てくる始末だった。もはや警察では手に負えない状況で，インドネシア海軍の関係会社にまで警備を依頼してやっと犯罪を収拾することができた（似鳥，2015，228-229頁）。

　インドネシアでは華僑が実権を握っており，原住民は差別されている傾向が強い。しかし，ニトリでは数年のうちに工場長や役員をすべてインドネシア人だけにした。みんなが平等であることを経営理念とし，現地社員も公平に扱うことが経営をグローバル化させるための条件だとニトリでは考えられている。今や暴動被害は少なくなり，信頼関係を築くことができた現地社員が団結し，日本人社員を守ってくれている。それが工場の稼働率を維持することにもつながった。

　1997年にタイを震源として起こったアジア通貨危機で，インドネシアの現地通貨ルピアの価値は3分1に下落した。その分，現地で支払うべき人件費が節約でき，営業利益率も30％を超え，年間の利益を2億円に押し上げた[36]。当時は日本経済が低迷していたが，不景気であるために逆に低価格を訴求したホームファニシング・ニトリは家具専門店チェーンとして売上を伸ばしたのである。

　インドネシア事業が軌道に乗ってから，2005年にはベトナムのハノイにも新工場を建設した。当時のハノイでは，発電能力の問題で停電も多かったが，賃金が安く豊富な労働力が確保しやすい環境であった。主にタンスやテーブル・椅子などを生産していたが，10年以上経った現在ではベッド，ソファまで生産できるまで製品ラインが広がっている（似鳥，2015，269頁）。社員の帽子の色や背番号で従業員の職歴や役職がはっきりわかるような労務管理を実施した結果，生産性も高まっている（似鳥，2015，270頁）。

　ここまで紹介した，ニトリ成長の軌跡を整理しておこう。海外から商品を輸入しても，販売量が少ないままではコンテナ単位でまとめて調達することはできず，仕入れコストを下げることができない。そこで，取引量を多くするため

に店舗数を増やすと同時に，低価格販売による販売量の拡大にも拍車をかけることになった。問屋任せではできない低価格と品揃えを実現するために考え出されたのが，メーカーとの直接取引であった。それは問屋の反発を招きニトリを苦しめることになったが，それでも直接取引をやめることはせず，自分たちでトラックを手配したり，倉庫を借りるなどして乗り切ろうとした。少しでも安く販売できる調達方法を見つけようと，トラブルの連続でも最後まで諦めないことがその後のニトリの成長の根幹になった。

## 3.5　ニトリの成長の根幹となった自前主義

　自ら海外生産に乗り出したのは，より安い価格，不良品のない品質，そしてニトリ主導でトータルコーディネートされた商品づくりを実現するためであった。直接海外生産に乗り出す前に，ニトリは10社ぐらいの協力企業を集め勉強会を開催しながら，同社で企画・提案した商品の開発を依頼した時期もあったが，思い通りには進まなかった。デザインやスタイル，色，価格帯を統一しようとしても，様々な理由で断られたからだ。結局，ニトリは勉強会を解散し，苦労してもいいから，すべて自社のところでやることを決断したのである。

　ベトナムに第2工場を建設したのは，インドネシアの工場だけに生産を依存することで発生するリスクを分散するためだった。もちろん海外での生産が軌道に乗るまでは苦難の連続だったが，円高が進めば国内生産では立ち行かなくなる事態を予想し，海外生産に転換するという決断に踏み切ったのである。

　そもそも，メーカーが製造した商品を仕入れ，販売業務に専念していた家具店が，自分で家具を製造することなどできるわけがないと非難されることもあった。しかしニトリは，自社が作り方を知らないのであれば作り方に詳しい人材を引っ張ってきて任せればいいという方針で，これまでやってきたという（似鳥，2015，156頁）。

　たとえば，ベッドづくりには部品の材料となるウレタンの生産から始まる。他社から調達していたウレタンには，重量によりで取引価格が決まっていたために，少しでも重くしようと石灰を混ぜるような業者もあった。自社生産をきっかけに，それまでウレタンを納入していた業者の多くと取引をやめることになった。不正な行為がわかってからは，商品づくりにあたって，部品を他社

から調達するより内製できるような条件を整備する方向へ変わったのである。

　ベッドの自社生産をきっかけに，ニトリは低コストで部材を探したり，安く製造する方法を開発するなど，メーカー機能を強化した。また，自社生産は消費者側の悩みを生産現場に反映させることでその解決策を見つけることにも役立った。

　海外輸入品の取扱いや，海外の自社生産工場，そして自動倉庫の建設は家具業界では日本でニトリが初めて行ったことである。それまで外部に任せていた物流業務まで自社で行い，商品の企画から販売まで垂直的に一貫したビジネスモデルを構築したニトリは，「人々の生活を豊かにする」というロマンを掲げながら，海外工場で製造した商品を船舶で輸入するという物流業務まで自社で行うシステムを確立し，品質も備わった低価格を実現したのである。

　ニトリのロマンとは「欧米並みの住まいの豊かさを日本の人々に提供すること」であり，本格的に海外進出に乗り出している現在では「住まいの豊かさを世界の人々に提供すること」である。創業期は家具中心だった商品構成も，家具類の比率は年々低下し，今では4割程度となっている。その代り，ホームファッションと呼ばれる分野の商品，さらに家庭用品全般の取扱いを充実させたニトリは，家の内装全体をトータルにコーディネートしていく新業態・ホームファニシングを日本の家具業界で初めて創り出したと言える。

　似鳥氏は圧倒的な低価格と徹底した品質管理，そしてトータルにコーディネートされた美しさは家具小売店をチェーンストア化してはじめて実現できるものと確信していた。氏は品質のいい商品を安く提供するために，企画もメーカーではなく小売側のニトリ自身が担うべきだと考えたのである。たとえば寝室で考えると，カーテンからベッドまで，製造するのは異なるメーカー（海外の委託工場）であっても，小売業であるニトリによってトータルでコーディネートされた形で取り揃えるようになるからである。物流も商社を活用せず自前で手配する方式に変えるなど，徹底した自前主義によって，ニトリは31年連続の増収総益を達成する日本の家具業界No.1企業へと成長したのである。

## 4．グローバルチェーンへの厳しい道程[37]

　北海道限定のローカルチェーンから全国チェーンへと成長したニトリは，2017年をグローバルチェーン元年と位置づけ，その5年後の22年には1,000店舗・売上高1兆円，32年には3,000店舗・売上高3兆円という長期目標を掲げている。しかし，日本のホームファニシング業態のパイオニアとして20年弱独走体制を維持し続けてきたニトリであっても，高齢化や人口減で市場縮小を余儀なくされるであろう。国内での拡大に限界を感じざるを得ないニトリは，掲げた目標を達成するためには，いずれ同社の成長の軸を海外事業に移すことになろう。アメリカで夢見たそのような豊かな生活を日本で実現したニトリは，今度は，同社が築き上げた「住まいの豊かさを世界の人々に提供」するために海外進出に取り組むことになる。

### 4.1　アメリカへの逆進出

　ニトリがその志の芽生えたアメリカでアキホーム（Aki-HOME）という店舗名で初出店を果たしたのが2013年10月であった。以来，西海岸ロサンゼルスに集中的に出店し認知度を高める戦略を推進している。日本と同じように，「お，ねだん以上。」の高品質な商品の魅力を伝える一方，日本人との体格の違いや，日本とは異なる住生活環境に適合させた独自の商品開発にも力を入れている。さらに，季節ごとに買い替えができるような購買周期の短いホームファッション部門や，コスト・パフォーマンスの高い家具類を主体とした売場構成など，現地ニーズに合わせた店づくりを進めている。ニトリは現地新生製造小売企業から先端国際製造小売企業に生まれ変わり，アメリカに逆進出を果たしたものの，いわゆるリバース・イノベーションの気配はまったく見えない状況にある。

### 4.2　中国市場進出

　アメリカ事業と同様に苦戦を強いられているのが中国事業であり，2014年10月に湖北省に中国第1号店「武漢群星城店」を開店した。中国での店舗名は「NITORI」で，中国には珍しいホームファッションを重視する事業展開をし

ている。同市場では家具やインテリア，雑貨などをトータルに取り揃えている店舗はまだ少なく，それを事業チャンスと捉え，これまで本国で培ったニトリの強みを十分発揮できると考えている。しかし，中国事業は軌道に乗ることができず赤字が続くなか，当面は市場研究と人材育成を進めながら，多店舗展開に備えた体制づくりが優先課題とされている。

　店づくりとともに供給体制をゼロから作り直さなければならないアメリカ事業とは異なって，中国市場はニトリの成長プロセスのなかで商品調達・生産の拠点となっており，物流拠点としても重要な役割を果たしてきた。要するに，ホームファニシング業態の未成熟な市場だけに競争相手は少なく，ニトリ製品の供給体制が整っていることから，中国市場はニトリにとって有望な市場であることは間違いなかろう。問題はニトリならではの強みで中国消費者ニーズとのギャップをいかに埋めていくかである。

## 4.3　台湾での競争力

　上記の国際展開と異なり，黒字化を達成した台湾ニトリは，2007年5月，高雄市からの出店要請を受けて台湾第1号店をオープンした。現在は閉店しているが，「高雄夢時代店」がニトリの海外第1号店でもあった。台湾人の親日感情は日本の生活文化に憧れる消費者を生み出し，そういう意味で日本との共通点も多い市場でもある。しかし，台湾では寝具のサイズなどが意外と欧米風であったり，日本とは異なる点が多いことに気づいたという。台湾人が慣れ親しんでいる欧米規格の家具は，実は台湾人の体格や生活習慣に合っておらず，今後は台湾人の体格にふさわしい家具の導入を進めることがむしろ事業チャンスにつながると捉えられた[38]。アジア人の生活様式に合った家具を取り揃えているニトリは組み立て済みの利便性や価格の安さという強みも有している。それは台湾市場においてイケアよりも競争上優位に立つことを可能にさせたのである。それと同時に，台湾の顧客や地域性に合わせた独自の商品開発・調達にも力を入れるようになり，現在は約7割が本国との共通商品，約3割が現地の独自商品となっている。

　首都台北にはイケアより後発ながらも，「お，ねだん以上。」の魅力が現地の顧客を引き付け，台北など主要都市で認知度を高めている。現在，多店舗化が

順調に進んでおり，規模の経済性を活かして黒字化を達成している。面積が狭く，一部の都市に人口が密集している台湾では，都市型の小規模店を含め様々な形でのフォーミュラーを開発することで，ドミナント出店を進めている。このような台湾での出店政策が同様の地理的条件をもつ東南アジアやその他諸国における標準的な店舗モデルになる可能性は大きいといえよう。

## 4.4　国際展開と経路依存性

　ニトリは40年間国内限定の全国チェーンであったが，そこで創造された日本型ホームファニシング業態をもって，今度はグローバルチェーンになろうとしている。50年間成長し続けたなか，多くの主要な出来事がニトリの成長と転換を容易に促進してきた。

　ニトリは2007年に海外進出に乗り出したが，国際展開においても経路依存性が大きな影響を与えると考えられる。ニトリの国際展開において，まず長期目標を設定し，店づくりに長い時間をかけること，第2に，供給体制づくりも同時に進めること，第3に，ドミナント出店方式を展開していることに共通点をもっている。これはニトリの国内展開における歴史的経緯に由来している。

　似鳥氏は，アメリカのような豊かな生活を日本においても実現させる企業になるためには，創業から少なくとも60年がかかると考えた。60年の長期計画のなか，最初の10年は店づくりに充てられた。安売りのための安い商品を仕入れるため，直接取引できる全国のメーカーを探し求めた。ゼロからの供給体制づくりを同時に進めていたのである。出店拡大に伴い，家具専用自動倉庫を完成させ，それによりメーカーからまとめ買いができるようになり，ニトリの低価格化に大きな力を発揮した。札幌市を中心にするドミナント出店は物流コストの削減につながり，その分の賃金を新規出店に回すことができた。

　社名を「ニトリ家具」から家具をとって「ニトリ」に変更したのも，店名を「ホームファニシング・ニトリ」にしたのも1986年からで，家具の構成比率を縮小しながら，家庭用品を一緒に取り揃えるホームファニシング業態の確立と重なる。1992年まで北海道内に限定したチェーン展開をしていたが，その翌年の93年には本州初出店に乗り出した。

　店名を再び「ホームファッション・ニトリ」に変更した1998年には，南町田

店の開店で，売上高がこれまでの繁盛店の2倍と達成し，この成功がニトリのさらなる成長の弾みとなった。同店以降は，需要拡大の見込みさえあれば可能な限り出店するということで，その後年間10店超のペースで多店舗展開を行った。本州初出店からわずか10年余りで新たに100店強を出店した結果，ニトリは一気に全国チェーン展開に成功したのである。最初，北海道内で地歩を固めたニトリは，その後全国に店舗網を広げ，2007年には台湾南部に海外店舗第1号店を展開するようになった。台湾の都市部では大型家具類は少量しか在庫せずホームファッション部門に特化した小型店を展開することもあったが，それは1999年に国内で新しく登場した店舗形態であり，SC内にテナントとして出店する新しい出店形態であった。ニトリが国内からグローバルチェーン化に取り組み始めるまでに46年もかかったのは，製造・物流としてのグローバル化を優先課題としていたからであった。

ニトリがグローバルチェーンになるために進出先国で行った3点の取り組みは，創業から北海道内に限定したローカルチェーンになるまで，またローカルチェーンから全国チェーンに成長するまで行ってきたことで，経路依存的だといえる。

## 5．おわりに

ニトリは自主企画ブランドを中心に製造部門と小売部門を垂直統合した仕組みを日本ではじめて導入し，一般家具類だけではなく，部屋全体を揃えるホームファニシング業態を戦略的に採用することで日本の家具インテリア業界に大きな反響を呼び起こしたのである。同社は積極的な出店とグローバルな商品調達ネットワークの構築で，さらなる発展を遂げた。

北海道限定のローカルチェーンから全国チェーンへとその規模を拡大し，さらに海外進出にまで踏み出したニトリは，現在に至るまで一貫してグローバルな商品調達ネットワークを構築し強化してきた。創業当時はごく普通の家具店であったニトリが自主企画ブランドの製造を手がけ，今や原材料の調達から製造・販売・物流まで一貫体制を有する企業へと転換したのである。

もっとも，ニトリは工程および品質管理に目を向ける余裕がなく，生産自体

は委託工場に任せざるを得なかったが，その結果，不良品の発生率が高くなった。それを減少させるためには，工程管理を自ら行うことが重要であり，それがコスト管理にもつながることが認識された。そもそも小売業出身で，製造管理のノウハウのないニトリが，製造業者としての性格を強化するには，製造業出身の人材を外部から採用することしかなかった。

　製造・物流・小売部門を垂直統合した新しいビジネスモデルを日本の家具インテリア業界ではじめて導入したニトリは，上記のような歴史的経路を経て，日本家具インテリア業界の最大手チェーンに発展することができたのである。それがニトリ独自のホームファニシング業態の国際移転にどのような影響を与えるか，経路依存性の観点から分析されるべきであろう。

注
1　Cheng（2003），p.23より引用。
2　ニトリのホームページ（https://www.nitori.co.jp/recruit/about_us/history/index.html，2018年8月26日閲覧）より引用。
3　ニトリのホームページ（https://www.nitori.co.jp/recruit/about_us/division/stores/index.html20，18年8月26日閲覧）より引用。
4　イケアのホームページ（https://www.ikea.com/ms/ja_JP/this-is-ikea/about-the-ikea-group/index.html#sustainable-growth，2018年8月28日閲覧）より引用。
5　『イケアグループ年次サマリー2017』（https://www.ikea.com/ms/ja_JP/pdf/yearly_summary/IKEA_Group_Yearly_Summary_2017.pdf，2018年8月28日閲覧）より引用。
6　『日経ビジネス』2006年5月22日号より引用。
7　『イケアグループ年次サマリー2017』（https://www.ikea.com/ms/ja_JP/pdf/yearly_summary/IKEA_Group_Yearly_Summary_2017.pdf，2018年8月28日閲覧）より引用。
8　『日経MJ』2005年11月7日付より引用。
9　「ポエング」とは，イケアのアームチェアのブランドとして世界のベストセラーおよびロングセラー商品となっている（『北欧スタイル』No.12，30-31頁）。
10　北欧スタイル編集部（2008），62頁より引用。
11　『日経MJ』2005年11月7日付より引用。
12　同上
13　北欧スタイル編集部（2008），62頁より引用。
14　リュディガー・ユングブルード（2007），60頁より引用。
15　『販売革新』2006年3月号，90頁より引用。

16 『販売革新』2006年5月号，20-27頁より引用。
17 ラース・ペーテルソン（2007），「IKEA meets JAPAN—イケアの日本進出戦略と環境への取り組み—（JFMA新春セミナー講演録）」『ワーキングペーパーシリーズ』No.33，7頁より引用。
18 『日経MJ』2009年2月23日付，『日経新聞（朝刊）』2009年3月5日付より引用。
19 『日経金融新聞』2006年11月16日付と『日経MJ』2006年7月12日付より引用。
20 『日経MJ』2009年2月2日付より引用。
21 『日経新聞（朝刊）』2009年3月3日付より引用。
22 『日経MJ』2009年2月23日付より引用。
23 住生活に関連する商品群を購入頻度と製品ライフサイクルによって大きく2つの商品群に分けることができる。典型的な耐久消費財で購入頻度の低い家具部門に比べて，季節感とファッション性を追求した相対的に購入頻度の高いファブリックなどの雑貨類の商品群をホームファッション商品と呼ぶ。
24 『ダイヤモンド・ホームセンター』8・9月号，13頁と『日経新聞（朝刊）』2009年3月5日付より引用。
25 ニトリの店舗は平均売場面積約5,000㎡の広さをもち，イケアの世界中の売場面積が30,000㎡前後であり，取扱い品目数もイケアは約1万品目でニトリは7,000品目であるといわれている（各社のホームページより引用）。
26 たとえば，価格5万9,900円のニトリオリジナルFSVシリーズのキッチンボードの生産国をみると，耐震金具は日本で，取っ手は中国で，ホルムアルデヒドの放散が少ない木材はニュージーランドで，スライドレール付き引き出しは中国で，1,500Wブレーカー付きコンセントは中国で，最後の全体の組み立ては自前工場があるベトナムとインドネシアで行われている。詳しくは『日経MJ』2009年2月23日付を参照されたい。
27 「激突！巨大家具メーカー」，TV番組『ガイアの夜明け』2006年5月23日放送より引用。
28 『日経MJ』2006年1月16日付と2009年2月23日付より引用。
29 『日経MJ』2009年2月23日付より引用。
30 同上。
31 車輪付きの大きなカゴのことであるが，売場ごとに商品をまとめてそのカゴ車に入れてトラックに積み込む方式で，それが売り場に真っ直ぐ向かうようになっている。その結果，トラック1台に積み込める量は半減し，毎朝2時間はとられた納品作業がより簡素化した。運送コストの支払い方式もトラック1台あたりから使用時間に切り替えてトラック利用台数を増やしながらも運送コストは節約できるようになってきている（詳しくは『日経MJ』2009年2月23日付を参照されたい）。
32 『日本金融新聞』2006年11月16日付より引用。
33 『販売革新』2006年10月号，44頁より引用。
34 詳細の記述については，似鳥（2015），205-206頁に基づいている。
35 「激突！巨大家具メーカー」，TV番組『ガイアの夜明け』2006年5月23日放送よ

り引用。
36　以上，インドネシアの自社工場の設立から安定するまでの経緯については，似鳥（2015），228-234頁に基づいている。
37　ニトリホールディングスのホームページ（https://www.nitorihd.co.jp/division/special/，2018年11月28日閲覧）に基づいている。
38　Y'sコンサルティンググループのホームページ内のオンライン記事（https://www.ys-consulting.com.tw/news/21813.html，2010年3月30日登録，2018年11月29日閲覧）より引用。

# 第9章
## イケアの参入と
## 韓国家具インテリア市場の拡大

## 1．はじめに

　1990年代後半から2000年代前半まで斬新なコンセプトでデザイン性の高いインテリアや家具，雑貨を購入したい日本の消費者に，無印良品，フランフラン，マルイのインザルーム（in The Room）などが人気であった[1]。そこに安価で住生活をすべてカバーできる幅広い品揃えのイケアが2006年に出店することになった。日本を代表するニトリおよびイケアの2大ホームファニシング・ストアが業界の価格，品質，デザインの標準を作っている間に，2013年インザルームは閉店となった。前章で確認したように，近年，イケアはニトリとともに日本の家具インテリア業界に大きな影響を与えているに違いない。

　日本市場での反響以上に韓国の家具インテリア市場でのイケアの存在感は大きい。イケアコリアが初登場したのは2014年で，他のアジア進出先国よりも遅かった。今やイケアの進出先国のなかで最も急成長を遂げている韓国市場であるが，同社は参入前から非常に慎重な態度をみせた。なぜなら，韓国でDIY（Do It Yourself）文化の先導者であったイギリスのB&Qが進出後2年で撤退したこと，また未成熟で保守的な韓国の家具生産流通システムの存在のためであった。

　イケアコリアは第1号店を開店してから1年後の2015年12月時点での年間売上高が3,080億ウォンと[2]，単一店舗として好成績でのスタートを切った。現在，2店舗しか展開していないが，2018年の実績をみると[3]，売上高4,716億ウォン

で前年対比29％の急成長を遂げており，年間の来客数が870万人にも上った。2018年3月に韓国の統計庁が発表した韓国の総人口は5,147万人だが，総人口の約6分の1に当たる顧客がイケアに来店したことになる。

B&Qの苦戦とは正反対の結果をみせたイケアコリアであるが，その成功要因はどこにあったのだろう。またそれが韓国の家具インテリア市場にどのような変化をもたらしたのか。本章ではこの2点について業態の国際移転と国際化による触媒効果という視点から明らかにしたい。

## 2．韓国家具インテリア市場に参入した外資企業

当初，イケアコリアはDIY文化を韓国の消費者の生活習慣にどれだけ馴染ませるかを大きな課題としていた。なぜかというと，イケアの進出前にDIY業界の代表格であるイギリスのB&Qが韓国に進出してから進出後2年で撤退に追い込まれたからである。B&Qは1999年から第1号店を展開するまで6年という慎重な準備段階を経て，建築資材からホームファッションの小物まで3万5,000品目を取り揃えた韓国初のホームセンター（以下，HCと略称）であった。ところが，2号店を開店してから1年にも満たさない短期間で事業を引き上げてしまったのである。その大きな理由は，韓国市場の理解不足による売上不振であった。

B&Qの進出当時，韓国の主な住居形態は，建設ブームのなかで収納付き家具だけではなく，家電まで備え付けられた分譲アパート（高層マンションのこと）が中心であった。リフォームの需要はあったとしても，ほとんどが業者任せで，DIY型リフォームの需要は少なかった。

それに比べ，1972年にHC業態が登場した日本では，同業態がDIY文化の普及に大きく貢献したといわれている。山崎（2001）によると，日本のHC業態はDIYに関する情報源としての役割を果たしていた。さらに同業態をより成長・発展させるためには居住者の住宅メンテナンス能力を促進させるDIY技術の上達を図るべきだと指摘している。また，品揃えの側面においても，インテリア用品や家具・寝具，家電製品まで取り揃えることにより，DIYに興味のない人向けにも品揃えを充実させていた。

日本のHCが住宅メンテナンスを促進するうえでDIY文化を普及・定着していたにもかかわらず，そもそも韓国で住宅メンテナンスといえば，住宅ストックの6割を占める分譲アパートのような共同住宅が主な対象であった（一棟他，2007）。韓国の分譲アパートの寿命は非常に短く，古くなると一戸単位でリフォームを実施するよりも共同で建て替えたり，リモデリングを行うのが一般的である。また，残りの単独住宅（戸建て住宅）の場合は，分譲アパートに比べ資産価値が低く，賃貸の多世帯利用がほとんどであるため，DIY需要は少なくならざるを得なかった。

　B&Qコリアは以上のような韓国の住宅文化を看過し，そのビジネスコンセプトの重点をDIYによるリフォームに置いたことが失敗をもたらしたと考えられる。その反省を活かし，イケアコリアはセルフ・インテリアによるホームファッションをより強調し，事業成功につなげたのである。

　イケアコリアは価格志向の強い低所得層には安さで勝負し，中間層に対してはデザイン性の高さを訴求しながら幅広い顧客層を獲得した。そうすることにより，同社は世界初のホームファニシング・ストアとしての名声を高めていった。多くの韓国の家具メーカーがサプライチェーンの一部の機能のみを担ったり，グループ内の閉鎖的な商品調達システムのもとで事業を展開したのに対し，イケアはグローバルに展開した企業ネットワークを利用しながら，デザインから生産，販売まで圧倒的なコストリーダーシップを発揮したのである。

　以前は長く使えるものだから高くても構わないという消費者意識が強かった韓国の家具市場であったが，イケアの登場により，ファッション性の高さと買い替え需要の周期の短縮化を創り出しながら本格的に韓国のホームファッション市場を切り開いたのである。

## 3．韓国の家具市場環境とその変化

### 3.1　1990年代半ばまで

　1966年にボルネオ家具の設立を皮切りに，韓国の家具産業も量産体制に入った。大衆消費社会の到来とともに，ライフスタイルの洋風化が進んでいた1980

年代に欧米からの技術導入や欧米スタイルの商品開発が本格化した。

**図表9-1　韓国における1990年代以前の木製家具の需給構造** (単位：億ウォン)

| 年 | 生産 | 輸入 | 輸出 | 内需 | 内需の伸び |
|---|---|---|---|---|---|
| 1980 | 1,648 | 31 | 145 | 1,534 | 100 |
| 1985 | 4,199 | 137 | 432 | 3,906 | 254 |
| 1991 | 19,183 | 476 | 1,205 | 18,454 | 1,202 |

出所：黃（1994），132頁より筆者加筆修正。

　図表9-1からもわかるように，韓国の家具輸入は，1985年から内需拡大に伴って増加しているが，内需の3％台にとどまっている。1991年時点では約2兆ウォン規模の内需中心の市場となっている。とりわけ，内需が1980年に比べると12倍と急激に伸びたのは，新商品の開発，新市場の開拓，経済成長による需要の増加，都市化・アパートの建設の増加などが理由として挙げられる（黃，1994，131頁）。

　韓国では家具生産において長らく大手企業中心の一貫生産体制が定着してきた。黃（1994，134頁）によると，「商品の製造技術，設備投資額の大きさ，納期，製品の質などから，中小企業ではこのような製品の部材を加工・納品できる条件が整っていないから」だと考えられるが，1990年代以前の加工は高付加価値を生み出す工程であったために，外注に出さない側面も大きかった。

　1990年代前半までの韓国3大家具メーカーは，ボルネオ家具，ヒュンダイ総合木材，東西家具の順番であった。首位のボルネオ家具はアメリカ，日本，香港などに支店を設けるなど積極的に海外展開に乗り出した。1980年代にイタリアから技術導入を行い始め，韓国初のハイグロシ・タンス製品を開発した結果，需要創造に成功し，不動の首位を維持してきたのである。

　第2位のヒュンダイ総合木材は，韓国のヒュンダイ財閥系の家具メーカーとして1977年に設立され，リバート（Livart）という商品ブランドとして名が知られている。当初はアパートや船舶の内装材を供給した建築資材のメーカーとしてスタートしたが，その後，総合家具分野にも事業を拡大していた。1970年代の韓国経済発展を支えた財閥系の大手メーカーであるだけに，旧ソ連，ロシア，アメリカ，東南アジアからの原材料の調達はもちろん，家具の輸出にも積

極的であった。

　その次は東西家具である。オーナーがボルネオ家具社長と兄弟であり，1970年代半ばまでボルネオ家具の工場長であったが，独立して1977年に同社を設立した。イタリアからの技術導入で商品開発していたボルネオ家具と違って，日本から塗装および表面処理技術を導入することで差別化を図った。

　韓国の家具業界では家具問屋のような中間流通業者が存在せず，市場開拓はもっぱらメーカー自らによるものであった。大手メーカーはブランド力を利用し，自社製品の代理店を通じて販売網を確保した。1993年時点でボルネオ家具が240店，ヒュンダイ木材工業200店，そして東西家具が240店の代理店を設けており，地域の割り当てや販売諸条件によって代理店契約が結ばれていた（黃，1994，137頁）。氏によると，倉庫や在庫は基本的にメーカーが持ち，代理店は家具の展示による現品販売やカタログ販売を行っていた。

　以上のように1990年代半ばまでの韓国家具市場は，原材料調達から生産，販売まで一貫体制を有していた大手メーカーにより，高所得者向けに高価格製品を生産・販売していた。中小メーカーは生産された低価格製品を一般の零細家具小売店を通じて低所得者向けに販売した。要するに，韓国家具産業は二極化された生産・流通構造をもって成長していたといえよう。

## 3.2　1997年の韓国通貨危機以降

　1997年のタイ発のアジア通貨危機，2008年のアメリカ発のリーマンショックにより，家具業界も例外なく経営悪化に転じた。1990年代前半まで不動の１位であったボルネオ家具は無理な海外投資などで経営不振に陥り，世界の家具インテリア市場の変化に対応できないままであった。同社の2012年の売上高が1,342億ウォンであったが，2016年には324億ウォンに急減した[4]。最大手メーカーさえ収拾がつかない間に，ハンセム（Hanssem），ヒュンダイリバート（Hyundai Livart），エネックス（Enex），ファシス（Fusys）などがその後の家具市場を再編した。そこに2014年のイケアの韓国市場進出が重なり，より大きな変化をもたらした。

　韓国の統計庁によると，韓国家具市場規模は約９兆ウォンで事業所数は約3,500社にのぼる。そのうち，従業員10人以下の中小零細事業所が約86.9％，年

商10億ウォン未満の事業所数が約87％を占めている。そのほとんどが自社ブランドを保有しないOEM（original equipment manufacturer）生産のメーカーであり，その市場シェアが約84％に達する。そのなか，首位のハンセムと次のヒュンダイリバートが市場シェアの約5％を占めているに過ぎない。

　首位のハンセムは建設会社にキッチンおよび厨房家具を供給するメーカーであったため，建設業界の景気に左右される収益構造が長らく続いた。しかし，もっぱら建設会社に依存していた体制から直接消費者に販売する体制へと転換し，実績改善に成功した。同社は顧客のライフスタイルに合わせて家具を設計・提案するスペースコーディネーターを通じた相談窓口の専門性を高めることで競合他社との差別化を図っている[5]。

　ヒュンダイリバートは2013年にヒュンダイ百貨店グループの傘下に入り，従来のリバートから社名の変更を行った。販売チャネルとしてグループの百貨店を利用しながら，プレミアム家具としての高級化で差別化を図っている。首位のハンセムの販売戦略を模倣する形で，建設会社の備え付け家具用の特販に重点を置いていたが，百貨店だけではなく，リバートスタイルショップ（トータルインテリア店）やリバートハウジング（厨房家具やキッチンのインテリアに特化した専門店）を通じて徐々に消費者への直販に方向転換している。

　本来オフィス家具中心のファシスも上位の2社とともに，建設会社の家具特販市場から消費者への直販市場の開拓に成功している。ところがそれ以外の従業員10人未満の中小零細家具メーカーや小売専門店は，斬新なデザイン性や価格競争力を標榜しているイケアに駆逐されつつある。そのほとんどがイケアの第1号店（クァンミョン）と第2号店（コヤン）の商圏と完全に一致していたからである[6]。

## 3.3　イケア進出の2014年以降

　イケアは韓国に進出する以前から韓国の消費者にとって馴染みのある家具メーカーであった。20〜30代の新婚夫婦および結婚適齢期の購買者100人を対象に行ったアンケート調査の結果をみると（배，2007，103頁），回答者の91％がイケアというブランドを認知しており，正式な販売ルートも存在しないなか，既に購買・利用している回答者が34％にのぼった。欧米で留学を経験した韓国

の若者は，留学先で使っていた経験を活かし，口コミでイケアの良さを広めていた[7]。留学経験者以外も個人輸入や輸入代行を通じてイケアに慣れ親しんでいた。韓国に正式な店舗を構える1年前から同社はイケアコリアのホームページを立ち上げ，イケアの家具やインテリア雑貨をより安く手軽に購入できることを認知させていた。DIY文化をはじめて韓国市場に持ち込んだＢ＆Ｑでさえ，家具だけは韓国の大手家具メーカーによる完成型商品を取り扱った。実際に，消費者がショールームを通じて自分の目で見て，自宅まで運び，組み立てる仕組みを提供したのはイケアが最初であった。

　組み立ての仕組みに慣れ親しんでいる若い世代は，より安い賃貸の住居を求めて引っ越しを繰り返すようになっている。また景気低迷が続くなか，雇用ショックといわれるほど青年失業者も多く，収入が伸びない1人暮らしの若い世代は，高くても一生使える完成型家具よりも，2年契約終了後の引っ越しの時に邪魔にならない安価の組み立て式家具を好むようになっている。

　韓国統計庁による2018年の人口調査では，1人世帯が最も多く（韓国全世帯の29.1％が1人世帯，2人世帯が27.4％）[8]，2045年になると，全世帯の36.3％が1人世帯になる[9]と推計されている。今後ともイケアの安価で自由度の高い組み立て式家具は1人世帯の若い世代に引き続き支持されるだろう。

　ところが，欧米よりも狭い住宅空間，備え付け家具だけではなく家電まで揃える分譲アパートの比率が高く，それゆえ，他の進出先国よりも家具需要の少ない韓国固有の住宅事情のため，イケアコリアの家具販売は期待できなかった。それを背景に，イケアは部屋の模様替えにおいて家具よりもインテリア雑貨の販売に比重を置いたのである。以下では韓国固有の住宅事情を詳細にみることで，イケアが商品構成を変更せざるを得なかった理由を探ってみよう。

　韓国の分譲アパートは，商品開発から営業・設計・生産・施工・アフターサービスまで一貫した生産供給体制を確立している財閥系の総合建設会社によって建てられるのが一般的である。日本ではこのような開発・建設工事はデベロッパーや不動産会社が主導権を握り，建設されたマンションには不動産会社のブランド名が冠としてつくが，韓国ではゼネコンの冠が開発されたアパートにつく[10]。アパート開発を得意とする大手から準大手のゼネコンは，独自のブランド名で開発から販売までを一手に行う。それが資産価値に大きく影響し，

消費者はそのブランド名からどこのゼネコンが建てたかを認識し，購入の判断材料の1つとする。

韓国のゼネコンは財閥系が多く，アパートの建設から内部の備え付け家電や家具・インテリアまでグループ会社から安く調達することが可能である。家具インテリア市場においても財閥系の家具・建築資材メーカーを利用した流通網が構築されている。キムチ冷蔵庫やサッシまで何もかも備え付けやオプションで引っ越す前にいつでも生活できる家ができあがる。このような韓国固有のアパート建設業界の特殊性に由来する住宅事情のため，イケアがセルフ・インテリア需要を創造するうえで限界を感じていたと考えられる。

そこでイケアはサンルーム化（インナーテラス）している韓国固有のアパートのバルコニーに注目した。マンションのバルコニーの空間をテラスとして活用している日本とは違って，韓国では居間の延長にするか，収納空間として活用している居住者が多い。日本ではバルコニーは共用部分となり，勝手に改修できないが，韓国ではバルコニーの面積分は専有であり，また課税対象面積に入らないため，広いバルコニーが好まれ，冬の暖房のため大半がサンルームに改造されることが多い[11]。このような韓国ならではの住生活環境に合わせてバルコニーの収納性を強調した商品およびインテリアの提案を行いながら[12]，イケアは需要創造を実現したといえよう。

また，イケアコリアの現地適応化に対する大きな阻害要因として，中小零細家具メーカーおよび小売店の反発が取り上げられる。上述したように，イケアの出店地域は韓国の家具産地と重なっていたため，出店前からその反対運動が激しかった。そこで第1号店が出店するクァンミョン市の市民を優先採用する方針を発表したイケアコリアは，約900人の採用の枠に同市民400人を採用した[13]。2017年には約700人を新規採用し，そのうち女性の採用率が58.7％に達した[14]。出店地域における雇用の受け皿としてイケアが果たした役割は大きいと言わざるを得ない。

100％自社商品を販売することがイケアの商品政策の基本であるが，韓国の事情に合わせて修正を行っている。たとえば，店舗の一部（約350坪）を共同展示場として家具流通事業協同組合に提供し，地域社会貢献事業の1つとして健康増進センターの設立を支援しながら，地域住民との共生に積極的に取り組

んでいる[15]。

　イケアコリアが開店100日目を迎えて来店客500人を対象に実施したアンケート調査の結果をみると[16]，回答者の45％がイケアの魅力としてリーズナブルな価格を，39％がデザインを選んだ。事業開始から問題として指摘されていた殺到する来店客による混雑さや品切れに対しては不満の声もあったようだが，それでも96％もリピートしたいと回答したという点から現地でのイケアの選好度の高さがうかがえる。

　このようにして得られたイケアに対する消費者の大きな支持は，同商圏内に出店しているコストコやロッテ・アウトレットモールへの来客数まで増加させている[17]。このようなイケアの集客効果は地域経済活性化を牽引していると自治体によっても評価されている。

## 4．現地新生家具製造小売企業と市場の拡大

　低価格でデザイン性の高いイケアの成功の陰で，これまで家具市場規模の8割以上を占めていた中小家具メーカーが淘汰されつつある。ほとんどが自社ブランドを持たず，大手家具メーカーのOEMに依存しており，経営資源不足で新しい商品開発やマーケティング活動にも活路を見い出していない状況にある。

　このなかでハンセム，ヒュンダイリバートなどの現地大手企業もイケアとの競争で大きな打撃を受けると予想された。ところが，**図表9-2**のように，イ

**図表9-2　韓国の家具インテリア企業の実績**　　（単位：億ウォン）

|  | 2014 | | 2015 | | 2016 | | 2017 | | 2018<br>（1-6月） | |
|---|---|---|---|---|---|---|---|---|---|---|
|  | 営業利益 | 売上高 | 営業利益 | 売上高 | 営業利益 | 売上高 | 営業利益 | 売上高 | 営業利益 | 売上高 |
| ハンセム | 1,020 | 12,655 | 1,391 | 16,310 | 1,576 | 18,550 | 1,619 | 19,739 | 261 | 9,932 |
| ヒュンダイリバート | 342 | 6,429 | 390 | 6,942 | 422 | 7,356 | 493 | 8,884 | 275 | 6,709 |
| イケア | − | − | − | − | − | 3,450 | − | 3,650 | − | 4,716* |
| エネックス | 54 | 2,619 | 81 | 3,083 | 24 | 3,941 | 35 | 4,345 | 12 | 2,188 |
| ファシス | 204 | 2,199 | 237 | 2,436 | 168 | 2,316 | 230 | 2,894 | 161 | 1,594 |

注：＊はイケアのみ2017年9月1日から2018年8月31日までの実績となる。
出所：韓国金融監督院の電子公示（https://www.dart.fss.or.kr/，2018年11月10日閲覧）に基づき筆者作成（イケアのみホームページを参照）。

ケアの韓国進出後，上位5社の実績をみると，むしろ売上高も営業利益も年々大きく伸びていることが確認できる。それはなぜなのか。

韓国市場ではイケアの進出前から収納空間に対する顧客のニーズが高まっていた。にもかかわらず，地元のライバル企業は家具製品に集中していたため，収納に対する需要を満たすことができなかった。つまり，当時韓国では居間・寝室・浴室など住宅内のすべての室内装飾用品を包括する，いわゆるホームファニシングのコンセプトが普及していなかったのである。そこでホームファニシング業態のパイオニアで世界最大手のイケアが，手ごろでデザイン性の高い商品を武器としながら，潜在顧客の掘り起こしに成功したため，市場が拡大したのである。

成熟化が進む日本の家具インテリア市場とは違って，イケアの韓国進出は成長の見込みのあるホームファニシングという新しい市場を創造し，現地のライバル企業を刺激することで，家具インテリア市場全体の拡大に貢献したといえる。韓国家具インテリア市場は現在，現地の大手ライバル各社もホームファニシング・ストアを開店するなど競争の激しい市場となっている。こうした市場拡大を牽引してきたのが世界初のホームファニシング業態のイケアだったのである。

強力な先端国際小売企業のイケアが進出したものの，その後韓国の家具インテリア市場で首位に立ってきたのは地場企業ハンセムであった。同社はいかに競争優位性を獲得できたのだろうか。1970年に設立されたハンセムはキッチン家具のみを取り扱っていたが，1997年にインテリア部門まで事業を拡大し，2005年には韓国大手ゼネコンによる分譲アパートの新規建設およびリモデリングの特販事業（B2B）から一般消費者（B2C）へと販売市場の重点をシフトした。

이・노（2016）によると，ハンセムはキッチン家具専門メーカーからホームファニシング・ストアへと変身を図るにあたり，初期成長戦略のモデルとして日本のニトリをベンチマーキングしたという。日本初のホームファニシング業態を生み出したニトリは，自主企画ブランドを中心に製造部門と小売部門を垂直統合した仕組みを戦略的に採用しながら，日本の家具インテリア市場で確固たる地位を築くことができたからである。それは国際商品調達力を最優先し，低費用・高収益構造の構築によって可能となったといっても過言ではない。ハ

ンセムはそのことをイケアとの競争における優位性を確保するための最優先課題と認識し，コストリーダーシップを発揮するようグローバル・ソーシングに力を入れることにした。また，自社製品の約5割を海外委託工場から調達することによって，生産原価を2013年には8％削減し，その翌年の14年には約18％まで削減できたという（이・노，2016，128-129頁）。

原価削減をもとに価格競争力を確保したハンセムは，次に販売チャネルを改革した。400社強の専売代理店を含む既存の代理店との連携を図りながら，ショールームを併設した9大型直販店（ハンセム・フラッグショップ），オンライン専門ショップ（ハンセムモール）の他，5つのオンライン販売・サービス網を構築した[18]。

キッチンを「流し台」と呼んでいた韓国市場で初めて「システムキッチン」という概念を導入し，新たなキッチン文化を創り出したハンセムは，1986年に同業界で第1位の座を獲得した[19]。一方で，一般消費者のシステムキッチンおよび関連商品の購入のほとんどがインテリア業者を通じて行われていたことから，中・低価格帯のシステムキッチンおよび関連商品の開発に拍車をかけるようになった。その商品をもって，2007年に「ik（interior kitchen）」という事業を開始した。その販売チャネルとしてノーブランドの家具販売店を活用したことで一般消費者から大きな支持を得た。設置およびアフターサービスについては全面的にハンセムが責任をもつ，このik向け販売チャネルは，現在，同社が新しく参入した建築資材（浴室，トイレ，フローリング関連）の販売チャネルとしても大きな役割を果たしている。

2010年からはキッチンを含む家具インテリア業界で首位に立ったハンセムは，本格的に海外事業に乗り出した。実は，ハンセムの海外進出の歴史は長く，同社はすでに1977年に韓国で初めてキッチン家具を輸出した。キッチン家具は韓国建設会社の中東進出ブームに支えられ，中東市場で大きな人気を集めた。それをきっかけに，アメリカや日本へも輸出を開始し，現地法人を設立するに至った。1986年にアメリカ，91年には日本，そして96年には中国で海外現地法人を設立し，次々と代理店を開設して直接販売に乗り出した。そのうち，日本事業は実績を上げられず厳しい状況に置かれているが，同社がベンチマーキングしたニトリの成長を同じ業界に属しながら間近で観察できたメリットは決し

図表9-3　ハンセムの事業部門別売上高および構成比

(単位：億ウォン)

| 事業部門 | | 2017 | | 2016 | |
|---|---|---|---|---|---|
| | | 金額 | 比率 (%) | 金額 | 比率 (%) |
| 国内 | キッチン流通事業部門 | 8,698 | 42.2 | 8,138 | 42.1 |
| | インテリア事業部門 | 6,692 | 32.4 | 6,494 | 33.6 |
| | 特販事業部門 | 2,194 | 10.6 | 1,790 | 9.2 |
| | その他 | 2,154 | 10.4 | 2,128 | 11.0 |
| | 小計 | 19,738 | 95.7 | 18,550 | 95.9 |
| 海外 | 中国 | 385 | 1.9 | 389 | 2.0 |
| | 米国 | 296 | 1.5 | 304 | 1.6 |
| | 小計 | 681 | 3.3 | 693 | 3.6 |
| その他 | | 206 | 1.0 | 102 | 0.5 |
| 売上高 | | 20,625 | 100 | 19,345 | 100 |

出所：ハンセムの『2017アニュアルレポート』(http://company.hanssem.com/data/2017_annual_kr_web_v2.pdf，2018年11月30日閲覧) より筆者加筆修正。

て小さかったのではないだろう。

　同社は小売の国際化とともに，生産の国際化も進めてきた。アメリカにキャビネット生産のための自社工場を保有しており，中国北京にも2004年に自社工場を完成した。生産体制づくりと連動して，2017年には上海にショールーム併設の大型直販店を展開した。海外事業を本格化するために，ハンセムはニトリと同様，製造部門と小売部門を垂直統合した仕組みを戦略的に採用しているようにみえる。

　**図表9-3**における海外事業の売上高構成比をみると，わずか5％弱に過ぎず，同社の国際化は依然として遅れている。しかし，システムキッチンという概念を韓国ではじめて導入し，その専門メーカーとして国内家具市場に与えたインパクトは大きかったといえる。ホームファニシング市場の拡大と競争の激化は国際化を促進する要因にもなるために，現地新生家具製造小売企業のハンセムが先端国際製造小売企業へと脱皮する時期も近いのではないだろうか。

## 5．おわりに

　2014年末にようやく韓国市場に上陸したイケアは，現地新生家具製造小売企業を刺激し，家具インテリア市場の拡大をもたらすとともに，ホームファニシング業態を創造するという大きな役割を果たしてきた。その経緯は本章でみてきたとおりであるが，その背後には未成熟な市場における潜在顧客を掘り起こし，その顧客ニーズにうまく対応できたからである。

　イケアだけではなく，現地の競合他社は競争優位性を獲得するために新しいビジネスモデルの構築を進めている。ホームファニシング・ストアは先端国際小売企業のイケアがいち早く韓国市場に持ち込んできた新しい業態であり，海外とは異なる韓国の市場環境に合わせて品揃えの微調整を行いながら，定着させることに成功した。イケアにより導入された業態のコンセプトの革新性がそれを待ち望んでいた韓国の消費者に好意的に受け止められ，その後，現地新生家具製造小売企業にも学習され，受け継がれている。イケアの持ち込み型国際移転が現地のライバル企業の取り込み型国際移転を誘発し，非近代的で未発達の韓国家具インテリア市場に大きな変化をもたらしたのは確かである。

　類似した立場のニトリの成功を目の当たりにしたハンセムは，ニトリの先端的なビジネスモデルを取り込んできて現地市場での差別化を図ろうとした。このようなハンセムの取り込み型国際移転は同市場でブランド力をより一層強化することを可能とし，そのため同社は，システムキッチン部門の最大手企業から家具インテリア市場最大手企業へと大きな変身を遂げることに成功した。ハンセムはまさに韓国を代表する現地新生家具製造小売企業となったのである。

　こうしたハンセムがホームファニシングの先進国であるアメリカや，ハンセム型ビジネスモデルの発端となった日本で事業展開を行っている。現在は苦戦が続くなか，現地新生企業から先端国際企業への変身にはしばらく時間がかかりそうである。しかし，これまでのハンセムの成長ぶりをみると，同社によるグローバル・イノベーションはいつ起きてもおかしくない状況である。

## 注

1 『東洋経済』のオンライン記事（http://toyokeizai.net/articles/print/63212，2017年6月20日閲覧）より引用。
2 イケアコリアのホームページ（https://www.ikea.com/kr/ko/about_ikea/newsitem/2015-12-16，2018年9月3日閲覧）より引用。
3 イケアコリアのホームページ（https://www.ikea.com/kr/ko/about_ikea/newsitem/2018-08-29，2018年9月3日閲覧）より引用。
4 『News1』のオンライン記事（https://news1.kr/articles/article_print.php?article_id=2978918，2018年9月1日閲覧）より引用。
5 김・김（2016），208頁より引用。
6 同上。
7 『日経ビジネス』のオンライン記事（https://business.nikkeibp.co.jp/article/world/20140630/267816/?ST，2018年9月7日閲覧）より引用。
8 韓国統計庁国家統計ポータルサイト（http://kosis.kr/statisticsList/statisticsListIndex.do?menuId=M_01_01&vwcd=MT_ZTITLE&parmTabId=M_01_01#SelectStatsBoxDiv，2018年11月30日閲覧）より引用。
9 韓国統計庁国家統計ポータルサイト（http://kosis.kr/statisticsList/statisticsListIndex.do?menuId=M_01_01&vwcd=MT_ZTITLE&parmTabId=M_01_01，2018年11月30日閲覧）より引用。
10 曽我部（2010），40頁より引用。
11 一棟他（2007），131頁より引用。
12 김・김（2016），208頁より引用。
13 イケアコリアのホームページ（https://www.ikea.com/kr/ko/about_ikea/newsitem/2016-03-17，2018年9月9日閲覧）より引用。
14 イケアコリアのホームページ（https://www.ikea.com/kr/ko/about_ikea/newsitem/2018-06-28，2018年9月9日閲覧）より引用。
15 イケアコリアのホームページ（https://www.ikea.com/kr/ko/about_ikea/newsitem/2017-05-12，2018年9月9日閲覧）より引用。
16 イケアコリアのホームページ（https://www.ikea.com/kr/ko/about_ikea/newsitem/2015-03-18，2018年9月9日閲覧）より引用。
17 クァンミョン市政策ポータルサイトのオンライン記事（http://news.gm.go.kr/news/articleView.html?idxno=4889&replyAll=&reply_sc_order_by=I，2014年9月9日閲覧）より引用。
18 ハンセムのホームページ（http://company.hanssem.com/company_info/management_ideology/management_ideology.do，2018年11月30日閲覧）より引用。
19 ハンセム・ジャパンのホームページ（http://www.hanssem.co.jp/company2/，2018年11月30日閲覧）より引用。

# 第10章
# 小売国際化における<br>イノベーションの発生と<br>企業の進化

## 1. 小売国際化プロセスにおける現地型小売業態の変容と発展

　本書では小売国際化プロセスにおけるイノベーションとは何かを追求していくなかで，グローバル市場における小売企業の成長と進化の実態が明らかにされた。とくに従来の小売国際化研究において十分分析されてこなかった現地発・現地独自の小売業態の変容と発展の歴史を次のような分析枠組みをもって検討した意義は大きかったといえよう。

　まず「グローバル・イノベーション」とは何かについて，イノベーションという概念が国際経営論の分野でどのように議論されてきたのかについて検討した。従来の小売国際化研究では先端国際小売企業の持ち込み型国際移転しか注目されてこなかったのに対して，「リバース・イノベーション」という概念は，現地新生小売企業との競争と移転された小売業態の変容・創造の動態的メカニズムを理解するうえで有効であることが確認された。

　本書で述べてきたように，小売業態の国際移転における現地企業の好業績が浮き彫りになるなか，現地企業が本格的に中国およびASEAN市場への進出を図るようになっている。進出した先端国際小売企業と進出される立場であった現地新生小売企業との相互作用的競争プロセスのなかで，移転された小売業態は現地に適合したモデルに修正・変容され，さらにそれが通用する有望な市場に持ち込まれていくのである。

そこでリバースの意味を再考する必要がある。リバースとは単なる技術レベルの低い方から高い方へという意味ではなく，当初進出される立場であった現地企業が今度は進出する立場に変わる逆進出の意味で捉えることができるからである。

リバース・イノベーションが途上国で最初に発生し，採用されたという意味で，この実態は従来のリバース・イノベーションの考え方に合致するが，必ずしもそれが逆流して先進国で採用されるとは限らない。本書で強調しようとしたのは，イノベーションの発生の流れを小売産業および経済発展の低い水準から高い水準へという階層的関係に限定してしまうと，今日の小売国際化の実態を部分的にしか捉えないことになってしまうという危険性がある。実際に，リバースという意味を逆進出（もっぱら進出された立場から今度進出する立場へと転換される）の意味で捉え，水平的関係性（域内市場への進出）まで視野に入れることになれば，より動態性に溢れた現地発のイノベーション創出プロセスが分析できるようになる。

もっぱら進出される立場にあった現地新生小売企業が現地型モデルを開発し，それを持ち込んで他の市場に進出したとしよう。他の市場とは同じ新興国市場であっても，逆方向の先進国市場であっても構わない。市場のニーズを掘り起こす意味での「市場創造」が起きさえすれば，イノベーションは発生したといえる。そこに「リバース」が削除され，代わりに「グローバル」に置き換えられた意味がある。

流通技術の発展水準の違いや海外進出の経験の有無から先端国際小売企業と現地新生小売企業を両極端に位置づけることは，分析上有効ではなく，むしろ延長線上に位置づけるべきである。なぜなら，両者は小売企業の海外進出を巡る進化的循環関係のなかに存在するからである。先端国際小売企業の参入によりグローバルな競争が触発され，それに対抗する形で海外から先進的革新を導入した現地新生小売企業は，競争優位を獲得するために現地に適した小売業態の変容を図る。その差別化された業態は完全に自国に合った独自なものであるが，そこに普遍的革新性があれば，自国化が国際化に向かう可能性は十分あるといえる。このことは現地新生小売企業が先端国際小売企業へと脱皮することを意味するが，小売国際化プロセスはここで終わらない。現地新生小売企業は

先端国際小売企業との競争を通じて国際化プロセスに乗り出すことができ，そこで創り出した普遍的革新をもって他国への進出を図ることができる。要するに，現地新生小売企業は先端国際小売企業を媒介に国際小売企業へと成長し，グローバル市場の舞台に立つことができる。この道程こそが向山（1996）が提唱した「ピュア・グローバルへの着地」と言えないだろうか。

小売国際化におけるこの循環的な関係は，次なるグローバリゼーションにおける競争の連鎖的作用によって繰り返され，より発展した形に進化していく。このことが小売国際化におけるグローバル・イノベーション・サイクルであり，それが働くことによってグローバル・イノベーションが生まれるのである。

以上の分析枠組みに基づき，第3章から第9章までの具体的な事例分析の結果を要約すれば，以下のようになる。

## 2．総合型量販店業態の国際移転と需要創造

第3章から第5章まで食料品中心の総合型量販店業態の国際移転を題材とした。小売業態の循環型国際移転メカニズムによって，フランスのHM，アメリカのMWC，韓国の大型マートおよび倉庫型DSなど，新しい小売業態が次々に創り出されていく経緯が明らかにされた。このようなグローバル・イノベーション・サイクルのなかで，カルフールやコストコの日本市場および韓国市場への参入がイオンやロッテのような現地新生小売企業のASEAN諸国への進出を誘発し，企業間の競争がまたASEAN諸国の現地新生小売企業の成長と域内市場への進出を助長するようになっていく。

### 2.1　先端国際小売企業の強み

そもそも先端国際小売企業は進出先市場と異なる取引システムや販売方法を持ち込むために，それだけ現地の市場環境との大きいギャップに直面するといえる。そのギャップを埋めることができるかどうかは，小売企業がいかに市場環境に働きかけ，消費者需要を創り出していくかに依存する。実際に，カルフールの日本進出では本国から持ち込んだ差別的強みが必ずしも発揮されなかったものの，ある程度は消費者に受け容れられ，競合他社に受け継がれるこ

とで，日本市場，ひいては日本の消費者を変化させる一因となった。言い換えれば，カルフールが日本市場への適応に失敗したのは確かであるが，日本の消費者のライフスタイルの変化に影響を与え，その後，競合他社が現地の流通システムや現地消費者と向き合う方法を変化させるのに直・間接的に与えた影響は少なくなかったといえる。

　これまで要求レベルの高い消費者にきめ細かく対応してきた日本の小売企業は，それゆえに新興市場進出においても日本型にこだわり，高費用構造による収益の圧迫で撤退を余儀なくされた。そうしたなかで，イオンは例外的に東南アジア市場で比較的通用しやすい欧米流の業務プロセスを積極的に取り入れ，マレーシアにおける需要創造に成功した。カルフールが日本市場で最後までこだわっていた直接取引制度は貫徹できなかったものの，イオンのような現地企業が海外市場戦略を策定する際に与えた影響や，日本市場におけるカルフールの革新的な店内プロモーションのインパクトは決して小さくなかった。

　カルフールの日本的商慣行の理解不足や取引契約上の失敗は，国際展開を本格的に進めようとする現地の最大手小売企業イオンが物流改革に乗り出すきっかけを提供した。また，カルフールが日本市場への適応を模索するなかで展開した目新しい商品やプロモーション方法は，日本から撤退した後，他の小売業によって受け継がれ，日本の消費者の主体的変化をもたらし，より受け入れられやすい形で日本市場に新しい価値として定着していったのである。

　2000年頃から日本の地元小売企業は先端国際小売企業の参入もあって厳しい低価格競争に巻き込まれた状況のなかで，コストコはカルフールの失敗経験から需要創造の方法を学習していたのである。コストコが見せた需要創造とは，価格を引き下げて需要を拡大するのではなく，むしろ非価格面で消費者需要に働きかける商品開発および楽しい売り場づくりによるものであった。コストコの新しいプロモーション活動はまた，食生活提案型SMやヤオコーのクッキング・サポートのような日本の地元小売企業によって受け継がれ，日本市場に定着した事例として位置付けることができた。

　第3章では，先端国際小売企業が現地環境への適応に失敗した原因を分析しただけでなく，撤退した後の現地市場に与えた影響にまで分析範囲を広げて議論を行った。

日本のように成熟化した市場においては，総合スーパーという強力な日本的小売業態が存在していたこともあって，カルフールの持ち込み型国際移転は地元企業の取り込み型国際移転を誘発したというよりも，むしろ持ち込まれたHM業態固有の特徴を失い，「総合スーパー化」して撤退したことが前章から明らかにされた。

　韓国のように未成熟な市場においてはどうだったのか。韓国型HM業態の大型マートは，現地新生小売企業が先手を打って自国に取り込み，現地の市場環境に合わせて変容・定着させてきた業態である。当時急変する韓国の市場環境との相互作用がよりダイナミックに展開されるなか，大型マートが創り出されたのである。それに対し，倉庫型DSは先端国際小売企業が持ち込んだ業態コンセプトの革新性が韓国市場においても好意的に受け止められ，その後，現地新生小売企業にも学習され，受け継がれた業態である。現地新生小売企業は大型マートの老朽化や市場の飽和化による業績の低迷状態から脱するため，コストコと類似した業態コンセプトをもつ倉庫型DS市場に続々と参入していた。

## 2.2　現地新生小売企業の競争優位性

　第5章では，自国市場におけるグローバル競争のなかで，競争優位を獲得しながら，海外進出に乗り出した現地新生小売企業の成長とその国際化行動を検討した。

　ASEAN諸国における近代的小売業態の導入期には，欧州の先端国際小売企業を中心に内なるグローバリゼーションが行われたが，現在はそのほとんどが撤退し，東アジアの新生小売企業や域内企業に取って代わられている。

　第1世代の先端国際小売企業の撤退理由としては，一定程度のシェアを獲得しても，コングロマリットの域内企業の市場支配力が高まるなかで収益性を上げることができなかったためである。また，カジノやカルフールの場合，自国での財務状況が悪化したため，圧倒的なシェアを持っていたにもかかわらず海外事業から撤退するしかなかったという事情があった。

　第1世代の先端国際小売企業の撤退が相次ぐなかで，日本のイオンや香港のデイリーファーム，韓国のロッテのように高い市場シェアを獲得している第2世代の先端国際小売企業に注目する必要がある。買収による迅速な国際展開で

はあったが，自国で第1世代とのグローバル競争を勝ち抜いた経験を活かしながら，着実にシェアを確保したからである。現地新生小売企業から先端国際小売企業へと生まれ変わった第2世代の先端国際小売企業の存在感は，ASEAN市場では決して小さくなかった。近代的小売業態が生成・発展していくなかで，先端国際小売企業は競合する現地企業の成長を促進するようになり，とりわけASEANを代表するコングロマリットの域内市場における存在感を一気に高めたのである。

小売国際化の研究範囲を先端国際小売企業の新興国市場への進出とその市場戦略にとどまらず，新興国市場で新しく生まれた地元のコングロマリットの成長とその国際化行動にまで広げたことにより，コングロマリット型現地新生小売企業の優位を明らかにできた意義は大きいといえよう。

## 3．CVS業態の国際移転と小売業態の創造

第6章と第7章では，CVS業態の世界標準と言われているセブン-イレブンの国際移転を取り上げながら，グローバル・イノベーション・サイクルのなかでCVS業態がいかに変容され，現地型モデルを創り出されていくかを明らかにした。CVS業界は高度な情報技術および物流システムを基盤に成長してきたシステム産業でありながら，FCという組織形態が有する国際展開の制約性から，他の業態と異なる国際移転プロセスが確認された。

日本におけるCVS業態の生成・発展プロセスは取り込み型国際移転の典型である。この章では，当初同業界の異端といわれたセブン-イレブン型モデルが現在の世界標準に成長するまでの歴史を追った。そのなかでとくに日本型モデルをCVS発祥の地であるアメリカへ逆移転したという事実に注目することになった。本家のアメリカから取り込んできたCVSコンセプトを自国の環境に合わせて連続適応していくなかで創造された日本型CVSシステムを，今度は本家のアメリカへ持ち込んでいく経緯こそがリバース・イノベーションだからである。

それに対して，韓国のCVS業態はいかなる経緯で生成・発展していったのだろうか。セブンを皮切りに日系CVS各社が先を争って韓国市場に参入し，日本

型モデルを韓国独自の社会経済的環境に連続適応させながら韓国型モデルを創り出そうとした。不況による失業者の大量発生により，加盟店を志望する人々がCVSチェーンに押しかけており，その加盟希望者の急増がCVS市場の拡大を支えてきたことは間違いなかろう。

しかしながら，このような量的拡大は決して恒常的に続くものではないという兆しがみえ始めている。たとえば，タバコ販売免許と営業権利金という不動産慣行など韓国固有の社会経済的事情がCVS経営をゆがめているからである。それだけではなく，FCシステムにおいて本部の支援機能が弱いため，加盟者とのトラブルが後を絶たない。加盟店主の収益が十分確保されないなか，最近，最低賃金の引き上げによる人件費の負担が韓国で社会問題化されており，CVS業態の発展に影響を与えているからである。

韓国のCVS業態が持続的に成長していくためには，それが置かれている社会経済的環境を理解するだけでなく，システム産業であるCVSを支えるシステムの基盤強化と仕組みづくりが先決されるべきことが提言された。

第7章では，SEJが中国北京に直接持ち込むことに先立って，SEJから取り込んだ日本型モデルを台湾型に修正し，大成功を収めた統一超商に注目した。その1つの理由は，SEJが中国上海やフィリピン事業の展開を同社に委ねたからである。

収益貢献度の高い日配食品の売上が依然として低い東アジア諸国においてもファストフード商品が戦略商品としての認識は高く，常にその商品の開発および販売に注力しているという意味で，日本型モデルを追求しているといえよう。

また，日本型CVSに不可欠の高度な情報および物流システムを構築するため，台湾では日本のような卸売機能を有する卸売会社を設立することで日本並みの商品調達供給体制の強化に努めた。それは現地の運営会社が巨大な資金力を背景に川上から川下まで垂直統合したコングロマリットの中核企業であることから可能となっていた。

近代的な新業態のCVSが既存の零細自営業者にとって脅威と映らないように，タイのセブンは品揃えおよび販売活動に彼らと相互依存していた。このことは，導入・成長期の店舗展開に際して中小小売商を参加させたSEJと共通している。

また，フィリピンやインドネシアの経験から，交通や情報通信などにかかわる社会経済的な基盤や消費者の特性など進出先国の環境条件が十分に整備されていない場合でも，CVS業態がまったく成長できないわけではないことが明らかになった。両国のCVS業態の導入において，それを展開する企業はそうした制約に対応しながら，MMというCVSと類似した業態を創造し，成長させたからである。このように進出先国の諸事情によって適応・修正された現地型モデルの創造は，タイのセブンを運営するCPグループのフレッシュマートの事例からも確認された。現地型モデルは今度は域内市場で連続適応しながら新しい形態に進化していくことは間違いなかろう。

## 4．異なる市場環境とホームファニシング業態の国際移転

　第8章と第9章では，日本および韓国の家具インテリア市場におけるホームファニシング業態の国際移転について考察した。

　現地新生家具製造小売企業のニトリは世界初のホームファニシング業態を生み出したイケアに対抗しつつ，先に当該業態の自国化に成功した。ニトリ独自のホームファニシング業態はアメリカより導入され，自国の市場環境に働きかけながら，潜在顧客を掘り起こすことに成功した。それを可能にしたのが国際商品調達ネットワークの構築であった。

　創業当時は極く普通の家具店であったニトリは，自主企画ブランドの製造に取り組み，さらに原材料の調達から販売まで一貫体制を有する企業へと転換できた。このような製造部門の国際化は小売部門の国際化とは相互に連動しており，北海道限定のローカルチェーンから全国チェーンへとその規模を拡大しながら，海外進出にまで踏み出すようになった。

　日本の家具インテリア市場で確固たる地位を築いたニトリは，世界最大手のイケアが参入しても動揺することはなかった。グローバルチェーンへと規模を一層拡大したニトリの海外市場戦略は，これまでの国内成長戦略に経路依存的である。

　2014年末にやっと韓国市場に上陸したイケアは，現地新生家具製造小売企業を刺激することで，家具インテリア市場を拡大させ，ホームファニシング業態

を創造するうえで大きな役割を果たした。市場環境が異なるため，イケアは日本市場とは異なる業態の国際移転経路を有していた。

イケアだけではなく，地元の競合他社も競争優位性を獲得するために新しいビジネスモデルの構築を進めている。韓国市場におけるホームファニシング・ストアは先端国際小売企業のイケアが新しく持ち込んだ業態であり，そのため異なる韓国の市場環境に合わせて品揃えの微調整が行われていた。イケアが持ち込んだ業態のコンセプトの革新性はそれを待ち望んでいた韓国の消費者に好意的に受け止められ，その後，現地新生家具製造小売企業にも学習され，受け継がれた。イケアの持ち込み型国際移転が地元のライバル企業の取り込み型国際移転を誘発し，非近代的で閉鎖的な韓国家具インテリア産業の発展に大きな影響を与えたのである。

ニトリと類似した立場で，その成功を目の当たりにしてきたハンセムは，ニトリの優れたビジネスモデルを取り込んで競合他社との差別化を図ろうとした。このようなハンセムの取り込み型国際移転は，同社のブランド力をより一層強化することに貢献し，システムキッチン部門の最大手企業から家具インテリア市場最大手企業へと大きな変身を遂げさせた。ハンセムはまさに韓国を代表する現地新生家具製造小売企業となったのである。

ニトリをベンチマーキングしていたハンセムがホームファニシングの先進国であるアメリカへ進出したり，日本への逆進出に乗り出している。苦戦が続くなか，現地新生家具製造小売企業から先端国際家具製造小売企業への変身まで，しばらく多くの時間を要するだろう。

## 5．小売業態とグローバル・イノベーション・サイクル

今後，韓国小売業において主力業態になりうるアメリカ発の倉庫型DSは，実際に，カルフールが開発したHM業態が原型であった。MWCを最初に事業化したコストコはカルフールと同じように大型倉庫のなかに幅広い商品を低価格で取り揃え，広々とした駐車場まで完備した。徳永（1990）によると，コストコのような倉庫型DSは，店舗を倉庫様式にすることによって低価格を実現するとともに，倉庫運営の原理を小売レベルに適用したものと理解され，そこ

にアメリカの小売業のイノベーションの進展の一端をうかがうことができると指摘している。

一方で，ありとあらゆる商品を大型倉庫のなかに取り揃えることで経費を節約し，その分を販売価格の引き下げに還元するという倉庫運営の原理が十分に生かされたHMの源流は，アメリカのSMにあった。すなわち，HMはSMとDSの結合形態として生み出された小売業態の国際移転の産物であった（徳永，1990；白，2004b）。それが1970年代になってアメリカに再移転され，現在，倉庫型DSとして世界の小売市場を魅了している。

以上のような小売業態の循環型国際移転メカニズムによって，フランスのHM，アメリカのMWC，韓国の大型マートおよび倉庫型DSなど次々と新しい小売業態が創り出されていく経緯が明らかにされた。このような国境を越えた進化的な好循環がまさにグローバル・イノベーション・サイクルなのである。

世界最大規模の店舗数を誇るセブン-イレブンは，アメリカから取り込んだCVS業態を日本の環境下で成長・発展させてきた。今度，SEJはそのビジネスモデルを中国北京に直接持ち込もうとする。ただし中国北京への持ち込み型国際移転に先立ち，台湾の統一超商がSEJから取り込んできた日本型CVSに修正を加えながら台湾型モデルを完成した。この取り込み型国際移転に加えながら，SEJはアメリカのSEの経営再建のため，日本型に変容されたCVSを逆移転するようになる。

日本型CVSの業態の国際移転の事例のように，本書では，小売国際化が持ち込み型，取り込み型，逆移転型などの多様な国際移転経路のもとで展開されながら，進出先国に適した独自の小売業態として変容・完成されていくプロセスを確認した。

## 6．現地新生小売企業の国際化行動

海外出店に乗り出そうとするコングロマリットが小売企業としての海外進出経験を持たない場合，他の事業分野での国際化経験や莫大な資本を背景に，資本参加による小売ノウハウの吸収や買収によるシェアの獲得で一気に域内市場における存在感を高めている。

第10章　小売国際化におけるイノベーションの発生と企業の進化　**187**

　後発の現地小売企業の競争優位性の源泉は，先端国際小売企業の現地市場参入を外部資源の導入チャンスとして捉えたところにある。現地新生小売企業は国内市場で製造業から小売業まで多角的に事業展開をしていたコングロマリット型というところに共通点がある。製造業から先に中華圏市場へ進出した現地新生小売企業群は，川上から川下までの流通システム全体の理解度が高いという点で国際化をより有利に進めることができた。

　つまり，多業態化の水平的統合を狙って国際化を進めてきた先端国際小売企業群に比べ，新興国出身の後発企業はコングロマリットならではの意思決定の速さと巨大な資金力を活かし，機動的な出店を行い，その速度も上げたのである。チェーンストア化を行動原理としている小売業の場合，巨大な資金力を前提とした出店拡大は海外においてもチェーンストア化を達成するうえで極めて必要な条件となっているといえよう。

　反対に，国際化の経験，それに必要な知識およびノウハウ，人材などの資源不足は，後発の現地企業の国際化戦略に不利に作用する。それを克服することが後発の現地企業にとって国際化を成功させる鍵となる。技術優位の先端国際小売企業とのパートナーシップを通じて外部資源の内部化を進めながら，徐々に国際小売企業へと変身していく経路が考えられよう。それは，他面では現地市場に進出した先端国際小売企業にとっても現地市場環境の理解不足を補うために現地企業とのパートナー関係を望んでいることと合致している。

　白・向山（2017, 33頁）の研究ですでに明らかにしたように，先端国際小売企業の場合，長らく流通業に特化した企業組織であるため，先端的小売ノウハウや豊富な国際化経験をもった優秀な人材を確保している。先端国際小売企業は専門知識を多く蓄積している人材による専門化の利益を追求しようとしているのに対し，現地新生小売企業の場合は意思決定の速さと巨大な資金の調達を活用し，規模の経済性を発揮しようとしているともいえる。いずれの経路をとるにしても，各主体は国際競争力を身につけるために，さらなる革新性をもって市場環境や消費者ニーズのギャップを埋めるグローバル・イノベーションを押し進めていくことになるのである。

# 参考文献

**日本語文献**

相原　修（1998）「フランス小売り構造と流通政策」『流通情報』5月号，4-12頁。
相原　修（2000）「フランス・ハイパーマーケットの業態革新」矢作敏行編『欧州の小売りイノベーション』白桃書房，57-78頁。
相原　修（2003）「カルフールの海外戦略」『マーケティングジャーナル』第88号，28-38頁。
青木　均（1996）「小売技術の国際移転に関する研究の方向性」『産業経営』第22号，197-214頁。
青木　均（1997）「小売技術の国際移転に関する既存研究の問題点と今後の研究方向性」『実践経営』第34号，95-105頁。
青木　均（2000）「小売国際化の研究領域」『商学研究』第43巻第1号，59-81頁。
青木　均（2002）「小売業態の国際移転と概念変容：日本のスーパーマーケット」『流通研究』第8号，1-13頁。
青木　均（2008）『小売業態の国際移転の研究：国際移転に伴う小売業態の変容』成文堂。
芦澤成光（2009）「インド自動車部品産業の現状と問題：3社の比較分析」『多国籍企業研究』第3号，23-40頁。
天野倫文（2010）「新興国市場戦略と日本企業の国際経営」『世界経済評論』第54巻第6号，36-44頁。
天野倫文・新宅純二郎・中川功一・大木清弘編（2015）『新興国市場戦略論：拡大する中間層市場へ・日本企業の新戦略』有斐閣。
新井竜治（2011）「戦後日本における木製家具メーカーのセミオーダー家具の変遷とその背景：プレハブ住宅の普及とセミオーダー家具の変遷との関係」『日本建築学会計画系論文集』第76巻第669号，2223-2231頁。
池尾恭一（1999）『日本型マーケティングの革新』有斐閣。
石井淳蔵（1985）『日本企業のマーケティング行動』日本経済新聞社。
石井淳蔵（1993）『マーケティングの神話』日本経済新聞社。
石井淳蔵・石原武政編（1996）『マーケティング・ダイナミズム』白桃書房。
石原武政（1982）「消費者需要とマーケティング」『マーケティング競争の構造』千倉書房，39-70頁。
石原武政（1998）「新業態としての食品スーパーの確立：関西スーパーマーケットのこだわり」嶋口充輝・竹内弘高・片平秀貴・石井淳蔵編『マーケティング革新の時代：営業・流通革新』有斐閣，143-169頁。
石原武政（2000）「市場におけるコミュニケーション手段としての商業」『商業組織の内部編成』千倉書房，71-100頁。
石原武政・矢作敏行編（2004）『日本の流通100年』有斐閣。
伊丹敬之（1984）『新・経営戦略の論理：見えざる資産のダイナミズム』日本経済新

聞社。
一棟宏子・萩原美智子・金貞仁・崔在順・中野迪代・若井希水子（2007）「韓国の分譲アパートの現状と管理問題：ソウル市におけるケーススタディ」『大阪樟蔭女子大学論集』第44号，121-136頁。
今井雅和（2011）「新興大国市場再考」『専修マネジメント・ジャーナル』第1巻第1号，159-168頁。
今井利絵（2014）『グローバルリテーラー：カルフールの日本撤退に学ぶ小売システムの国際移転』中央経済社。
宇佐美信一（2011）「BOP市場におけるビジネスモデル構築に関する考察」『産業経済研究』第11号，71-87頁。
渦原実男（1999）「米国でのマーケティング環境の変化と小売業の対応：小売環境の現状分析とトイザラスを中心に」『西南学院大学商学論集』第46巻第2号，67-127頁。
遠藤 元（2010）『新興国の流通革命：タイのモザイク状消費市場と多様化する流通』白桃書房。
大木清弘（2013）「強い海外子会社とは何か？：海外子会社のパフォーマンスに関する文献レビュー」『MMRC Discussion Paper Series』第437号，1-53頁。
大木清弘（2014）「日本企業の海外工場のパフォーマンスと拠点間関係：日系タイ工場への質問票調査に基づく定量分析」『関西大学商学論集』第58巻第4号，31-51頁。
太田正孝（2012）「メタナショナル化する競争環境とCAIトライアングル」『早稲田商学』第431号，323-348頁。
小川 進（1993）「小売り商業形態変化研究の現状と課題」『経営・会計学・商学研究年報』第39号，219-244頁。
緒方知行（1979）『セブン-イレブンの奇蹟』日本実業出版社。
桂木麻也（2016）『ASEAN企業地図』翔泳社。
加藤 司（2006）『日本的流通システムの動態』千倉書房。
神谷 渉（2014）「外資系小売業の東南アジア食品小売市場開拓：デイリーファームインターナショナルをケースとして」『流通情報』第510号，流通経済研究所，35-40頁。
川端基夫（1999）『アジア市場幻想論：市場フィルター構造とは何か』新評論。
川端基夫（2000）『小売業の海外進出と戦略：国際立地の理論と実態』新評論。
川端基夫（2003）「アジアへの小売ノウハウ移転に関する考察：韓国・台湾への百貨店ノウハウ移転を例に」『アジア経済』第44巻第3号，31-49頁。
川端基夫（2005）『アジア市場のコンテキスト（東南アジア編）：グローバリゼーションの現場から』新評論。
川端基夫（2006）『アジア市場のコンテキスト（東アジア編）：受容のしくみと地域暗黙知』新評論。
川端基夫（2010）『日本企業の国際フランチャイジング』新評論。
川辺信雄（2003）『セブン-イレブンの経営史』有斐閣。
金 亨洙（1998）「小売業の国際化の概念と小売りノウハウの国際移転の一考察」『中央大学企業年報』第19号，171-202頁。

黒岩郁雄（2015）「経済統合」ジェトロ・アジア経済研究所・黒岩郁雄・高橋和志・山形辰史編『テキストブック　開発経済学』有斐閣，221-235頁．
甕　世欽（2016）「中国における日系コンビニエンス・ストアの現状と戦略について：日中CVS比較を中心に」『近畿大学商学論究』第15巻第1号，41-54頁．
黄　磷編（2002）『WTO加盟後の中国市場』蒼蒼社．
近藤正幸（2012）「ボリューム・ゾーン/BOP向け製品開発の分析枠組み（詩論）」『JAIST年次学術大会講演要旨集』第27号，992-995頁．
榊原清則（2012）「リバース（反転）イノベーションというイノベーション」『国際ビジネス研究』第4巻第2号，19-27頁．
澤田貴之（2011）『アジアのビジネスグループ』創成社．
佐原太一郎（2015）「インドネシアにおける食品・日用品小売市場への国際展開」渡辺達朗編『中国・東南アジアにおける流通・マーケティング革新：内なるグローバリゼーションのもとでの市場と競争』白桃書房，118-134頁．
嶋口充輝（2000）『マーケティング・パラダイム』有斐閣．
嶋口充輝・石井淳蔵・黒岩健一郎・水越康介（2008）『マーケティング優良企業の条件：創造的適応への挑戦』日本経済新聞社．
白石善章・鳥羽達郎（2004）「グローバル小売企業の創造的適応プロセス：日本市場におけるカルフールの事例を通じて」『モノグラフ』第45号，1-28頁．
シュンペーター．J.A.（1977）『経済発展の理論〈上〉』塩野谷祐一他訳，岩波文庫．
鍾　淑玲（2005）『製販統合型企業の誕生』白桃書房．
鍾淑玲・矢作敏行（2004）「華僑系資本の中国小売市場への参入動向」『イノベーション・マネジメント』第2号，115-140頁．
ジェトロ（2011）『インドネシアにおけるサービス産業基礎調査』ジェトロ・ジャカルタ事務所．
ジェトロ（2017）『フィリピンの経済状況と進出日系企業の動向』ジェトロ・マニラ事務所．
ジェトロ海外調査部（2010）『サービス産業の国際展開調査：イオン株式会社（海外：マレーシア）』．
徐　航明（2015）「中国企業の成長とリバース・イノベーション2.0」『一橋ビジネスレビュー』Winter，64-78頁．
末廣　昭（1993）「タイの企業組織と後発的工業化：ファミリービジネス論」小池賢治・星野妙子編『発展途上国のビジネスグループ』アジア研究所，27-72頁．
末廣　昭（2004）「タイのファミリービジネスと経営的臨界点：存続，発展，淘汰・生き残りの論理」星野妙子編『ファミリービジネスの経営と革新』アジア経済研究所，140-180頁．
椙山泰生（2009）『グローバル戦略の進化：日本企業のトランスナショナル化プロセス』有斐閣．
鈴木安昭（1980）「小売業の経営技術の移転」『季刊消費と流通』第4巻第1号，11-16頁．
曽我部成基（2010）「韓国の住宅事情について」『OCAJI』10/11月号，39-41頁．

高橋浩夫（2014）「グローバルR&Dの再検討とリバース・イノベーション：新興国へのCSR的アプローチ」『白鴎ビジネスレビュー』第23巻第2号，61-74頁．
高橋文行・市川照久・峰野博史・西垣正勝（2012）「新興国発のイノベーションの考察：中国のイノベーション・システムと競争情報の取り組み」（経営情報学会春季全国研究発表大会［東京経済大学　国分寺キャンパス］資料），33-36頁．
竹倉徹・平野真・田中秀穂（2015）「成熟産業における技術開発と競争優位性獲得」『映像情報メディア学会誌』第69巻第3号，J133-J138頁．
谷口和弘（2010）「やさしい経済学：会社のダイナミズム⑤セミグローバル化」『日本経済新聞』2010年9月29日付．
田村正紀（1971）『マーケティング行動体系論』千倉書房．
田村正紀（2004）『先端流通産業：日本と世界』千倉書房．
田村正紀（2006）『リサーチ・デザイン：経営知識創造の基本技術』白桃書房．
田村正紀（2014）『セブン-イレブンの足跡：持続成長メカニズムを探る』千倉書房．
田村正紀（2016）『経営事例の物語分析：企業盛衰のダイナミックスを掴む』白桃書房．
崔　相鐵（2009）「小売国際化研究の新たな課題：カルフールの日本撤退事例が示唆するもの」向山雅夫・崔　相鐵編『小売企業の国際展開』中央経済社，287-318頁．
崔　相鐵（2012）「韓国ロッテショッピングのグローバル・シフトの現況と背景：カリスマ在日創業者の意志と変革的リーダーの誕生」甲南大学総合研究所編『日本におけるマイノリティ企業家の研究』天理時報社，1-21頁．
茶木正安（2008）「我国ファミリー企業のパフォーマンスについて：収益性と市場価値についての実証分析」『日本経営品質学会誌（オンライン）』第3巻第1号，2-16頁．
出水　力（2007）「中国におけるホンダの二輪生産とコピー車対策」『大阪産業大学経営論集』第8巻第2号，143-167頁．
徳永　豊（1990）『アメリカの流通業の歴史に学ぶ』中央経済社．
鳥羽達郎（2001）「小売企業の海外進出における動機についての一考察：マーケティングの二面性を基に」『星陸台論集』第34巻第2号，87-111頁．
鳥羽達郎（2006）「国境を越える小売企業の『撤退』に関する一考察：日本市場における欧米小売企業の事例を通じて」『商大論集』第57巻第4号，287-316頁．
鳥羽達郎（2008a）「小売業の国際化と撤退問題：負の経験を通じる学習の試み」マーケティング史研究学会編『大阪商業大学論集』第3巻第3号，129-147頁．
鳥羽達郎（2008b）「カルフール：ハイパーマーケットの発明者」『ヨーロッパのトップ小売業』同文舘，23-50頁
鳥羽達郎（2009）「小売業の国際化と撤退の構造」『流通』第24号，103-111頁．
鳥羽達郎（2011）「小売業の国際化と撤退の構造」『流通』第24号，103-111頁．
鳥羽達郎（2016）「小売企業の国際展開におけるネットワーク視点：テスコの国際展開と日本撤退に関する事例研究」『流通』第38号，103-111頁．
中村久人（2004）「イオン㈱の国際化戦略(1)：マレーシアとタイへの進出」『経営論集』第63巻，159-168頁．

中村久人（2005）「イオン㈱の国際化戦略(2)：マレーシアとタイへの進出」『経営論集』第65巻，83-96頁．
梛野順三（2007）『イオンが変える流通業界』パル出版．
波形克彦（2009）『アメリカ流通業のイノベーションの秘訣』日刊工業新聞社．
波形克彦（2010）『アメリカの流通業の経営革新』同友館．
西口敏宏・辻田素子・許丹（2005）「温州の繁栄と『小世界』ネットワーク」『一橋ビジネスレビュー』，第53巻第1号，22-38頁．
似鳥昭雄（2009）「これからの店づくり，人づくり，商品づくり」北海学園大学経営学部・大学院経営学研究科ニトリ寄附講座運営委員会監修『北海道発流通・サービスの未来：北海学園大学経営学部・株式会社ニトリ寄附講座シンポジウムの記録』中西出版，53-76頁．
似鳥昭雄（2011）『NHKテレビテキスト仕事学のすすめ：不況をチャンスに変えるニトリホールディングス社長似鳥昭雄』NHK出版．
似鳥昭雄（2015）『運は創るもの：私の履歴書』日本経済新聞出版社．
似鳥昭雄（2016）『ニトリ成功の5原則』朝日新聞出版．
日本経済新聞社編（1978）『流通経済の手引き』日本経済新聞社．
根来龍之・向 正道（2007）「情報システムの経路依存性に関する研究：セブン-イレブンのビジネスシステムを通じた検討」『ワーキングペーパー（早稲田大学IT戦略研究所）』第22号，1-66頁．
根本重之（2004）『新取引制度の構築』白桃書房．
野中郁次郎（1990）『知識創造の経営：日本記号のエピステモロジー』日本経済新聞社．
橋本浩介（2014）「サントリーのファミリービジネス性についての一考察」『日本国際情報学会』第11巻第1号，20-31頁．
畑村洋太郎（2010）『失敗学のすすめ』講談社文庫．
平野 寛（2007）『アジアの華人企業：タイ，マレーシア，インドネシアを中心に』早稲田大学博士論文．
黄 完晟（1994）「アジアにおける在来産業の現代的展開：韓国・日本・台湾の木製家具工業の比較」『經濟論叢』第156巻第6号，129-146頁．
藤本隆宏（2000）「実証分析の方法」進化経済学会・塩沢由典編『方法としての進化』シュプリンガー・フェアラーク東京，51-84頁．
白 貞壬（2003）「グローバル・リテーラーの現地適応化過程とその段階的解明：トイザラスとカルフールの日本進出を事例として」『流通研究』第6巻第2号，33-51頁．
白 貞壬（2004a）「韓国的ディスカウントストアの本質とその業態変容プロセス：㈱新世界のEマートを事例として」『経営研究』第55巻第1号，165-191頁．
白 貞壬（2004b）「小売業態のグローバル・イノベーション」『経営研究』第55巻第2号，223-239頁．
白 貞壬（2004c）「フランス的小売業態の国際移転プロセス：取り込み型国際移転から持ち込み型国際移転へ―」『マーケティングジャーナル』第24巻第2号，45-58

白　貞壬（2006）「韓国における生鮮食料品流通システム：大型小売商の成長と卸売市場の機能との関係を中心として」『商学討究』第57巻第1号，183-207頁。

白　貞壬（2009a）「韓国農協における販売事業の革新」『協同組合奨励研究報告』第34輯，171-196頁。

白　貞壬（2009b）「日本の家具業界にSPA型を定着させたニトリ　成長の軌跡」『季刊イズミヤ総研』第77号，36-43頁。

白　貞壬（2010）「木製組み立て家具製造小売の商品構成に関する一考察」『リサーチレター』第8号，1-16頁。

白　貞壬（2013）「新生現地小売企業の成長と国際化」『流通科学大学論集：流通・経営編』第26巻第1号，87-101頁。

白　貞壬（2015）「ニトリ」向山雅夫・Jドーソン編『グローバル・ポートフォリオ戦略：先端小売企業の軌跡』千倉書房，103-123頁。

白　貞壬（2016）「国際ビジネス研究におけるリバース・イノベーション：文献研究を中心としたその概念の再考」『流通科学大学論集：流通・経営編』第28巻第2号，65-85頁。

白　貞壬（2017a）「グローバル小売の店舗戦略」小田部正明・栗木契・太田一樹編『1からのグローバル・マーケティング』碩学舎，187-200頁。

白　貞壬（2017b）「フィリピンにおける地元小売企業の成長と外資の参入障壁」『リサーチレター』第29号，1-12頁。

白　貞壬（2018）「家具専門店：ロマンとビジョンで家具業界を動かすニトリ」崔相鐵・岸本徹也編『1からの流通システム』碩学舎，191-205頁。

白　貞壬・加藤　司・渡辺幹夫（2013）「日本の消費者需要への創造的適応：カルフールのインストア・プロモーション」『流通科学大学論集：流通・経営編』第25巻第2号，79-99頁。

白　貞壬・簡　施儀・荘　苑仙（2013）「台湾外食業界における中小企業の海外進出」『東アジア研究』第58号，51-62頁。

白　貞壬・ズオン　ティトゥイ（2016），「ベトナムにおける小売業の現状と課題」『リサーチレター』第26号，1-17頁。

白　貞壬・向山雅夫（2017），「グローバル事業を成功させる新興国の地元小売企業」『東アジア研究』第67号，17-34頁。

北欧スタイル編集部（2008）『IKEAのすべてが分かる本』枻出版社。

松井くにお（2014）「イノベーションの実践のために」『情報管理』第57巻第6号，432-435頁。

向　正道（2012）「持続的競争優位性をもたらすビジネスシステムの分析フレームワーク提案：先行研究のレビューと差別化システムフレームワークの再定義」『商学研究科紀要』第75号，57-77頁。

向山雅夫（1996）『ピュア・グローバルへの着地：もの作りの深化プロセス探求』千倉書房。

向山雅夫（2000）「流通の国際化：グローバル小売競争の実態を探る」『ひょうご経

済戦略』12月号，6-15頁。
向山雅夫（2009）「小売国際化の進展と新たな分析視角」向山雅夫・崔　相鐵編『小売企業の国際展開』中央経済社，1-30頁。
向山雅夫・J.ドーソン編（2015）『グローバル・ポートフォリオ戦略：先端小売企業の軌跡』千倉書房。
元橋一之（2012）「研究開発のグローバル化に関する新たな潮流：新興国の台頭と日本企業の対応」『組織科学』第46巻第2号，4-14頁．
元橋一之（2013）『グローバル経営戦略』東京大学出版会。
安田英土（2017）「日本企業におけるリバース・イノベーションの実現可能性に関する考察」『江戸川大学紀要』第27巻，441-451頁。
山本崇雄（2014）「海外子会社の知識アクセスと新規事業・市場創造：詩論的検討」『商経論叢』第49巻第2/3，115-130頁。
矢作敏行（1997）『小売りイノベーションの源泉』日本経済新聞社。
矢作敏行（2003）「小売外資の適応化について：日本市場の国際化プロセスのなかで」関根　孝・オ　セジョ編『日韓小売業の新展開』千倉書房，173-204頁。
矢作敏行（2007）『小売国際化プロセス：理論とケースで考える』有斐閣。
矢作敏行（2009a）「イオンの中国シフト：SC事業の発展可能性を探る」向山雅夫・崔　相鐵編『小売企業の国際展開』中央経済社，263-285頁。
矢作敏行（2009b）「事例研究：ニトリの急成長・高収益を生み出すバリューチェーン構築」『経営志林』第46巻第3号，95-107頁。
矢作敏行（2011）「ニトリ：製・販・配統合型バリューチェーンの構築」矢作敏行編『日本の優秀小売企業の底力』日本経済新聞出版社，167-196頁。
山崎古都子（2001）「住宅に関する『DYI』普及のために必要な『ホームセンター』の機能：住宅管理の社会的支援に関する研究（第2報）」『日本建築学会計画系論文集』第540号，251-258頁。
山崎秀雄（2011）「新時代のグローバル競争と戦略的イノベーション」『和光経済』第44号，11-17頁。
梁　京姫（2010）「韓国における女性労働の現状と課題：非正規雇用労働をめぐって」『女性学研究』第17号，64-84頁。
游　仲勲（1998）「アジア経済と華人ネットワーク」『ビジネス・インサイド』第6巻第1号，8-19頁。
劉　進慶（1989）「台湾の中小企業問題と國際分業:その華商資本的性格に関する一考察」『アジア経済』第30巻第12号，38-65頁。
リュディガー・ユングブルート（2007）『IKEA超巨大小売業成功の秘訣』瀬野文教訳，日本経済新聞社。
ロバート・スペクター（2005）『カテゴリー・キラー』遠藤真美訳，ランダムハウス講談社。
若林直樹（2009）『ネットワーク組織：社会ネットワーク論からの新たな組織像』有斐閣。
若松　勇（2015）「一つ上のぜいたくを求める消費市場」若松　勇・助川成也編『タ

イ経済の基礎知識』ジェトロ,107-126頁。
鷲田祐一（2014）「リバース・イノベーション」『一橋ビジネスレビュー』Summer, 76-77頁。

**英語語文献**

Alexander, N., Quinn, B. and Cairns, P. (2005), "International Retail Divestment Activity," *International Journal of Retail and Distribution Management*, 33(1), pp.5-22。

Andersson, U., Forsgren, M. and Holm U. (2002), "The strategic impact of external networks: subsidiary performance and competence development in the multinational corporations," *Strategic Management Journal*, 23, pp. 979-996.

Baek, J. (2006), "Global Retailing and Withdrawal of Global Retailers in Korea: Issues from the Case of Carrefour and Wal-Mart," *The Economic Review, Otaru University of Commerce*, 57 (2/3), pp.131-156

Bartlett, C. A. (2008), "Philips versus Matsushita: A New Century, a New Round," *Harvard Business School Case*, 9-302-049, January 17, pp.1-13.

Bartlett, C. A. and Ghoshal, S. (1989), *Managing Across Borders: The Transnational Solution,* Harvard Business School Press, Boston, MA.（『地球市場時代の企業戦略：トランスナショナル・マネジメントの構築』吉田英樹監訳,日本経済新聞社, 1990）。

Benner, M. and Tushman, M. (2003), "Exploitation, Exploration, and Process Management: the Productivity Dilemma Revisited," *Academy of management Review*, 28(2), pp.238-256.

Bianchi, C. (2009), "Retail Internationalization from Emerging Markets: Case Study Evidence from Chile," *International Marketing Review*, 26(2), pp.221-243.

Bianchi, C., and Mena, J. (2004), "Defending the Local Market against Foreign Competitors: the Example of Chilean Retailers," *International Journal of Retail & Distribution Management*, 32(10), pp.494-504.

Bianchi, C. (2011), "The Growth and International Expansion of an Emerging Market Retailer in Latin America," *Journal of Global Marketing*, 24(4), pp.357-379.

Bianchi, C., and Ostale, E. (2006), "Lessons Learned from Unsuccessful Internationalization Attempts: Examples of Multinational Retailers in Chile," *Journal of Business Research*, 59, pp.140-147.

Birkinshaw, J., Hood, N. and Jonsson, S. (1998), "Building Firm-Specific Advantages in Multinational Corporations," *Strategic Management Journal*, 19(3), pp.221-241.

Birkinshaw, J., Nobel, R. and Ridderstrale, J. (2002), "Knowledge as a Contingency Variable: Do the Characteristics of Knowledge Predict Organization Structure?," *Organization Science*, 13(3), pp.274-289.

Bower, J. L. and Christensen, C. M. (1995), "Disruptive Technology: Catching the

Wave," *Harvard Business Review,* January/February, pp. 43-53.
Burt, S., Dawson, J. and Sparks, L. (2003), "Failure in International Retailing: Research Propositions," *The International Review of Retail, Distribution and Consumer Research,* 13(4), pp.355-373.
Burt, S., Davies, K., McAuley, A. and Sparks, L. (2005), "Retail Internationalization: from Formats to Implants," *European Management Journal,* 23(2), pp.195-202.
Burt, S., Davies, K., Dawson, J. and Sparks, L. (2008), "Categorizing Patterns and Process in Retail Grocery Internationalisation," *Journal of Retailing and Consumer Services,* 15(2), pp.78-92.
Burt, S., Dawson, J. and Sparks, L. (2003), "Failure in International Retailing: Research Propositions," *The International Review of Retail, Distribution and Consumer Research,* 13(4), pp.355-373.
Burt, S., Johansson,U. and Dawson, J. (2016), "International Retailing as Embedded Business Models," *Journal of Economic Geography,* 16(3), pp.715-747.
Cao, L. (2011), "Dynamic Capabilities in a Turbulent Market Environment: Emprical Evidence from International Retailers in China," *Journal of Strategic Marketing,* 19(5), pp.455-469.
Cheng, J.P. (2003), *Home Fashion: A concept of Creating Home Furnishing Products Using Fashion Theory and Design Process* (Thesis of Master), University of Cincinnati.
Chesbrough, H. W. (2003), "The Era of Open Innovation," *MIT Slone Management Review,* 44(3), pp. 35-41.
Chesbrough, H. W. and Garman, A. R. (2009), "How Open Innovation Can Help You Cope in Lean Times," *Harvard Business Review,* December, pp.68-76.
Christensen, C. M., The Innovator's Dilemma (1997), *When New Technologies Cause Great Firms to Fail,* Harvard Business School Press (『イノベーションのジレンマ―技術革新が巨大企業を滅ぼすとき』玉田俊平太監・修伊豆原弓訳, 翔泳社, 2001)。
Clarke, I. and Rimmer, P. (1997), "The Anatomy of Retail Internationalization: Daimaru's Decision to Invest in Melbourne, Australia, *The service Industries Journal,* 17(3), pp.361-182.
Coe, N. N. and Lee, Y. (2013), "'We've Learnt How to be Local': the Deepening Territorial Embeddedness of Samsung-Tesco in South Korea, *Journal of Economic Geography,* 13(2), pp.165-186.
Corstjens, M. and Lal, R. (2012), "Retail Doesn't Cross Borders: Here's Why and What to Do about It," *Harvard Business Review,* 90(4), pp.104-111 (「守るべき4つのルール:総合スーパーが海外進出すに成功する時」『ハーバード・ビジネス・レビュー』ダイヤモンド社編集部訳, 2012年7月号, 84-95頁)。
Cundiff, E. W., (1965), "Concepts in Comparative Retailing," *Journal of Marketing,* 29 (Jan.), pp.59-63。

Currah, A. and Wrigley, N. (2004), "Networks of Organizational Learning and Adaptation in Retail TNCs," *Global Networks,* 1(1), pp.1-23.

Dawson, J. (2001), "Strategy and opportunism in European Retail Internationalization, *British Journal of Management,* 12(4), pp.253-266.

Dawson, J. and Mukoyama, M. (2006), "Retailer Internationalization as a Process," in Dawson, J. and Mukoyama, M. (eds.), *Strategic Issues in International Retailing,* Routledge, Abingdon, pp.31-50.

Doz, Y, Jose, S. and Williamson. P. (2001), *From Global to Metanational: How Companies Win in the Knowledge Economy,* Harvard Business School Press, Boston.

Elg, U., Ghauri, P.N. and Tarnovskaya, V. (2008), "The Role of Networks and Matching in Market Entry to Emerging Retail Market," *International Marketing Review,* 25(6), pp.674-699.

Florida, R. (2010), *The Great Reset: How New Ways of Living and Working Drive Post-Crash Prosperity,* Harper (『グレート・リセット：新しい経済と社会は大不況から生まれる』仙名紀訳, 早川書房, 2011)。

Forsgren, M., Holm, U. and Jonsson, J. (2005), *Managing the Embedded Multinational: a Business Network View,* Edward Elgar Publishing.

Frasquet, M., Dawson, J. and Molla, A. (2013), "Post-Entry Internationalisation Activity of Retailers: An Assessment of Dynamic Capabilities," *Management Decision,* 51(7), pp. 1510-1527.

Friedman, T. L. (2005), *World is Flat: A Brief History of the Twenty-first Century,* Farrar, Straus and Giroux (『フラットする世界［増補改訂版］（上）・（下）』伏見威蕃訳, 日本経済新聞出版社, 2008)。

Gadiesh, O., Leung, P. and Vestring, T. (2007), "The Battle For China's Good-Enough Market," *Harvard Business Review,* 85, pp.80-89.

Gammeltoft, P. (2006), "Internationalisation of R&D: Trends, Drivers and Managerial Challenges," *International Journal of Technology and Globalisation,* 2 (1/2), pp.177-199.

Gergen, K. J. (1994), *Realities and Relationships: Sounding in Social Construction,* Harvard University Press, Cambridge (『社会構成主義の理論と実践：関係性が現実をつくる』永田素彦・深尾誠訳ナカニシヤ出版, 2004)。

Ghauri, P. N. (2010), "Internationalization of Emerging Market Firms: the Case of Turkish Retailers," *International Marketing Review,* 27(3), pp.316-337.

Ghemawat, P. (2007a), "Why the World Isn't Flat," *Foreign Polish,* March/April, pp.54-60.

Ghemawat, P. (2007b), "Redefining Global Strategy: Crossing Borders in a World Where Differences Still Matter," *Harvard Business School Press* (『コークの味は国ごとに違うべきか：ゲマワット教授の経営教室』望月衛訳, 文藝春秋, 2009)。

Ghoshal, S. and Bartlett, C. A. (1990), "The Multinational Corporation as an

Interorganizational Network," *The Academy of Management Review*, 15(4), pp.603-625.

Gibson, C. and Birkinshaw, J. (2004), "The Antecedents, Consequences, and Mediating Role of Organizational Ambidexterity," *Academy of Management Journal*, 47(2), pp.209-226.

Giddens, A. (1979), *Central Problems in Social Theory: Action, Structure and Contradiction in Social Analysis*, The Macmillan Press (『社会理論の最前線』友枝敏雄ほか訳, ハーベスト社, 1989)。

Giddens, A. (1984), *The Constitution of Society*, Cambridge: Polity Press.

Giddens, A. (1989), "A Reply to my Critics," in Held, D., and Thompson, J.B. (eds.), *Social Theory of Modern Societies: Anthony Giddens and His Critics*, Cambridge University Press.

Gielens, K. and Dekimpe, M.G. (2005), "The Entry Strategy of Retail Firms into Transition Economies," *Journal of Marketing*, 37(2), pp. 151-168.

Goldman, A. (1981), "Transfer of a Retailing Technology into the Less Developed Countries: the Supermarket Case," *Journal of Retailing*, 57(2), pp.5-29.

Govindarajan, V. and Trimble, C. (2005), *Ten Rules for Strategic Innovators: from Idea to Execution*, Harvard Business School Press (『戦略的イノベーション 新事業成功への条件』酒井泰助訳, ランダムハウス講談社, 2006)。

Govindarajan, V. and Trimble, C. (2012), *Reverse Innovation*, Harvard Business Review Press (『リバース・イノベーション』渡部典子訳, ダイヤモンド社, 2012)。

Granovetter, M. (1985), "Economic Action and Social Structure: the Problem of Embeddedness," *The American Journal of Sociology*, 91(3), pp.481-510 (「経済行為と社会構造:埋め込みの問題」『転職:ネットワークとキャリアの研究』渡辺深訳, ミネルヴァ書房, 1998, 239-280頁)。

Gupta, A. K., and Govindarajan, V. (2000), "Knowledge Flow within Multinational Corporations," *Strategic Management Journal*, 21(4), pp.473-496.

Hess, M. (2004), "'Spatial' Relationships? Towards a Reconceptualization of Embeddedness," *Progress in Human Geography*, 28(2), pp.165-186.

Hollander, S.C. (1970), *Multinational Retailing, MSU International Business and Economic Studies*, Michigan State University, East Lancing.

Ho, S. and Lau, H. (1988), "Development of Supermarket Technology: the Incomplete Transfer Phenomenon," *International Marketing Review*, Spring, pp.20-30.

Ho, S. and Y. Sin (1987), "International Transfer of Retailing Technology: the Successful Case of Convenience Stores in Hong Kong," *International Journal of Retailing*, 2(3), pp.36-48.

Immelt, J. R., Govindarajan, V. and Trimble, C. (2009), "How GE is Disrupting Itself," *Harvard Business Review*, 87(10), pp.56-65.

Jackson, P., Merllahi, K. and Sparks, L. (2004), "Shutting up Shop: Understanding the International Retail Exit Process in Retailing," *The Services Industries Journal*, 25(3), pp.355-371.

Johanson, J., and Vahlne, J. (1977), "The Internationalization Process of the Firm: a Model of Knowledge Development and Increasing Foreign Market Commitments," *Journal of Internationalization Business Studies*, 8(1), pp.22-32.

Kacker, M. (1988), "International Flow of Retailing Know-how: Bridging the Technology Gap in Distribution," *Journal of Retailing*, 64(1), pp.41-67.

Kaynak, E. (1980), "Transfer of Supermarketing Technology from Developed to Less-developed Countries: the Case of Migro-Turk," *Finnish Journal of Business Economics*, 29(1), pp.39-49.

Khanna, T. and Palepu, K. G. (2010), "Winning in Emerging Markets: a Road Map for Strategy and Execution," *Harvard Business School Press*, Boston MA.

Kogut, B. and Zander, U. (1992), "Knowledge of the Firm, Combinative Capabilities, and the Replication of Technology," *Organization Science*, 3(3), pp.383-397.

Kogut, B. and Zander, U. (1993), "Knowledge of the Firm and the Evolutionary Theory of the Multinational Corporation," *Journal of International Business Studies*, 24(4), pp.625-645.

Kuemmerle, W. (1997), "Building Effective R&D Capabilities Abroad," *Harvard Business Review*, 75(2), pp.61-70.

Lane, P. J. and Lubatkin, M. (1998), "Relative Absorptive Capacity and Interorganizational Learning," *Strategic Management Journal*, 19, pp.461-477.

Levitt, T. (1983), "The Globalization of Markets," *Harvard Business Review*, 61(3), pp.91-102.

Liberman, M. B. and Montgomery, D. B. (1988), "First-Mover Advantages," *Strategic Management Journal*, 9, pp.41-58.

London, T. and Hart, S. L. (2004), "Reinventing Strategies for Emerging Market: Beyond the Transitional Model," *Journal of International Business Studies*, 35(5), pp.350-370.

McNair, M.P. (1958), "Significant Trends and Developments in the Post War Periods," in Smith, A. B. (ed.), *Competitive Distribution in a Free High-Level Economy and its Implications for the University*, University of Pittsburgh Press, pp.1-25.

Minahan, S. M., Huddleston, P. and Bianchi, C. (2012), "Costco and the Aussi Shopper: a Case Study of the Market Entry of an International Retailer," *International Review of Retail, Distribution and Consumer Research*, 22 (50), pp. 507-527.

Noorderhaven, N. and Harzing, A. (2009), "Knowledge-Sharing and Social Interaction within MNEs," *Journal of International Business Studies*, 40, pp.719-

741.
O'Reilly Ⅲ, C. and Tushman, M. (2004), "The Ambidextrous Organization," *Harvard Business Review*, April, pp.74-83(「『双面型』組織の構築」酒井泰介訳『DIAMONDハーバード・ビジネス・レビュー』2004年12月号).
Palmer, M. (2005), "International Retail Restructuring and Divestment: The Experience of Tesco," *Journal of Marketing Management*, 20, pp.1075-1105.
Palmer, M. (2006), "International Retail Joint Venture Learning," *The Service Industries Journal*, 26(2), pp.165-187.
Palmer, M. and Quinn, B. (2005), "An Exploratory Framework for Analyzing International Retail Learning," *The International Review of Retail, Distribution and Consumer Research*, 15(1), pp.27-52.
Pisano, G. P. and Shih, W. C. (2009), "Restoring American Competitiveness," *Harvard Business Review*, July/August, pp.114-125.
Polanyi, K., Arensberg, C.M. and Pearson, H.W. (1957), *Trade and Market in the Early Empires: Economies in History and Theory*, Free Press & Falcon's Wing Press (『経済の文明史:ポラニー経済学のエッセンス』玉野井芳郎・平野健一郎編訳, 日本経済新聞社, 1957).
Prahalad, C. K. (2004), *The Fortune at the Bottom of the Pyramid: Eradicating Poverty through Profits*, Wharton School Publishing.
Prahalad, C. K. and Doz, Y. L. (1987), *The Multinational Mission: Balancing Local Demands and Global Vision*, Free Press, New York.
Prahalad, C. K. and Hamel, G. (1990), "The Core Competence of the Corporation," *Harvard Business Review*, May/June, pp.2-15。
Reed, R. and DeFillippi, R.J. (1990), "Casual Ambiguity, Barriers to Imitation, and Sustainable Competitive Advantage," *Academy of Management Review*, 15(1), pp.88-102.
Simon, B. L. (1999), "Transfer of Marketing Know-How in International Strategic Alliances: an Empirical Investigation of the Role and Antecedents of Knowledge Ambiguity," *Journal of International Business Studies*, 30(3), pp.463-490.
Solvell, O. and Birkinshaw, J. (2000), "Multinational Enterprises and the Knowledge Economy: Leveraging Global Practices," in Dunning J. M. (ed.), *Regions, Globalization, and the Knowledge-Based Economy*, Oxford University Press, pp.82-106。
Szulanski, G. (1996), "Exploring Internal Stickiness: Impediments to the Transfer of Best Practice within the Firm," *Strategic Management Journal*, 17, pp. 27-43.
Tsuchiya, H. (2003), "The Development of Foreign Retailing in Taiwan: the Impacts of Carrefour," in Dawson, J. *et al.* (eds.), *The Internationalisation of Retailing in Asia*, Routledge Curzon, pp.35-48.
Winter, S.G. (1987), "Knowledge and Competence as Strategic Assets," in D.J. Teece (ed.), *The Competitive Challenge: Strategies for Industrial Innovation and*

*Renewal*, Ballinger, Cambridge MA (『競争への挑戦：革新と再生の戦略』石井淳蔵ほか訳, 白桃書房, 1988), pp.159-184。

Wood, S. and Reynolds, J. (2014), "Establishing Territorial Embeddedness within Retail Transnational Corporation (TNC) Expansion: the Contribution of Store Development Departments," *Regional Studies*, 48(8), pp.1371-1390.

Wood, S., Coe, N.M. and Wrigley, N. (2016), "Multi-Scalar Localization and Capability Transference: Exploring Embeddedness in the Asian Retail Expansion of Tesco," *Regional Studies*, 50(3), pp. 475-495.

Wrigley, N., Coe, N.M. and Currah, A. (2005), "Globalizing Retail: Conceptualizing the Distribution-Based Transnational Corporation (TNC)," *Progress in Human Geography*, 29(4), pp.437-457.

Wrigley, N. and Currah, A. (2006), "Globalizing Retail and the 'New E-conomy': the Organizational Challenge of E-commerce for the Retail TNCs," *Geoforum*, 37, pp.340-351.

Zander, U. and Kogut, B. (1995), "Knowledge and the Speed of the Transfer and Imitation of Organizational Capabilities: An Empirical Test," *Organization Science*, 6(1), pp.76-92.

Zedtwitz, M., Corsi, S., Soberg, P.V. and Frega, R. (2015), "A Typology of Reverse Innovation," *Journal of Product Innovation Management*, 32(1), pp.12-28.

Zeschky, M., Widenmayer, B. and Gassmann, O. (2011), "Frugal Innovation in Emerging Markets," *Research Technology Management*, 54(4), pp.38-45.

**韓国語文献**

김 소형・김 주태 (2016)「글로벌 유통기업의 한국시장 진입 전략 : IKEA의 한국시장 진출」『국제경영리뷰』제20권제1호, pp.199-217。

김 현철 (2009)「한국 편의점의 성숙기 대응전략」『유통연구』제14권제5호, pp.25-43。

권 성현・김 순천・진 재연 (2008)『우리의 소박한 꿈을 응원해 줘 : 이랜드 노동자 이야기』후마니타스。

배 지훈 (2007)「이케아 (IKEA) 의 한국시장 진출에 따른 전략적 대응방안 연구」『한국브랜드디자인학회』Vol.5, No.1, 91-108頁。

이 강문・노 태우 (2016)「기업의 경쟁 역량 확보와 시장 수성 전략 : 한샘수파리 (守破離) 벤치마킹사례」『經營教育研究』제31권제6호, pp.123-145。

최 성림 (1995.9.21)「討論要旨文」『프랜차이즈 계약의 문제점과 개선방향』經濟正義実践市民連合公聴会資料集。

## 初出一覧

本書の各章は以下の単著の論文をベースに大幅に加筆・改稿をしたものである。

「グローバル・リテーラーの現地適応化過程とその段階的解明：トイザらスとカルフールの日本進出を事例として」『流通研究』第 6 巻第 2 号，2003年（第 1 章，第 2 章）。

「韓国的ディスカウントストアの本質とその業態変容プロセス：（株）新世界のEマートを事例として」『経営研究』第55巻第 1 号，2004（第 4 章）。

「小売業態のグローバル・イノベーション」『経営研究』第55巻第 2 号，2004年（第 1 章，第 2 章）。

「フランス的小売業態の国際移転プロセス：取り込み型国際移転から持ち込み型国際移転へ」『マーケティング・ジャーナル』第24巻第 2 号，2004年。

「木製組み立て家具製造小売の商品構成に関する一考察」『リサーチレター』第 8 号，2010年（第 8 章）。

「物流サービス水準と小売国際化」『流通科学大学論集：流通・経営編』第24巻第 2 号，2012年（第 3 章）。

「韓国CVSの成長とその社会経済的背景」『流通科学大学論集：流通・経営編』第25巻第 1 号，2012年（第 6 章）。

「新生現地小売企業の成長と国際化」『流通科学大学論集：流通・経営編』第26巻第 1 号，2013年（第 2 章，第 5 章）。

「韓国の消費者ライフスタイルの変化と新しい小売業態の成長」『流通科学大学論集：流通・経営編』第27巻第 1 号，2014年（第 4 章）。

「ニトリ」向山雅夫・J ドーソン編『グローバル・ポートフォリオ戦略：先端小売企業の軌跡』2015年（第 8 章）。

「国際ビジネス研究におけるリバース・イノベーション：文献研究を中心とした概念の再考」『流通科学大学論集：流通・経営編』第28巻第 2 号，2016年（第 1 章，第 2 章）。

「小売チェーン組織における管理方法の問題」『流通科学大学論集：流通・経営編』第29巻第 1 号，2016年（第 4 章）。

「グローバル小売の店舗戦略」小田部正明・栗木契・太田一樹編『 1 からのグローバル・マーケティング』2017年（第 3 章）。

「フィリピンにおける地元小売企業の成長と外資の参入障壁」『リサーチレター』第29号，2017年（第 5 章，第 7 章）。

「ミャンマーにおける近代的小売業の成長とその阻害要因」『東アジア研究』第68号，2018年（第 5 章）。

「家具専門店：ロマンとビジョンで家具業界を動かすニトリ」崔相鐵・岸本徹也編『 1 からの流通システム』2018年（第 8 章）。

# 索　引

## 【欧文】

BPO（business process outsourcing）
　………………………………………122
CDS（Club Demonstration Services,
　Inc.）……………………………… 47
IMF…………………………………… 102

## 【あ】

アジア通貨危機…………………… 153
粗利益分配方式…………………… 107
委託加盟型………………………… 110
市場的失敗………………………………9
逆移転……………………………………99
営業権利金………………………104, 105
エブリデー・ロー・プライス（EDLP）
　戦略……………………………………37
エリア・フランチャイザー……… 129
大型マート……………………53, 54, 55
オペレーション・フィールド・
　カウンセラー…………………………94

## 【か】

カニバリゼーション……………… 106
完全加盟型………………………… 110
競争的失敗………………………………9
共同配送体制……………………………98
グローバル・イノベーション……… 33
グローバル・ソーシング…………… 63
グローバル・ポートフォリオ戦略（GPS）
　…………………………………………15

経路依存（path dependence）……… 14
経路依存性………………………………16
現地新生小売企業………………… 1, 12
小売の輪………………………………53, 67
小売国際化プロセス……………………2
コングロマリット……… 12, 127, 136

## 【さ】

収益分配…………………………… 108
先端国際小売企業……………………1, 12
自前主義…………………………………98
ストレート・フランチャイジング
　………………………………… 100, 118
セルフ・インテリア………… 165, 170
先発者優位性……………………………16
倉庫型ディスカウントストア
　（倉庫型DS）…………………………53

## 【た】

段階別戦略行動…………………………8
中心─周辺品揃え………………………6
直接取引…………………………………36
直接投資方式……………………… 100

## 【は】

ハイ・ロー（特売）戦略………………37
標準化─適応化…………………………7
フィールド・カウンセラー……………98
フィルター構造論…………………7, 14
フォーミュラ……………………………4
部分適応…………………………………7

ブミプトラ政策……………………………74
フラットパック（Flat Pack）……… 144
分譲アパート…………… 164, 165, 169
ホームファッション…………… 139, 140
ホームファニシング……… 148, 151, 172
ホームファニシング業態… 139, 140, 141
ホームファニシング産業…………… 139

## 【ら】

リクルート・フィールド・カウンセラー
……………………………………94
リバース・イノベーション… 29, 30, 32
連続適応………………………………… 7

【著者紹介】

## 白　貞壬（べっく　じょんいむ）

流通科学大学商学部　准教授
大阪市立大学大学院経営学研究科後期博士課程修了，博士（商学）
専攻分野：流通・マーケティング（とくに流通システム論，国際流通・マーケティング）
主著：『1からの流通システム』（分担執筆，碩学舎，2018年），『日系小売企業のアジア展開：アジアと東南アジアの小売動態』（分担執筆，中央経済社，2017年），『1からのグローバル・マーケティング』（分担執筆，碩学舎，2017年），『グローバル・ポートフォリオ戦略：先端小売企業の軌跡』（分担執筆，千倉書房，2015年），*Global Strategies in Retailing: Asian and European experiences*（分担執筆，Routledge，2013年）など。

小売業のグローバル・イノベーション
競争的相互作用と創造的適応

2019年3月25日　第1版第1刷発行

著者　白　　　貞　壬
発行者　山　本　　　継
発行所　㈱中央経済社
発売元　㈱中央経済グループ
　　　　パブリッシング

〒101-0051　東京都千代田区神田神保町1-31-2
電話　03 (3293) 3371 (編集代表)
　　　03 (3293) 3381 (営業代表)
http://www.chuokeizai.co.jp/
印刷／昭和情報プロセス㈱
製本／誠　製　本　㈱

ⓒ 2019
Printed in Japan

＊頁の「欠落」や「順序違い」などがありましたらお取り替えいたしますので発売元までご送付ください。（送料小社負担）
ISBN978-4-502-29861-5　C3034

JCOPY〈出版者著作権管理機構委託出版物〉本書を無断で複写複製（コピー）することは，著作権法上の例外を除き，禁じられています。本書をコピーされる場合は事前に出版者著作権管理機構（JCOPY）の許諾を受けてください。
JCOPY〈http://www.jcopy.or.jp　eメール：info@jcopy.or.jp　電話：03-3513-6969〉